思想的・睿智的・獨見的

經典名著文庫

學術評議

丘為君　吳惠林　宋鎮照　林玉体　邱燮友
洪漢鼎　孫效智　秦夢群　高明士　高宣揚
張光宇　張炳陽　陳秀蓉　陳思賢　陳清秀
陳鼓應　曾永義　黃光國　黃光雄　黃昆輝
黃政傑　楊維哲　葉海煙　葉國良　廖達琪
劉滄龍　黎建球　盧美貴　薛化元　謝宗林
簡成熙　顏厥安（以姓氏筆畫排序）

策劃　楊榮川

五南圖書出版公司 印行

經典名著文庫

學術評議者簡介（依姓氏筆畫排序）

- 丘為君　美國俄亥俄州立大學歷史研究所博士
- 吳惠林　美國芝加哥大學經濟系訪問研究、臺灣大學經濟系博士
- 宋鎮照　美國佛羅里達大學社會學博士
- 林玉体　美國愛荷華大學哲學博士
- 邱燮友　國立臺灣師範大學國文研究所文學碩士
- 洪漢鼎　德國杜塞爾多夫大學榮譽博士
- 孫效智　德國慕尼黑哲學院哲學博士
- 秦夢群　美國麥迪遜威斯康辛大學博士
- 高明士　日本東京大學歷史學博士
- 高宣揚　巴黎第一大學哲學系博士
- 張光宇　美國加州大學柏克萊校區語言學博士
- 張炳陽　國立臺灣大學哲學研究所博士
- 陳秀蓉　國立臺灣大學理學院心理學研究所臨床心理學組博士
- 陳思賢　美國約翰霍普金斯大學政治學博士
- 陳清秀　美國喬治城大學訪問研究、臺灣大學法學博士
- 陳鼓應　國立臺灣大學哲學研究所
- 曾永義　國家文學博士、中央研究院院士
- 黃光國　美國夏威夷大學社會心理學博士
- 黃光雄　國家教育學博士
- 黃昆輝　美國北科羅拉多州立大學博士
- 黃政傑　美國麥迪遜威斯康辛大學博士
- 楊維哲　美國普林斯頓大學數學博士
- 葉海煙　私立輔仁大學哲學研究所博士
- 葉國良　國立臺灣大學中文所博士
- 廖達琪　美國密西根大學政治學博士
- 劉滄龍　德國柏林洪堡大學哲學博士
- 黎建球　私立輔仁大學哲學研究所博士
- 盧美貴　國立臺灣師範大學教育學博士
- 薛化元　國立臺灣大學歷史學系博士
- 謝宗林　美國聖路易華盛頓大學經濟研究所博士候選人
- 簡成熙　國立高雄師範大學教育研究所博士
- 顏厥安　德國慕尼黑大學法學博士

經典名著文庫074

道德的譜系

Zur Genealogie der Moral

[德] 尼采（Friedrich Nietzsche）著

梁錫江 譯

經典永恆・名著常在

五十週年的獻禮・「經典名著文庫」出版緣起

總策劃 楊榮川

閱讀好書就像與過去幾世紀的諸多傑出人物交談一樣——笛卡兒

五南，五十年了。半個世紀，人生旅程的一大半，我們走過來了。不敢說有多大成就，至少沒有凋零。

五南忝爲學術出版的一員，在大專教材、學術專著、知識讀本出版已逾壹萬參仟種之後，面對著當今圖書界媚俗的追逐、淺碟化的內容以及碎片化的資訊圖景當中，我們思索著：邁向百年的未來歷程裡，我們能爲知識界、文化學術界做些什麼？在速食文化的生態下，有什麼值得讓人雋永品味的？

歷代經典・當今名著，經過時間的洗禮，千錘百鍊，流傳至今，光芒耀人；不僅使我們能領悟前人的智慧，同時也增深加廣我們思考的深度與視野。十九世紀唯意志論開創者叔本華，在其〈論閱讀和書籍〉文中指出：「對任何時代所謂的暢銷書要持謹愼的態度。」他覺得讀書應該精挑細選，把時間用來閱讀那些「古今中外的偉大人物的著作」，閱讀那些「站在人類之巓的著作及享受不朽聲譽的人們的作品」。閱讀就要「讀原著」，是他的體悟。他甚至認爲，閱讀經典原著，勝過於親炙教誨。他說：

「一個人的著作是這個人的思想菁華。所以，儘管一個人具有偉大的思想能力，但閱讀這個人的著作總會比與這個人的交往獲得更多的內容。就最重要的方面而言，閱讀這些著作的確可以取代，甚至遠遠超過與這個人的近身交往。」

爲什麼？原因正在於這些著作正是他思想的完整呈現，是他所有的思考、研究和學習的結果；而與這個人的交往卻是片斷的、支離的、隨機的。何況，想與之交談，如今時空，只能徒呼負負，空留神往而已。

三十歲就當芝加哥大學校長、四十六歲榮任名譽校長的赫欽斯（Robert M. Hutchins, 1899-1977），是力倡人文教育的大師。「教育要教眞理」，是其名言，強調「經典就是人文教育最佳的方式」。他認爲：

「西方學術思想傳遞下來的永恆學識，即那些不因時代變遷而有所減損其價值的古代經典及現代名著，乃是眞正的文化菁華所在。」

這些經典在一定程度上代表西方文明發展的軌跡，故而他爲大學擬訂了從柏拉圖的《理想國》，以至愛因斯坦的《相對論》，構成著名的「大學百本經典名著課程」。成爲大學通識教育課程的典範。

歷代經典．當今名著，超越了時空，價值永恆。五南跟業界一樣，過去已偶有引進，但都未系統化的完整舖陳。我們決心投入巨資，有計劃的系統梳選，成立「經典名著文庫」，希望收入古今中外思想性的、充滿睿智與獨見的經典、名著，包括：

- 歷經千百年的時間洗禮，依然耀明的著作。遠溯二千三百年前，亞里斯多德的《尼各馬科倫理學》、柏拉圖的《理想國》，還有奧古斯丁的《懺悔錄》。
- 聲震寰宇、澤流遐裔的著作。西方哲學不用說，東方哲學中，我國的孔孟、老莊哲學，古印度毗耶娑（Vyāsa）的《薄伽梵歌》、日本鈴木大拙的《禪與心理分析》，都不缺漏。
- 成就一家之言，獨領風騷之名著。諸如伽森狄（Pierre Gassendi）與笛卡兒論戰的《對笛卡兒沉思錄的詰難》、達爾文（Darwin）的《物種起源》、米塞斯（Mises）的《人的行爲》，以至當今印度獲得諾貝爾經濟學獎阿馬蒂亞·森（Amartya Sen）的《貧困與饑荒》，及法國當代的哲學家及漢學家朱利安（François Jullien）的《功效論》。

梳選的書目已超過七百種，初期計劃首爲三百種。先從思想性的經典開始，漸次及於專業性的論著。「江山代有才人出，各領風騷數百年」，這是一項理想性的、永續性的巨大出版工程。不在意讀者的眾寡，只考慮它的學術價値，力求完整展現先哲思想的軌跡。雖然不符合商業經營模式的考量，但只要能爲知識界開啓一片智慧之窗，營造一座百花綻放的世界文明公園，任君遨遊、取菁吸蜜、嘉惠學子，於願足矣！

最後，要感謝學界的支持與熱心參與。擔任「學術評議」的專家，義務的提供建言；各書「導讀」的撰寫者，不計代價地導引讀者進入堂奧；而著譯者日以繼夜，伏案疾書，更是辛苦，感謝你們。也期待熱心文化傳承的智者參與耕耘，共同經營這座「世界文明公園」。如能得到廣大讀者的共鳴與滋潤，那麼經典永恆，名著常在。就不是夢想了！

二〇一七年八月一日　於

五南圖書出版公司

目錄

譯者導言

尼采（Friedrich Nietzsche）生於一八四四年十月十五日，因與普魯士國王弗里德里希．威廉四世同天生日，故被父親取名爲弗里德里希。他的出生地是德國薩克森—安哈爾特州的呂岑市（Lützen）附近的小村莊呂肯（Röcken），該地距離萊比錫大約只有二十分鐘的車程，當時尚屬於普魯士王國的薩克森行省。薩克森地區人文毓秀，是宗教改革運動的發源地，自馬丁路德開風氣之先，精神與思想上的民主化運動由此展開，故而代代人才薈萃，英傑輩出，很多德國歷史名城與文化重鎮也都坐落於此。新教也因此在當地頗有影響力，尼采的祖父和父親兩代均是路德宗的牧師。遺憾的是，在尼采五歲的時候，他的父親就去世了，母親帶著他和妹妹搬到瑙姆堡（Naumburg）與祖母以及兩位未婚的姑媽生活在一起。

他天資聰穎，很早就展現出語言和音樂上的天賦，十歲的時候就已經創作出第一批詩作和音樂作品。十四歲進入瑙姆堡附近的舒爾普福爾塔高級中學（Schulpforta）學習。該校是薩克森公爵爲培養新教後備力量而建立的選帝侯中學，長期擁有很高的聲望，德國啓蒙運動的重要詩人克洛普斯托克（Friedrich Gottlieb Klopstock）、哲學家費希特（Johann

Gottlieb Fichte）以及德國史學巨匠蘭克（Leopold Ranke）均畢業於此。他在校成績出色，閒暇時繼續嘗試作曲並創作詩歌，其關於古典時代的思考與設想也應該肇始於此。

尼采生前主要被視爲一位出色的古典語文學者（Altphilologe），這首先與他的大學專業以及隨後的職業相關聯。他於一八六四年進入古典語文學重鎮——波昂大學學習古典語文學和新教神學，當時大學裡兩位古典語文學教授之間發生了爭執，尼采恰好也對波昂的大學生活不滿意，遂於一八六五年跟隨里徹爾教授（Friedrich Ritschl）來到了萊比錫，並成爲他的得意門生。對於尼采來說，里徹爾近乎於父親的角色，而後來則是華格納（Richard Wagner）扮演了這一角色。正是在里徹爾的推薦下，在一八六九年，在尚未完成博士學業以及尚未取得教師資格的情況下，年僅二十五歲的尼采就已經在瑞士巴塞爾大學取得了古典語文學的「非常規教授」資格（außerordentlicher Professor，大約相當於現在的副教授），其任職演講的題目爲《荷馬與古典語文學》。在一八七〇年三月，正式成爲「常規教授」（教授），主要教授索福科勒斯、赫西俄德、柏拉圖對話、詩韻學以及拉丁碑銘學等。

來到瑞士之後，他主動放棄了普魯士國籍，此後終生爲「無國籍人士」。但當普法戰爭爆發之後，他還是自願加入普魯士軍隊，擔任軍隊裡的醫護人員，並因此感染上了嚴重的痢疾與白喉。從一八七一年開始，他的健康不斷惡化，頭痛與眼疾使得他必須中斷教學活動，前往瑞士或義大利等地休假旅行，但依然無濟於事。於是在一八七九年，他被迫放棄在巴塞爾大學的教職。在接下來的十年間，他主要是作爲自由職業的哲學家流連於歐洲南部的威尼斯、熱那亞、尼斯等多地。而人際關係上的危機，例如在一八八二年向露·安德莉亞斯·莎樂美（Lou Andreas-Salomé）求婚未果等問題，都帶給他精神上不小的負面影響。一八八九年，在義大利都靈，他突然精神錯亂，其具體病因至今不明。他被母親帶回瑙姆堡照料，在母親死後，又由妹妹接到威瑪照顧，但其精神狀態一直沒有好轉。一九〇〇年八月二十五日，尼采在威瑪逝世，享年五十六歲。

尼采雖然是古典語文學者出身，但後來的思想發展讓他更加地將自己理解為一位哲人或是「自由思想者」。其哲學大致可分為三個時期：

在第一階段，主要受叔本華與華格納的強烈影響，並憑藉著《悲劇的誕生：源於音樂的靈魂》（一八七二年）完成了由一位古典語文學者向「哲人」的關鍵性突破。這部著作乍看之下雖然依然以希臘悲劇為研究對象的古典語文學著作，但實際上尼采打破了所有語文學的基本框架：沒有註腳、沒有原文引文、沒有二手材料的引述，他也因此遭到老師里徹爾和同窗維拉莫維茨－默倫多夫（U. von Wilamowitz-Moellendorff）等人的批評，但此時的尼采其實已經對語文學「心不在焉」。從前「我注六經」的語文學者開始融會其他領域的知識，做更加深入的研究，打通文獻與生命之間的壁壘，開啓了「六經注我」的思想人生。他將古希臘悲劇和華格納的樂劇視為兩種自然藝術本能衝動的融合，即日神衝動與酒神衝動。一方面他將日神衝動類比於夢境，它代表了美麗的外觀、代表了完滿與克制；另一方面，他將酒神衝動解釋為醉境，即超越所謂的個體原則而進入到某種「萬物同一」的神祕主義體驗。

但是，後來興起的蘇格拉底式的精神總是試圖從理智層面上把握存在的實質，並將因果律視爲存在與生命的主線，因此逐漸摧毀了古希臘的悲劇。而在四卷本的《不合時宜的沉思》（一八七三－一八七六年）中，尼采強烈地批判了他的時代與同時代的人，希望自己的哲學能夠對未來產生更大的影響。在第一篇〈大衛．史特勞斯：自白者和作家〉中，他批判了新教神學家史特勞斯的「知識庸人性」。而在第二篇〈歷史對生命的利與弊〉中，尼采則對十九世紀特別繁榮的歷史學進行了揭露，指出了它的歧義性。第三篇與第四篇的標題分別爲〈教育家叔本華〉和〈華格納在拜魯特〉，作爲兩人的門徒與崇拜者，尼采接受了叔本華將「意志」視爲世界的超驗原則的說法，但並沒有出於解脫的目的而否定「意志」。

在尼采哲學的第二階段，他開始從對叔本華和華格納的崇拜中解放，並逐漸成爲一名犀利的批評者與所謂的「自由精神」，其基本傾向開始向著實證主義靠攏。而一八七八年發表的《人性、太人性的》上卷也公開了他與華格納之間早已存在的分歧，並在後來進一步發展成爲一種激進的反浪漫主義態度（參見一八八八年《華格納事件》）。在這一階段，尼采嘗試去揭露人類的價值與判斷方式，因此在他看來，「自由精神者」不應該朝向唯心主義發展，而是應該進行「顛覆的價值判斷」，揭示人類的自我欺騙，揭穿幻想和偏見的局限性（參見《人性的、太人性的》下卷）。他也放棄了早期的散文風格，轉而採用了形式更爲自由的格言體。他向世人證明，他就是虛無主義的代言人。他認爲，在整個的西方哲學史中，最高價值的廢棄成爲了最重要的歷史事件。自柏拉圖之後，超驗的理念（即神性）一直在西方哲學中充當著最高價值的角色，它們被認爲是不以人的意志爲轉移的獨立存在，而現在，它們失去了它們的有效性。而這一喪失有效性的過程被尼采總結爲：「上帝死了！」在一八八一年發表的《朝霞》中，他正式開始了對於「道德」的批判，並隨後寫出了一系列的文字：如一八八二年的《快樂的科學》等。

第三階段乃是尼采眞正闡述自身哲學的階段。從一八八三年開始，他的名著《查拉圖斯特拉如是說》陸續發表，他將這本書稱爲「一本爲所有人又不爲任何人所寫之書」，他認爲這是一本「人類所能擁有的最深刻書籍」。全書共分四卷，在一八八三年至一八八五年間撰寫完成。從這部著作開始，尼采開始提倡所謂的「超人」，即超越了上帝與人類的狀態，並透過「權力意志」、「永恆復歸」以及「重估一切的價值」等觀點清晰地表達出自己的哲學理念。除了這些他所擁護和肯定的哲學之外，還有另外一半，即那些他試圖去否定的哲學。從一八八六年的《善惡的彼岸》開始，他嘗試對到目前爲止的各種最高價值進行重估，並將研究的焦點從傳統的道德與形而上意義上的善惡對立轉移到未來，即「善惡的彼岸」。在他看來，到目前爲止，人類要麼在此岸世界、要麼在彼岸世界尋找其目標，並因此困在所謂的「人性的、太人性的」狀態中不可自拔，而透過他的「非道德主義」，尼采試圖幫助人們克服和擺脫這一狀態。一年之後，一八八七年，另外一本內容上與之密切相關的著作出版，它就是《道德的譜系》。

尼采將《道德的譜系》的副標題定爲「一篇論戰檄文」，其含義不言而喻，他帶著狂熱的求眞意志，挑釁地向著傳統的基督教道德與禁欲主義發起衝擊，試圖揭示道德的本來面目，誓要將這個世界的眞相徹徹底底地展現在世人的面前。全書由一篇「前言」和三個章節組成。從語言風格上來看，他沒有採用他在第二階段經常使用的格言形式，而是進行了較長篇幅的系統性論述，對社會學、歷史學以及心理學方面的主題展開討論。尼采並不是像一般的道德哲學家那樣試圖建立某種道德學說，而是試圖重構特定價值觀的歷史發展與心理前提。他並不是要指導人們如何行動，而是試圖澄清，爲什麼人類會相信自己或者他人應該按照一定的方式去行動。正如《道德的譜系》前言第六節所言：

現在讓我們大聲把它說出來，這個新要求：我們必須批判道德的價值，必須首先對這些道德價值本身的價值提出疑問——此外，還必須對這些價值得以產生、發展及其重心得以發生偏移（道德被視作結果、症狀、面具、僞善、疾病、誤解；但道德也會被視作原因、解藥、興奮劑、阻礙和毒藥）的條件與情況加以認識。到目前爲止，這樣的一種認識既不存在，甚至也沒有得到人們的渴求。

尼采的批評從前言中對人類認識有限性的洞見就開始了：我們並不清楚自己究竟如何，因爲我們一無認識自己的欲望（現代人類自我反思性的缺乏），二無認識自己的能力（我們無法進行正確的道德判斷），而後者很大程度上要歸結於道德含義在現代社會中的扭曲。尼采透過語源學的研究試圖證明，道德上的「善」和「好」在原初意義上就是與高貴的人（貴族）聯繫在一起的，是那些高貴者首先確定了善與惡的標準並且創造了價值。尼采認爲，「善」最初並非天然與「利他」等屬性聯繫在一起的，而是來源於社會階層差別。但是在社會上層，同時也存在武士階層與祭司階層的相互對立。武勇且強健的武士階層秉持的是「好」與「壞」的價值方式，即認爲自身是「好」的，而下層人士則被認爲是「壞的」。而這種價值判斷來自於保持等級差別的激情，這在尼采看來也是一切道德最本質的東西。武士階層的道德前提是強健的體魄以及所有以保持體魄健康爲條件的戰爭、冒險、狩獵、競賽等，其代表就是古羅馬人。而虛弱無力但又聰明狡詐的祭司階層卻選擇了仇視一切戰爭和強健的價值方式，他們的虛弱無力引領他們對武士階層的強健武勇產生了「妒忌」和「仇恨」，因爲「怨恨」而產生了系統化的復仇行爲，即貶低其對手的價值，並用自己的價值取而代之，他們不主張區別「好」與「壞」，而是要區別「善」與「惡」。與武士不同，祭司們不以自身爲出發點，而是以敵人爲出發點，即首先確定對手是「惡」的，因此自己就是「善」的，其代表就是猶太人。由於猶太人被羅馬人所征服，其富有戰鬥力的武士階層早已被消滅，但猶太人的祭司階層卻得到了保留，而正是這些高度祭司化的猶太人用基督教顛覆了羅馬人的價值方式，把「軟弱無力」當作了「善」，因此尼采將其稱爲「道德上的奴隸起義」。需要指出的是，我們不能簡單地說「好與壞」與「善與惡」兩種價值方式的對立就是

「主人道德」與「奴隸道德」之間的對立，因爲尼采在全書中只是使用了「奴隸道德」，但從未使用過「主人道德」一詞。所謂「主人道德」當是後世研究者提煉的，而這種提煉方式本身似乎也有問題。

在第二章裡，尼采試圖證明，所有的範疇與價值設定，例如良知、責任等，都誕生於刑罰和鮮血之中，因爲人類的整個道德體系就起源於債務關係，即買家與賣家、債務人與債權人之間的原始人際關係，相關的斟酌、衡量與估價從一開始就烙印在人的道德感覺中。在這一章節中，尼采爲我們展示了一條主線，即從一種近乎動物的生民到擁有罪欠意識的人的這樣一條大線索，而這條大線索的各個部分，則是從善於忘卻的生民到有記憶的人，到能承諾的人，再到欠債的人，最後到有罪欠意識的人。但是這條線索絕非單線發展，意即絕非在任意兩點之間都是邏輯必然的推導，相反，在這條大線索之外，刑罰作爲一條隱祕線索總是在每個階段都介入於這個環節之中。但是刑罰對人和動物所起的作用並不是讓人「變好」，而只是變得「馴服」，它增加了恐懼感，深化了機心巧詐和對欲望的控制。在這裡，尼采充分展現出他的辯證思想，即從同一個事物身上同時可以推論出黑與白。一方面刑罰幫助人類記憶變得更加牢靠，讓人的意識不斷進化，但另一方面，刑罰卻無法實現它的眞正目的，即喚醒罪欠感與良知譴責，反而讓人變得更加「不好」。尼采隨即對「良知譴責」的起源進行了探查，他發現，當人走向文明，受到社會和和平的壓抑與馴化的時候，即人粗暴地與野獸的過去決裂之後，那些無法鎮靜下來的欲望就內化爲「靈魂」，人開始向古老的本能宣戰，讓所有的破壞性本能轉而針對自己來發洩本能和欲望，因此形成了「良知譴責」，形成了自我折磨和虐待的意志，而它帶給人的卻是一種殘酷的樂趣，即「無私」。同時「良知譴責」還與罪欠感聯繫在一起，將人想像中欠著宗族、國家和宗教的種種債務作爲工具來折磨自己。所以，他認爲良知譴責乃是一種病，而地球早已成了瘋人院。

第三章是前兩章的合流。祭司階層的道德與人類的罪欠意識及良知譴責結合在一起，於是就誕生了禁欲主義這一人類的理想生活。禁欲主義理想起源於一種已敗落，但仍在爲其生存而殊死搏鬥的生命的自我保護和自我拯救的本能。禁欲主義實際上成爲了弱者與死亡戰鬥的工具，而祭司則扮演生命的強力保護者的角色，與他所宣揚的對生命的否定恰好相反。他們引導弱者最好方式就是給他們精神上的麻藥，讓他們麻醉自己的疼痛、讓他們把自己當作病人、讓他們的發洩內向化，而這些藥劑中的一種就是把生命感本身壓到最低點，不再有意願與希望，還有一種就是一些微小的快樂，可以說是用生命來反生命。本章詳細地闡發尼采關於禁欲主義的起源、發展、各種變體和各種特點，其實質就是反生命，一種虛無主義，但是人們寧可追求虛無，也不願意無所追求（「人寧可願望虛無，也不願空無願望」）。

總的來說，尼采對以基督教爲代表的道德問題進行追根溯源，他採用的方法是心理學、歷史學和詞源學，而語言風格也汪洋恣肆、嬉笑怒罵，皆成妙諦。在揭示道德的起源問題之後，準確來說，在每章最後一節，他都會提出對於一種新型道德的呼喚，這也是他在《查拉圖斯特拉如是說》中所預言的。其實質應當是以古希臘羅馬的悲劇藝術中的旺盛生命力來衝破一切束縛，以積極的饋贈式德性來反對欠債要還的功利主義交換原則，並以古典時代的精神反對基督教的禁欲主義。而這也因此對後世的文學（例如里爾克、霍夫曼斯塔爾、克勞斯、穆齊爾、茨威格、曼氏兄弟、黑塞等）、哲學（例如海德格爾和雅思貝爾斯）以及心理學（例如佛洛依德和榮格等）都產生了很大的影響。而他關於「權力意志」與「金髮野獸」的說法也被納粹分子所吸收採納並用於政治宣傳。而在德國之外，尼采對於法國的影響最爲強烈，文學上對於紀德、哲學上對於後結構主義和後現代的很多思潮都具有深遠的影響。尤其是傅柯的著作可以非常明顯地看出尼采的深刻烙印。可以說，這部作品受到後來的哲學以及文學作品的大量引用和參考。這本書也因此被認爲是尼采最重要的作品，儘管它具有不少極端化的內容，但在他的所有作品中，這或許是最接近於系統闡述尼采思想的著作了。

KSA 版編者說明[1]

有一位哲學家，一直認爲自己還沒有完全地實現自我，他論述過古希臘人，也曾經作爲心理學者、道德學者與歷史學者發表過自己的看法，最後他又憑藉《查拉圖斯特拉如是說》在詩藝上取得了巓峰般的成就，如今，他卻又希望在理論領域同樣獲得認可，甚至或許還帶著某種體系化的意圖，力圖將存在原則的相關法則公之於眾。這位哲學家就是處於創作晚期的尼采，而該階段肇始於《善惡的彼岸》。其實在尼采之前的文稿，特別是那些未發表的稿件中，他的這種野心和抱負就已經零星地顯露出來，尤其是在認識論領域。一方面，在道德倫理學領域，他與叔本華之間的交鋒更爲尖銳，而在另一方面，在理論研究的領域內，這種交鋒卻逐漸減弱，尼采將他一些苦思得出的結論暫時擱置，例如理智（Intellekt）之於意志

1 此篇編者說明本是 Giorgio Colli 爲一九六八年《善惡的彼岸》與《道德的譜系》兩書的義大利譯本撰寫的後記，後被收入 KSA 版（*Kritische Studienausgabe*: Giorgio Colli 和 Mazzino Montinari 所編版本縮寫）第五卷（同樣收錄了上述兩本著作），由 Ragni Maria Gschwend 譯成德文。文中所引頁碼均出自 KSA 版第五卷。——譯注

和情感的優先性。而其他方面的反叔本華主題卻依然保留，他針對「主體」（Subjekt）概念的重要批判在《善惡的彼岸》與《道德的譜系》[2]中也得到繼續。儘管如此，我們還是可以觀察到，尼采在向叔本華重新靠攏（尼采在《道德的譜系》的前言中提到後者時，他的用詞「偉大的老師叔本華」不是沒有緣故的，參第二五一頁），甚至我們還可以說，他在向形而上學重新靠攏，因爲他將一切實在者均歸結爲「權力意志」，而「權力意志」則對principium individuationis[3]進行調節，這種將所有特性歸結爲某個儘管形式多樣、但卻具有唯一性的根源的做法，雖然尼采本人的意圖與之相反，但卻依然是一種形而上學的態度。

尼采試圖建立一個權力意志的「體系」的做法正是開始於這一時期，而正當他對這樣一種具有整合性的實體展開初步探討時，儘管他使用了具體的、屬於尼采自己的觀察歷史世界的方法，但這種初步探討卻很難與他對那些形而上學哲學家們展開的道德批判等量齊觀。在《道德的譜系》第三章，尼采對這些哲學家提出譴責，認爲是他們促成了禁欲主義理想的統治地位。尼采關於「權力意志」的這一新的哲學原則與叔本華關於「生命意志」的原則之間有很大相似性，這一點很明顯，而且毋庸置疑（尼采自己也承認），尼采的原則事實上是叔

2 參本書第一章第十三節。——譯注

3 拉丁文，使個體得以形成並與其他個體相區別的那些原則。——譯注

本華原則的一種變體。兩者的核心是一樣的，兩者都屬於強調意識內在的類型；在兩種情況下，都涉及一種非理性的實體，它存在於我們內部（所有的神學都因此被克服），我們可以透過直接領悟而體驗這一實體。兩者的區別僅僅在於，叔本華拒絕這一實體並試圖否定它，而尼采則接受它並希望肯定它。所以，尼采的原創性並不在於這一原則本身，而在於他對於這一原則的反應，在於他對此的態度，而這種態度還可以一直追溯到《悲劇的誕生：源於音樂的靈魂》。他現在進入了創作的最後階段，以《善惡的彼岸》爲開始，尼采在其作品中表現出了一種非常值得注意的從容（我們可以注意到，尼采在有節制地使用激情，其強度直到著作的最後幾頁才得到提升），而與此同時，尼采又重拾這一主題，並且再次在希臘悲劇神靈的身上找到了一種象徵性的表達。

不過，狄俄尼索斯不再是一個美學上的象徵，而是出現在倫理理論的層面上。因爲對於尼采而言，利用與之相應的概念來進行某種理論的或者甚至某種形而上的研究的做法是與其原則相悖的。他只是在一八八四年之後的遺稿中這樣嘗試過。在《善惡的彼岸》、《道德的譜系》以及之後的著作中，尼采對於「權力意志」這一哲學概念的探討依然是基於他作爲道德學者和心理學者的經驗，並且正如我們所預料的那樣，他採用了之前所創造的比喻與概念。在《善惡的彼岸》中，狄俄尼索斯變成了一個知曉世界的本質乃是權力意志的人（「狄俄尼索斯乃是一個哲學家，所以神靈也進行哲學思辨」，參第二三八頁[4]）。他接受了這一點，而且也希望如此。該問題的理論探討得到了道德立場的補充，所以理論探討不可以被孤立起來。而透過這種方式，哲學研究也繼續與情緒衝動的領域緊密地聯繫在一起。哲學的原則被哲學家如何「感受」該原則的方式所掩蓋。

在《善惡的彼岸》與《道德的譜系》兩本著作中，痛苦（Leiden）的概念連同與之相聯繫的或由此派生而來的那些設想構成了檢驗這一「權力意志」哲學的試金石。而在這個問題的解釋上，叔本華也發揮了決定性的作用；叔本華將痛苦鑲嵌入生命圖景的堅決態度，對於尼采來說乃是他從未擺脫的青少年時期的經驗（痛苦是《悲劇的誕生：源於音樂的靈魂》中狄俄尼索斯構想的一個基本組成部分）。伴隨著權力意志這一形而上學的產生，痛苦連同所有與其相關聯的東西都變成了中間人，一個使相關探討可以轉移到歷史形成領域的中間人。事實上，我們很難談論自在自爲的權力意志，但是從痛苦的角度出發，從對於痛苦的評價的角度出發，我們就有可能觀察到人對於這種形而上的衝動的道德反應。

權力意志會導致痛苦，這是一個被尼采稱作「狄俄尼索斯式的」可怕認識。每一種意欲遮罩痛苦的道德和世界觀——這不僅僅指的是佛教和叔本華，同時也指所有被尼采用「頹

4 參《善惡的彼岸》，格言二九五。——譯注

廢」（dekadent）來形容的東西，包括「現代理念」的民主化運動，[5]他們同時也就拒絕了權力意志，即生命本身。現代性的弱點，即它的「頹廢」，「就在於它對痛苦的極度仇視，就在於那種近似於女人一樣的無能，無法旁觀痛苦，無法容忍痛苦」（第一二五頁[6]）。而狄俄尼索斯式的立場則與之相反：「你們意欲〔……〕取消痛苦；而我們呢？我們似乎更願意讓痛苦比以往任何時候都來得更猛烈些！」（第一六一頁[7]）世界的實質不可以被遮蔽、不可以被虛僞地隱藏起來；如果在生命的深淵中存在著某些可怕的東西，那麼「求眞的激情」（Pathos der Wahrheit）就會命令我們去把眞相揭露出來。「〔……〕現代靈魂最眞實的特徵〔……〕是〔……〕道德的重複性謊言中的那種固執的天眞（Unschuld）。」（第三八五頁[8]）因爲與那些面對深淵試圖否定生命的人相比，更爲糟糕的乃是那些在深淵前閉上雙眼的人，他們試圖要人們相信，在那深處根本不存在痛苦，人們可以不受痛苦的侵害。「這些人屬於〔……〕平等主義者，他們是僞裝的所謂的『自由意志者』〔……〕事

5 參本書第三章第二十六節。——譯注
6 參《善惡的彼岸》，格言二〇二。——譯注
7 同上，格言二二五。——譯注
8 參本書第三章第十九節。——譯注

實上，他們是不自由的，他們膚淺得令人發噱，尤其是他們的基本傾向，即在迄今爲止的古老社會形式中發現一切人類困苦與猜疑的原因〔……〕，而痛苦則被他們看作是必須消除的東西。」（第六十六頁[9]）

痛苦的主題同時也使主人道德（Herrenmoral）與畜群道德（Herdenmoral）之間的對立得到了解釋。該對立主要是在《道德的譜系》中得到了闡發。[10]而在這個問題上，尼采同樣受到自己狂熱的求眞意識的驅使，即那種要將世界的痛苦徹徹底底展現出來的衝動（儘管人們也不能忽視某些前後矛盾之處以及一些過於尖銳的語調，尤其是將那些引起文明者羞恥之心的傷口暴露出來的行爲，很容易翻轉成爲某種不受控制的洋洋自得）。尼采著名的關於「金髮野獸」[11]的觀點，關於每一種主人道德都是建立在攻擊性暴行基礎之上的觀點意味著：人類社會就是建立在可怕的罪行之上，而且永遠都是如此。狄俄尼索斯命令人們，毫不掩飾地將這一眞相說出來，同時接受它、肯定它。這也是修昔底德在彌羅斯人與雅典代表

9 參《善惡的彼岸》，格言四十四。——譯注

10 參本書第一章，特別是第九節。——譯注

11 參本書第一章第十一節。——譯注

們之間的對話中所見證的相同的眞實觀。[12]與修昔底德一樣，尼采也沒有讚美暴力。而那些將彌羅斯人毫不留情殺光的雅典人，同時也是被伯利克勒斯在葬禮演講上頌揚爲希臘的教育者、美與智慧的愛好者的同一代雅典人。而對於尼采而言，如果拒絕看到這一點的話，要麼意味著普遍地否定生命，要麼意味著說出一些關於生命原則的錯誤意見。而群氓道德則是建立在仇恨與復仇基礎之上的，該道德文化拒絕痛苦，並且走上了頹廢與虛無主義的道路。如果人們只是將這一論斷看作是一種對歷史的詮釋的話，那麼它很有可能是錯誤的，而尼采理論的重要意義就在於它與世界本質之間「求眞」的關係，同時也在於那狄俄尼索斯式的要求，即對痛苦採取接受的態度，痛苦只能與生命一起被鎮壓——如果我們同時將生命理解爲希臘悲劇或狄俄尼索斯哲學得以產生的根源的話。

痛苦的主題就像是一條紅線貫穿於該作品的始終；它也許並沒有馬上顯現出來，但事實上，它卻將那些尼采在這裡處理過的不同主題聯結起來，並且使他思想的新路線變得清晰明朗。它是對那個發人深省的認識的邏輯反射，而那個認識在《查拉圖斯特拉如是說》中則轉化爲「永恆復返」的母題（das Motiv von der “ewigen Wiederkunft”）。尼采利用現代世界對於痛苦的評判來推導出自己對於這個世界的評判，這一評判雖然不是歷史性的，但卻極

12 即《伯羅奔尼撒戰爭史》第五卷第七章中著名的「彌羅斯人的辯論」（Melierdialog）。

具根本性的重要意義。在這個問題上，他剖析了痛苦的各種不同表現以及對痛苦的不同反應。我們可以這樣說，他探討了痛苦的整個範疇。透過這種方式，他重新返回到以《查拉圖斯特拉如是說》之前的著作為特徵的分析領域，同時他在研究中也預先發表了一些後來心理學研究的重要結論。這一點尤其體現在《道德的譜系》一書的第二與第三章；他論述主動的遺忘性的問題（「遺忘性並不像膚淺的人們所認為的那樣，只是一種慣性，它更是一種主動的、最嚴格意義上的積極的阻力。可以歸入這種力量的，只有那些我們所經歷過的、體驗過的、被我們吸納的、（……）卻很少進入我們意識的東西」，第二九一頁[13]），此外還有關於本能的內在化（「一切不向外在傾瀉的本能都轉向內在」，第三二二頁[14]）以及類似的主題的論述。不過，作為整個思想發展基礎的痛苦概念卻被後來的心理學用一種完全對立的方式給予解釋，尼采本人幾乎預見到這一點，他說：「（……）想證明疼痛是一種錯誤時，他們就天真地假設，其中的錯誤一旦為人所認識，疼痛就必然會消失。可是，請看！疼痛它拒絕消失。」（第三七九頁[15]）

13 參本書第二章第一節。——譯注

14 同上，第十六節。——譯注

15 參本書第三章第十七節。——譯注

最大的痛苦自然是出現在認識者那裡，即那些從根源上理解和把握權力意志的人。哲學自身，那些相互矛盾的觀點都是爲了承受痛苦而戴上的面具。對於尼采而言，認識已經不再是《查拉圖斯特拉如是說》之前的那些著作中那樣的某種價值自體，而事實上，《道德的譜系》的最後一章已經開始顯現出反科學的論據與觀點了：「所有深刻的東西都喜歡面具；最深沉的事物甚至痛恨比喻和象徵。對於一個神靈的羞恥心而言，其對立物難道不才是正確的僞裝嗎？」（第五十七頁[16]）這就意味著，請不要按照字面意思來理解我；我所想的有可能與我說的完全相反。而漫遊者所渴望的「休養」就是「再多一張面具！第二張面具！」（第二二九頁[17]）「（……）它也幾乎決定了人類忍受痛苦能夠達到多深的程度（……）。深刻的痛苦讓人高貴（……）；而有時候，甚至連愚蠢也是一種不幸的、過於確定的知識的面具。」（第二二五—二二六頁[18]）「隱士並不相信，一個哲學家曾經（……）在書籍中成功地表達出了他眞實的、最終的觀點：人們寫書不正是爲了掩蓋他自身所掩蓋的東西嗎？（……）每一種哲學也掩蓋了一種哲學；每一種觀點都是一種掩蓋，每一個單詞也都是一

16 參《善惡的彼岸》格言四十。——譯注
17 同上，格言二七八。——譯注
18 同上，格言二七〇。——譯注

個面具。」（第二三四頁[19]）

到這裡爲止，我們主要把重心放在尼采創作後期的主題上，它們首先出現在《善惡的彼岸》與《道德的譜系》兩本書中。而從語言上來看，這裡也可以觀察到一種風格的過渡，特別是格言形式的縮減，《善惡的彼岸》偶然還使用該形式，而到了《道德的譜系》中則被徹底放棄了。風格徹底成熟了，沒有任何扭曲和誇大，激情也受到了控制。人們可以從中看出一定的疲憊感，甚至幾乎是一種厭倦感。而《道德的譜系》還呈現出一種嘗試體系化的發展傾向，偶爾會有一些教條化、甚至幾乎是迂腐不化的執拗態度，或者是挑釁煽動式的卻又混亂無章的悖謬。

另一方面，按照尼采自己的說法，在《查拉圖斯特拉如是說》中，有些主題依然是象徵式的，是詩意的，或者只是以暗示的方式得到處理，而《善惡的彼岸》則對這些主題進行澄清以及概念上的發展（例如我們可以將上面的痛苦母題與永恆復返的母題相對立）。還需要指出的一點是，《善惡的彼岸》一書有很多地方的雛形其實都可以追溯到尼采早期的歲月。我們這裡探討的這兩本著作——《善惡的彼岸》與《道德的譜系》，它們重新處理了從《人性的、太人性的》到《快樂的科學》那一時期的中心主題，並對其做出進一步的發展，特別

19 同上，格言二八九。——譯注

是關於道德概念的方式與起源的探討。從這一點來看，《善惡的彼岸》尤其可以被看作是一個結束，一個終章——不論如何，對於作者的內在經驗而言，事實確是如此。

而尼采此後的著作，則不再被他看作是自己道路中一個個階段，不再與其自身相脫離，他愈來愈不可避免地被這些著作耗盡了心力。一個間接的證據就是，在尼采瘋狂的最後歲月裡，他試圖寫下文字的唯一證據就是他用不受控制的手將《善惡的彼岸》的卷尾詩《來自高山》（*Aus hohen Bergen*）的最初幾行詩句寫進了一個小本子裡。他對於過去生活的錯亂回憶終結於此；隨後的種種，均已灰飛煙滅，因爲他生存的創傷逐漸擴大，最終變得再也無法挽回。

Giorgio Colli

KSA版編者附注

《道德的譜系》一文流傳下來的手稿非常不完整。甚至可以說，除了個別少數紙頭、斷片式的筆記以及自製的供初版用的手稿以外，這篇「論戰檄文」整個的前期準備手稿都已丟失。尼采的撰寫時間是一八八七年七月十日至三十日。與《善惡的彼岸》一樣，尼采自籌資金完成了該文的印刷，時間是同年的八月初至十月底。校對稿（未能保存下來）由尼采和加斯特（Peter Gast）進行了通讀。九月二十一日，尼采也來到了加斯特所在的威尼斯。按照後者的說法，剩餘的五個半印張到了十月十九日全部通讀完成。一八八七年十一月十二日，尼采收到了從萊比錫寄來的第一批樣書：《道德的譜系——一篇論戰檄文》，萊比錫，一八八七年，C. G. Naumann 出版社。

扉頁上的格言：Tout comprendre c'est tout — mépriser?（法文：明白一切就意味著蔑視一切？）

供初版用的手稿的扉頁背面：最近出版的《善惡的彼岸》一書的副篇，對前者加以補充與解釋。

Pütz 版編者說明

方法與目標

在尼采的所有著作中，《道德的譜系》（一八八七年）可能是最難懂也最具獨創性的，因爲其內容十分深刻。該書在《善惡的彼岸》出版一年之後發表，在主題上與前作保持了緊密聯繫。《善惡的彼岸》一書的副標題是「一種未來哲學的前奏」，其主旨在於展現可預料者（Erwartetes），或者至少是可期待者（Erhofftes）。而從其用詞的限定性與保留（如「未來」、「前奏」）可以看出，這樣一種哲學的時機還沒有成熟，它可能在很長時間內都不會出現，或許永遠也不會到來。《善惡的彼岸》帶著一種以未來爲導向的眼光去探尋一種十分值得追求的目標，即克服種種道德矛盾，最終克服所有令人痛苦的二元對立。而《道德的譜系》的主旨並不在於探問道德的未來，而是探問道德的過去，道德的來源與歷史，即那依然籠罩在黑暗之中，或者至少是向黑暗深處延伸的來源與歷史。《道德的譜系》爲道德制定了一個家譜，而其副標題「一篇論戰檄文」則暗示著，尼采將在這裡探討一些頗具挑釁性的東西，而讀者也很快就會知道，被我們今天視作高貴正派的那些價值卻有著粗俗鄙陋的起源，而善與惡則有著非常可疑的祖先。這本書深入到了人類心靈史的深處，所以從這個意義上來講，這也是一部深刻的書。

粗略地流覽一下該書，我們就會發現其獨特的段落劃分方式，它與尼采的其他著作，尤其是其創作中期的著作有著明顯區別。除了《查拉圖斯特拉如是說》（一八八三－一八八五年）之外，從《人性的、太人性的》（一八七八／一八八〇年）、《朝霞》（一八八〇年）、《快樂的科學》（一八八二年）直到《善惡的彼岸》（一八八六年），這些著作章節段落整體上是愈來愈短，並且經常濃縮爲單獨一個格言式的句子。這種形式甚至也部分適用於《善惡的彼岸》，特別是其中的第四章，不過該書從整體上已經傾向於使用更長的段落，同時重新採用了尼采創作早期的段落方式（例如：一八七二年的《悲劇的誕生：源於音樂的靈魂》；一八七三－一八七六年的《不合時宜的沉思》）。而《道德的譜系》則徹底放棄那種類似印象派點畫法的處理觀察、想法與思考的格言集形式。在該書前言的第二節，尼采強調了它與之前著作的延續性，同時也突顯他的追求，即用一種堅定的關聯意志（Willen zum Zusammenhang）去對抗孤立化的危險，以便他的思想能夠像一棵樹的果實一樣彼此聯繫。所以其反思的形式不再是格言，而是短篇隨筆，一般篇幅在兩個書頁左右，偶爾會達到五頁。同時各章節內部並不分段，從形式上看就像是巨大的石塊，從內容上看則像是強力向前推進的反思集團軍。在預先的小規模交鋒（即「前言」）之後，整個大部隊就變成了三個接踵而行的縱隊：第一章主要針對的是道德的價值，即善與惡；第二章研究探討的是道德狀態的不完滿形式，例如「罪欠」、「良知譴責」及「相關的東西」；而第三章則分析在藝術、哲學、道德和宗教中占據統治地位的關於禁欲主義理想的價值觀。如果這本書的作者不是尼采，而是別人，那他就不會像尼采那樣在著作中如此激進地質疑道德價值判斷的等級，準確地說是要將其消除，以便爲新的價值和眞理騰出位置。

尼采的其他著作或多或少都會分散爲各個彼此異質的孤立部分，它們之間的斷裂雖然閃閃發光，但卻無法爲具有決定意義的關聯性提供足夠的光線。而《道德的譜系》則與之不同，它是一篇關聯性很強的文章，裡面有非常清晰的引領性的概念與理念，所以與其他著作相比，《道德的譜系》能夠使讀者在更高的程度上追蹤到它那追及深遠並且意在深遠的思想活動，追隨其論辯的腳步，而不會突然陷入某種思想的單純「複述」中，因爲作者透過相關的反思與分析避免了這一情況的發生。

該書的前言共分爲八個小節，主要論述「譜系學」的工作方法，表明自己與他人相反和相敵對的立場，指出他人的過錯與疏忽，並且在最後思考相關的修正方法。第一節乃是整個尼采思想風格的序幕，採用了很多對習語、慣用語以及名言名句的戲仿處理，雖然看上去有些輕佻，但說的卻是很嚴肅的內容，在那些製造歧義的語言置換與顚轉的方式之中，尼采已經非常明確地表達出他那意欲徹底轉變思想的決定性意志。該書第一句話就已經利用相關的手段爲我們診斷出一種充滿矛盾、在消除成見方面很有價值的病症：「我們並無自知之明。我們是認識者，但我們並不認識自己。」利用類似方式，尼采將德語中很多相關相近的詞彙組合在一起以便達到相應的效果，例如「生命」（Leben）與「體驗」（Erlebnisse），

「這些事情」（bei solchen Sachen）與「心不在焉」（nicht bei der Sache），「點數」（zählen）與「數錯」（verzählen）等，另外還有對《聖經》文字（「須知你的珍寶在那裡……」，參第一節相關註腳）以及名言諺語（「離每個人最遠的人就是他自己」）的顛轉。

尼采並非對我們從事認識活動持否定態度；與之相應，他也不會像啓蒙主義者那樣指責人們缺乏勇氣去進行獨立的、不受權威和偏見約束的思考。[1]他的異議主要是針對我們的認識活動本身，它的獨立自主已經變得機械化了。它已經墮落爲一種如蜜蜂般辛勤收集甜蜜而又苦澀的眞理的行徑，它受到一種近乎本能的重複性強迫症的驅使，將蜂巢一個接一個地塡滿。那所謂的「我們認識的蜂巢」裡面塞滿了關於自然與歷史、關於上帝的各種眞理以及關於知識的知識。這一切都是某種以客體爲導向的認識活動的成果。而啓蒙運動最爲重要的一條前提，即關於自我認識的前提，卻沒有得到實現。這指的並不是關於受人的主觀性制約的認識的可能性的研究，這是一條最遲由康德憑藉其超驗哲學而開創的道路。而尼采的意圖則與之不同，他研究的不是思想的前提，而是生活與體驗的前提條件，這兩者作爲每個自我不可或缺的基礎一直爲人忽視。

在前言第二節，尼采點出了一個主題：即道德「偏見」的起源問題。偏見這一概念也與

1 參見康德的文章〈什麼是啓蒙運動〉。——譯注

十八世紀的傳統有著密切聯繫。一六八九年，有著「德國啓蒙運動之父」之稱的托馬修斯[2]在大學開設了一門課程，這門課爲他日後的工作指明了方向，托馬修斯在其後的著作中，例如一六九一年的《理性論》（*Vernunftslehre*）經常會追溯到這門課程。該課程的名稱是：「先入之見或論阻礙我們認識眞理的偏見」（De Praejudicis oder von den Vorurteilen, die uns an der Erkenntnis der Wahrheit hindern）。其基本思路如下：人類雖然在其生命的最初就已經是上帝的造物與寵兒，並且要比其他無理性的生物都擁有更高的使命，但是他卻比其他動物都更需要幫助。很多動物在出生之後很快就可以自主活動，有一些甚至可以迅速地脫離母親，而幼年的人類卻必須長期處於父母的呵護之下，同時，父母必須對其進行照料。在幼年時期，父母主要負責他的肉體健康，同時也會對他成長中的思想與感受產生影響。而提供幫助的一方慢慢變成了統治的一方。他們將他們的道德觀嫁接給了他們的孩子，這一點也同樣適用於歷史上先後相繼的時代，他們讓孩子熟悉他們覺得適宜的書籍，並將其送到他們感覺合適的老師與學校那裡。於是，威權（auctoritas）就產生了，許多人終其一生都不能或不願擺脫威權的束縛，而這正是偏見的一個主要來源。另外一個則

2 托馬修斯（Christian Thomasius）：一六五五—一七二八年，德國法學家，啓蒙運動的重要代表。——譯注

是 praejudicium praecipitantiae，[3] 即由於過於倉促、由於缺乏耐心或貪圖安逸而產生的偏見，人們會因爲經驗或其他不同的原因而沒有顧及所有必要的情況。從心理學的角度來看，這兩種偏見都是畸形的愛，它們都是反理性的；缺乏耐心與貪圖安逸是因爲人類對於自身過於巨大的愛而引起的，也是由於人類有相關的需求，希望可以毫不費力地獲得愉悅與滿足；而迷信威權則是人類對於他人、對於他人的信條和機構產生的過度的愛的結果。因此，偏見阻礙了我們實現主動自覺的思想；它作爲威權或難以控制的情緒衝動統治著人類。

雖然差不多要等到一個世紀之後，康德才提出了啓蒙運動的相關綱領（「人類脫離自己所加之於自己的不成熟狀態」[4]），但事實上托馬修斯已經對相關核心問題預先進行了處理。康德要求人類不經別人的引導而運用自己的理智，而當托馬修斯將權威揭露爲一種偏見之後，康德的要求事實上已隱含在其中了。托馬修斯延續了笛卡兒與史賓諾莎的相關探討，並且預先爲康德的思考開啓了道路，因爲他也同樣試圖清理人的理智，找到正確的方法，並且爲人類實現可靠的認識而給出相應的指導。而十九世紀末的尼采也同樣繼承了這樣的傳統，雖然他曾在例如《善惡的彼岸》中對於康德和黑格爾、笛卡兒和伏爾泰大加攻訐。

3 拉丁文，即由於人的任性而產生的偏見。——譯注

4 參康德文章〈什麼是啓蒙運動〉的第一個句子。——譯注

在《朝霞》以及隨後的著作中，尼采至少在形式上同樣遵循了啓蒙運動追求獨立自覺的認識的前提假設，但是與此同時，他卻將其變得極端化，他不再顧及啓蒙運動的基本前提的內容層面，而是對這些內容展開啓蒙式的批判。如果說康德在《純粹理性批判》中詢問人類認識得以可能的條件，同時將認識的意義和目的視爲毫無疑問的前提條件的話，那麼尼采則在《善惡的彼岸》中探尋人類認識願望的目的性；前者只研究眞理的先決條件，而後者同時也研究眞理認識的後果。在尋找眞理的過程中，這種根本性的重新定位看到的並不是一種自爲的價值自體[5]（至少萊辛還有類似的思想），這樣的價值自體因爲對眞理的尋找一直持續而得以正名，但是尼采卻希望瞭解，對於這樣的一種本能衝動，它的能量來源於何處，而它又會把人（誘）導向何處。他並沒有將求眞意志（Wille zur Wahrheit）預設爲公理，而是追問該意志的合法性；因爲存在著這樣一種可能性，即正是欺騙和謊言會被證明爲更高形式的眞理，這樣一種思想在《道德的譜系》的末尾也得到了表述。不過，這部著作的主要目的並不在於解決認識論問題，而是在於道德批判。如果說《善惡的彼岸》相當於康德的《純粹理性批判》的話，那麼《道德的譜系》則在一定程度上可以與《實踐理性批判》相類比。但是兩者之間卻存在一個決定性差別：尼采並不希望透過理性的規定來確保道德，反而是試圖透

5 另請參考本書前言第五節。——譯注

過證明道德來源於非理性和偏見來顛覆道德。康德試圖將人類的道德性要求建立在普遍性的基礎之上，而尼采則意在宣布這種要求的無效性，而其做法就是揭露出，道德乃是反道德力量與努力的衍生物，儘管我們後面將看到，這樣的一種分析總結也有其不利的一面。

還是讓我們先回到前言！在尼采的童年時代，同時也可以理解爲在人類歷史的早期階段，關於道德「偏見」的起源問題，即關於善與惡的起源問題，是透過某種經過官方認證的神智學（beglaubigte Gottesweisheit）而得到解答的。伴隨著年歲的增長，以及相應的世俗化的普遍進程，道德問題與神學問題相分離，所以就連《道德的譜系》一書也只處理此岸的事務，而不是彼岸世界；因爲善與惡的起源並不在世界的背後，而就在世界之中。善與惡的父母並不是神靈，而是人類在一定的條件下，出於一定的利益考慮而創造了善與惡。由於這些創造者們既因爲個性的差異，也因爲歷史的差別而都傾向於變化與轉變，所以他們的道德價值觀也並不總是保持一致。尼采的研究主旨不僅在於道德的起源，同時也在於道德的目的，不僅在於道德的譜系，而且也在於道德的功能及其合法性。而要求道德爲自己辯白的主管機關就是被尼采稱爲「生命」的東西。善與惡也是爲其服務的，而它們的價值與意義也是由其爲生命所提供服務的品質決定的。事實上，在前言第一節，當尼采談到「生命」與「經歷」時，他就已經對這一核心術語進行了暗示。但人們不可以僅從狹隘的生物學意義去理解「生命」，認爲其僅僅指的是人的生理層面以及人的肉體，而是應當將其理解爲一種概念隱喻，它包含了許多別的東西。面對這樣一種不確定性，尼采的研究者們非常迷惘，而每一種試圖進一步確定「生命」含義的嘗試，都會導致一種不被允許的界定，以至於人們不得不考慮將它與「無界限化」（Entgrenzung）或「普遍化」（Universalisierung）等範疇放在一處操作。在尼采那裡，「生命」的目的就在於某個無法進一步界定的原因與關聯性（Grund und Zusammenhang），這原因與關聯性囊括並決定了所有存在物，同時也對這些存在物給出相應的價值評判。每一種試圖對於這一整體進一步細化的詮釋行爲都會使生命的總體性要求（Totalitätsanspruch）受到限制，同時也意味著讓矛盾和對立實現了對生命的控制。任何一種概念上的界定都會導致生命普遍性的喪失。所以，下面的迂迴性描述也許是行得通的：尼采所理解的「生命」就是透過對確定性不斷地否定而努力希冀實現的總體性，這種總體性同時也是開放的。這樣一種表述是目前暫時唯一適合於「生命」的概念性描述，它能夠承受住生命的無規則性與矛盾性，而且並不是達成某種黑格爾意義上的「和解」（Versöhnung），而是對各種對立因素的包容（Duldung）。「生命」的總體性包括極端的開放性，對毀滅自我的敵對因素的肯定，以及作爲總體性的補充因素而出現的虛無。在尼采眼中，虛無主義並不是對虛無的認識與承認，而是透過基督教與道德性而實現的對虛無的拒絕或者爲其裝載上安慰與希望的做法。無論「生命」一詞作爲術語是多麼模糊，但它作爲一種手段是十分重要的，因爲尼采意在透過它克服那不僅錯誤而且腐壞的充滿對立與矛盾的哲學，因爲正是「生命」應當包含並且允許對立性在其內部存在：既有日神那清晰明朗的理智活動，也有酒神那揚棄所有界限的「醉」（在《悲劇的誕生：源於音樂的靈魂》中，尼采還相信古典神話的這種對立）；既有善也有惡，既有欺騙也有眞理。甚至連自我矛盾也包含在生命之中，並且對其起到推動與鞭策的作用。甚至連那些生命出現衰退與疾病的地方，那些生命出現自我否定與自我毀滅意志的地方，這一意志也證明了某種不可遏制的力量的存在，只不過該力量在頹廢狀態中發揮的作用是逐漸減弱的，但它同時卻能刺激上述意志，使其成爲生命欲望的某種雖然危險、但同時卻更爲細膩更爲精巧的形式，以至於最後連「生命」的否定者們也對其表示了「肯定」——這是典型的尼采式的思想，我們在「譜系」的聯結網絡的所有重要的節點都會遭遇到它。

在前言接下來的部分，尼采將自己與其他的思想姿態與立場（例如雷伊[6]）相區別，隨後他又用影射他個人、他的風格、他的作品與讀者的方式結束了整個導言。這也是典型的尼采方式；因爲處在其道德哲學中心位置的乃是他的自我，而與之相應的是，在闡釋其思想時，他的自我言說也非常令人欣喜。他的童年、情緒衝動與準則、目標與工作方法、書籍與風格、讀者與被閱讀均變得非常重要，而要讀懂他的著作，不能用現代人的匆忙態度，而應當用耐心與重複，就像是奶牛天生會從容地「反芻」一樣。而在這一點上，人們已經可以清楚地感受到，過往時代那安靜從容的直覺與現代理智那忙亂喧囂的激動之間的普遍對立。

---

6 參本書前言第四節。——譯注

圍繞善與惡的鬥爭

書的第一章討論的是道德的普遍性概念「善」、「惡」與「壞」，它承接前言對某種所謂「英國式」思維方式展開的批評，該英國式思維方式認爲道德起源於非常淺顯表面的東西，即人的惰性與習慣，以及那些使人顯得渺小而不是崇高的情感與狀態。透過這種思維方式，道德被降低到了平庸鄙俗的程度，具有了現代主義的態度與對基督教的侮辱姿態，正是這一點刺激了尼采，讓他起來反對該方式；因爲他更希望選擇高傲卓越的生物作爲敵人，他們在價值設定問題上應當不僅僅只是些純粹的習慣動物。尼采指責那些「英國式的」思想先行者們，認爲他們缺乏歷史精神，因爲他們認爲善起源於那些貧苦者和受饋贈者，那些人在更富有與更有權勢的人的善行中看到了善良，然後他們從自己的角度出發對此大加褒揚。

這種已經成爲習慣的有用性使得人們遺忘了善的眞正來源，它並非來自善行的受益者，而是來自善行本身的發出者。不是那些低賤者，而是那些高貴者與高尚者決定了善與惡，是他們設定了標準，並且創造了價值。首先是上等人與下等人之間的等級差別造成道德標準的對立，善最初絕對不是與無私利他聯繫在一起的，這樣的聯繫是在某種被尼采視爲腐壞墮落的發展中逐漸形成的。只有當善眞正起源於那些設定價值的強力者的事實被遺忘之後，「道德」與「無私」才成了相同的概念。而雷伊的理論則認爲善起源於那些非高貴者，對這些非高貴者而言，來自上層的饋贈和關照已經隨著時間的推移而演變成了一種習慣。尼采利用更有說服力的、但同樣被視爲錯誤的史賓塞的觀點來反對雷伊的理論，史賓塞認爲善應當與有用完全相等，而有用性在任何時代都是習以爲常的，因此也不會被遺忘。尼采並沒有進一步說明，爲什麼這種功利主義的解釋道德的方式被他認爲是錯誤的。也許對他而言，這種解釋太膚淺、太過理性主義、而對人的本能的生命需求則關注得太少。也許他在史賓塞身上也看到了一位給別人造成負擔的先行者，他有些阻礙了尼采自己的道路，他雖然來自不同方向，但卻追逐著類似的目標；因爲尼采在此之後也將不僅追問道德評價的先祖，而且還追問其後代；不僅追問其歷史，而且追問其目的與用途。而尼采利用語源學來證明道德價值概念起源於社會差別；「高貴」（das Edle）對應「貴族」（Adel），「卑鄙」（das Gemeine）對應「下賤的男子」，而「壞」（Schlecht）對應「樸素的男子」（Schlicht），直到德國三十年戰爭時期，「schlecht」一詞才從其社會等級含義轉向了道德範疇。不過，一些尼采所使用的詞源學推導手段至少是有疑問的。例如，他將「善」（Gut）與「神」（Gott）以及「哥德人」（Goten）三個詞聯繫在一起的做法其實僅僅基於一種偶然的發音上的相似性。三者之間並不存在語義學上的關聯，就是尼采自己也在其推斷之後加上了一個問號。而當他從道德概念起源的社會領域轉入人種與生物學領域時，我們依舊可以發現類似問題：尼采認爲，那些當初被雅利安人征服的種族長期以來都是被壓迫者，即低賤者和壞人。但是最近，這些人連同他們的膚色、他們的顱骨形狀、他們的理智與社會本能在整個歐洲又重新占據了優勢，準確來講就是在民主與社會主義的所有可能的變種之中。尼采有一些最可能被誤解的句子就與此相關（第一章第五節）；因爲即使他本人的意圖並非如此，但將民主歸結爲某種生物學基礎的做法很可能會助長種族主義式的詮釋——而實際效果也確實如此。而同樣需要我們用批判的目光加以對待的還有書中對「女人」所作的令人很難忍受的評論，雖然這些評論遠遠不如《善惡的彼岸》一書中那樣明顯。對於尼采個人而言，他在《朝霞》中的那句話可能是最適合的：「那些必須避開女人並且折磨肉體的男人，是最肉欲的。」（格言二九四）

我們現在仍處在這樣一種發展階段，即原本的政治與社會標準被轉化爲道德標準，這裡也出現了尼采的新思想——該轉化過程受到了宗教的某種強力擴展與提升。只有當那些統治者同時也是某種更高等級者所委派的代表（也就是祭司）時，價值評判上的對立才會獲得更高級的尊榮，這些對立被變成了規定並且得到批准和認可，但也因此被扭曲和敗壞。而透過那些與宗教聯繫在一起的儀式，例如透過禁欲的方式，習俗與感覺會變得愈來愈精緻細膩，但同時也更危險、更腐壞。由於統治者與祭司聯繫在了一起，所以貴族的價值方式開始慢慢解體，局勢向著有利於某種與其相對的祭司式的價值方式發展。無法勝任戰爭的祭司們由於自身的虛弱無能（Ohnmacht）而只能用他們的仇恨來對付武士們那令人矚目的武勇與健康；他們變成了強壯者們最陰毒的敵人。尼采利用猶太人的歷史來演示這一過程：猶太人幾百年來一直生活在壓迫之下，只能不停地承受著低賤者與壞人的桎梏，最終猶太人只能將他們的命運設計得更能令人忍受一些，他們的方式就是將困苦者、弱勢群體、他們自己都頌揚爲好人。尼采將這種弱勢者在意識形態上的價值提升稱之爲「道德上的奴隸起義」，而它就肇始於猶太人，然後由基督徒所承續，最後形成了道德革命的勝利。而猶太人透過最爲精深高雅的方式，即透過他們的敵人耶穌而獲得了勝利。他們成功地透過將一個神釘死在十字架上的方式製造了一個神，然後在兩千多年的歷史中透過教士的統治令其產生神奇的效果，這是何等精巧的設計啊！而在尼采看來，人的存在出現了徹底道德化的趨勢，這一發展到目前爲止所經歷的最後階段就是民主，民主將會把這場由猶太人開始、然後由基督徒繼續的運動引向高潮。

但高潮同時也就是低潮，民主與古代的統治結構相比既意味著一種精緻化，同時也是一種庸俗化，而來自拿撒勒的耶穌自己是出於仇恨而從事奴隸起義的，但他同時卻創造性地成了愛的化身，這一切都要歸功於尼采充滿矛盾的思想，他那最爲內在的辯證法使得他從一切事物中都發展出了其對立物，從同一個人身上同時推論出黑與白、愛與恨。隨著文章的深入，他的辯證法愈來愈迫切地教諭眾人，即使是如今看來最顛撲不破的反命題與二律背反也都不可信任。儘管他帶著異常強烈的反感追溯著弱勢者的勝利進軍，但他也不得不對其間獲得的寶貴財富表示讚歎。例如人類心理上的豐富與細緻化，那些因爲奴隸起義而得到釋放的力量，那最終不可遏制的現代文明的巨大創造力，以及現代文明那既陰險又頗具破壞力的理智性（Intellektualität），尼采本人就是這種理智性最具說服力的證據。所以尼采也並不諱言，人類正是透過祭司（這裡他指的是猶太人、基督徒、民主主義者）的統治才成了一種「有趣的動物」（第一章第六節）。

尼采認爲，由於虛弱無能而產生了系統化的復仇行爲，而該行爲的核心概念就是「怨恨」（Ressentiment）。該詞的原意是指對於從前的某種感覺，尤其是遭受的某種傷害或屈辱的「重新體驗」（Nacherleben），這種情感上的傷害是人們所無法克服的，而且由此會產生持續性的妒忌（Neid）與仇恨（Hass）。附帶一提，這兩種情緒在較古老的語言中，例如在古高地德語與中古高地德語中，都是用同一個詞來指稱的（nîd、[7] nît[8]）。兩種情緒所表達的其實都是反抗的意志（Wille zum Widerstand），該意志總是尋求貶低其敵人的價值，並用自己的價值取代之，該意志試圖透過這種方式使敵人的價值喪失權力。高貴者那自發且富有創造性的肯定與低賤者那純粹的否定相對；主動行動與被動反應相對。對於強大者而言，他們沒有必要去否定什麼，他們只需要忽視它就夠了。尼采以古希臘的貴族爲例，他們對待所有卑賤的態度最多是用一種遺憾的語調稍帶提一下，同時，他們將善與幸福者等同起來。而對於非幸福者而言，留給他們的只能是等待、是卑躬屈節、是變得聰明、是不能也不願意去遺忘過往。一方面，強者只希望強者作爲自己的對手，而另一方面，弱者卻將強者概括爲惡人，而他們自己則是善人。由於低賤者無法在正面爭鬥中戰勝高貴者，所以

7 古高地德語，約七五〇—一〇五〇年。

8 中古高地德語，約一〇五〇—一三五〇年。

他們就毒化高貴者的價值。要實現這一點，就需要很多狡詐和詭計，也就是聰明，所以這種陰險狡詐的怨恨同時再次成爲刺激文化向精緻化發展的興奮劑——這就是尼采用來觀察道德化這一既可怕又富有創造性的進程的雙重視角。怨恨的本能雖然作爲文明（Kultur）的工具發揮著作用，但是尼采卻將這樣的文明理解爲沒落與衰亡，也正是這樣的文明促使他做出了那些關於現代中庸者的近乎詛咒的論斷。在這裡以及在別的地方，我們都可以清楚地觀察到尼采在佛洛伊德之前就已經就「文明的缺憾」做過相關分析。而在佛洛伊德看來，文明就是人類成百上千年來壓抑本能的產物。

尼采用強者那充滿濃烈色彩的圖景去對抗弱者那含混多變的形象，而在這個問題上也就出現了他那個被很多人引用過的用語：「金髮野獸」（blonde Bestie）。這個詞彙曾被理解爲日爾曼封建領主（Herrentum）的化身，但這樣一種人種學的（法西斯主義者認爲是「種族的」）歸類方式似乎僅僅是從「金髮」一詞推導而來的。尼采在這裡處理的乃是心懷妒忌者的奴隸道德問題，那些心懷妒忌者透過妖魔化那些優勢地位者的方式來發洩他們對強大和高貴的怨恨。而這些優勢地位者則站在另一邊，他們擁有另一種不同的「善」的概念，他們並沒有將善看作是對於樸素低賤者那充滿嫉妒的概念的補充範疇，他們其實是透過他們的行動自發地設定「善」的概念的。無論他們多麼嚴格地遵守他們自己的習俗，無論他們在自己社區的限制內表現得多麼自制，一旦他們來到了陌生的國度，他們的表現並不比野獸好多少。在擺脫了家鄉社會的強制性約束之後，野性突然出現在他們身上，以便其長期淤積的欲望得到補償，該欲望在經過長期禁錮之後急需解脫式的爆發，正如我們從各民族的征服史中瞭解到的那樣，這種爆發最終會導致一系列慘無人道的燒殺搶掠以及肆意暴虐。然後就是那個關鍵性的句子：「所有這些高貴的種族，他們的本性全都無異於野獸、無異於非凡的、貪婪地渴求戰利品與勝利的金髮野獸。這一隱藏的本性需要時不時地發洩出來，野獸必須掙脫束縛，必須重歸荒野」；其實後面還有一個更爲重要的句子，卻在法西斯主義者對尼采的接受中被避而不談了：「羅馬的貴族、阿拉伯的貴族、日爾曼的貴族、日本的貴族、荷馬史詩中的英雄、斯堪的納維亞的維京人，他們這方面的需求完全一樣。」（第一章第十一節）沒有任何證據表明這是某個北歐種族的特權，這裡說的其實是一個在所有民族都會不時出現的渴望征服的武士階層，他們就像阿伽門農和阿喀琉斯一樣完成了偉大而又殘酷的事情，他們讓他們的野性自由釋放，以便詩人們能夠因此擁有值得吟唱的素材。這樣一種對於歷史上的英雄事蹟的分析與其說是謳歌式的，不如說是辛辣的諷刺，但這樣的分析卻被法西斯們用多種方式扭曲與篡改了。首先，它被詮釋成了對暴力的明確要求；其次，它被認爲是雅利安人的特權，儘管尼采在閃米特人，即阿拉伯人那裡證明了同樣的特點的存在。野獸的金色首先不應當再被認爲是日爾曼人的髮色，因爲例如尼采在這裡也將日本人歸入此列。所以很顯然，「金髮野獸」不應該指某個特定的種族，而是應當按照德特勒夫·布倫內克（Detlev

Brennecke）[9]的建議，把這個被過度濫用的用語看作是一種對獅子的隱喻，特別是當上下文多次提到了「猛獸」、「野獸的良知」以及類似詞語的時候。雄獅那黃棕色的鬃毛也許不應再是北歐民族的髮色與特權的象徵，而是所有民族都暴露出來的某種動物性，這種動物性在尼采身上喚起的絕不僅僅只是讚賞，同時還有異常的恐懼。關於這些二律背反與對抗的意義，已經有了一些論述，在未來還應當有更多論述。

儘管在所有現象上尼采都持有雙重視角的基本立場，但面對那些華貴的野獸般的人物，尼采內心不由地滋生出一種渴望，對於某種尚未藐小化的、「完滿的」（komplementär，第一章第十二節）人類的渴望。「完滿的」一詞來源於拉丁語的「填滿」（complere），而這樣的人類將其內心所有充滿矛盾與張力的可能性融爲一體，所以他並未去壓抑或者是祛除其人生存在的某些特定方面。當尼采談到這種人類的時候，他基本只是給予一些簡短評論，爲的是可以專注於他眞正的研究領域：那些藐小與平庸的人類，他們因其更爲有趣的危害性而得到了尼采更多的研究，在某種程度上也可以說，更讓尼采著迷。我們只要想一想，尼采將哪些東西歸咎於怨恨式道德，他又把哪些東西都算在怨恨式道德的帳上。這其中就包括那種關於主體自由支配自我的設想，這在尼采看來是錯誤的，這就好像是說，每個人

9　參本書第一章第十一節的 KSA 版注「金髮野獸」。——譯注

都可以決定這樣或那樣的存在方式。在他看來，自由的理念就是自我欺騙；因爲假如善與幸福同屬一體，那麼就不可能完全按照個人的意願去對兩者同時提出要求，甚至是同時擁有。所以尼采認爲，現代的主體性觀念是亟待修正的。除自由之外，奴隸道德還製造了其他的價值與理想，並且非常嚴格地使用它們，即對上帝的服從、謙恭與寬宥，天堂裡的至樂與依附於當權者，耐心與正義。尼采在一個虛擬對話中（第一章第十四節）大發牢騷，他說所有這一切都是在基督教那陰暗難聞的價值作坊裡產生的。而該作坊加工美化的最終產品就是「天國」，其目的是爲了讓弱者們至少也可以在一個未來的夢裡面幻想自己變成了強者，所以可以說，天堂裡的至樂其實起源於怨恨，爲的是讓這些喜樂能夠有一天爲這怨恨做出補償。從此以後，殉難者取代了鬥士和大力士。如果在這種人類之中還有人渴望鮮血的話，那麼基督的鮮血隨時可以供其使用。

對於尼采來說，善與惡的鬥爭已經持續了幾千年。這鬥爭主要爆發於羅馬與猶太之間、[10]爆發於貴族統治與怨恨之間，最終前者敗給了後者；因爲羅馬正是因爲猶太教與基督教的道德而滅亡的。尼采認爲，與猶太人類似的民族還有中國人和德國人。而就在羅馬精神伴隨著文藝復興有希望重新復活的時候，正是德國人透過他們的宗教改革將高貴者的重生扼

10　參本書第一章第十六節。——譯注

殺了，法國大革命正是宗教改革運動在政治領域的一種延續。尼采認為，在那之後只出現過唯一一次強者的甦醒——拿破崙，正是這個名字促使尼采在第一章的結尾對一種更完滿的人類提出了展望。但是這種憧憬只出現在疑問句中，以至於本章最後一節從內容上來講既心懷希望卻又毫無把握，與之相應的是，這最後一節從形式上來說只能是短促而又簡陋的。

源自壓抑本能的罪欠意識

《道德的譜系》第二章以前一章所擬定的範疇，如怨恨和奴隸道德等為背景，分析了一系列貶義的道德概念。尼采首先讚揚了遺忘性，認為在面對未來與過去的事物所造成的一切忙碌時，遺忘性乃是一種重要的保護機能，因為它能增進人的健康。對尼采來說，計畫、指令與承諾所帶來的現代忙碌性已經是一種普遍衰敗的表徵。誰如果變得愛算計和估算，那麼他自身同時也就變得可以被估算；誰如果利用因果律進行操作，那麼他自己也是受其制約的，最後淪落成為自動機械裝置。大自然因其因果規則而陷入逼仄的境地，而人類隨著歷史的發展也被強塞進同樣的束縛之中，因為社會將其習俗道德化了。因此，對尼采而言，道德性（Sittlichkeit）最初其實就是對於社會慣例的內在化地順從。而到了漫長歷史發展的最後，形成的卻是臆想中的獨立自主的個體，他誤以為自己已經擺脫通行的習俗的制約，他相信自己只需要按照自由意志去行事就可以了，這自由意志就是他全部的驕傲，他認為他可以藉此將自己和世界牢牢把握在自己手中。而與此同時，原本發揮某種平衡補償功能的、可以自由發布指令的責任感則演變成了他的本能，而他將其稱為「良知」。

尼采認為，人類史前史所發生的最可怕的事情就是記憶術，即關於訓練記憶能力的藝術。其中必然有一種令人痛苦的殘酷發揮著作用，以便一切能夠得以實現；因為人只能記住那些給他帶來疼痛的東西。在尼采看來，這也是一切禁欲主義以及理想主義的來源，理想主義將一些理念烙印在人的記憶中，為的是將記憶像是印上花押的牧場牲畜一樣收為己用，同時將它與其他陌生且危險的理念分開，使之遠離這些理念。德國人尤其擅長用最可怕的手段去懲罰他的良知，具體做法就是發明並反覆施用最殘酷的刑罰。透過這些刑罰，德國人變得明智、變得理性了。尼采試圖證明，所有道德範疇與價值設定，例如良知、責任、自由意志等，從根本上來講，也就是根據其譜系來看，均誕生於刑罰與鮮血之中。

尼采再次反駁了道德歷史學者的意見（例如雷伊、史賓塞等），在此之前他曾經指責他們缺乏歷史意識。尼采認為，這些學者對於價值概念與無價值概念的來源一竅不通；因為他們不知道，罪欠來源於欠債，而刑罰來源於回報。歸根結底，罪與罰乃是基於債務人之於債權人的依附關係，而這一關係又建立在人際行為的基本形式的基礎上，建立在買與賣、交換與貿易的基礎上。在這一點上，尼采與馬克思的政治經濟學的核心範疇相當接近，只不過，尼采並不認為譜系（即歷史）是由階級鬥爭決定的。儘管如此，人們經常指責尼采是社會達爾文主義的說法其實並不公允，因為統治者與被統治者不僅因為生物學上的差異，同時也因爲經濟上的差別而被區別開。占優勢地位者同時也是有產者，而奴隸道德的發明者們則同時也是無產者。債務人將一切他所擁有的非物質財產都抵押給了債權人，他的身體、他的自由，還有宗教意義上的他的靈魂，在民間傳說中，他可以把靈魂轉讓給魔鬼。在人類很多早期的法令中，甚至可以根據債務的情況割下身體的各個部位。這裡需要補充的是，莎士比亞的《威尼斯商人》就是一部針對類似法令的諷刺性喜劇。在劇中，喬裝成法官的鮑西婭將相關權利轉給債權人，讓他在其債務人靠近心臟的地方割一磅肉下來，但是有一個前提條件，債權人只可以割下完全準確的份量，但不可以流一滴血。在這裡，權利與補償也是建立在復仇和殘酷的基礎上的。

尼采在債務關係中看到了整個道德概念體系的起源；其中就包括罪欠，良知譴責等。假如債務人能夠透過受苦來清償債務的話，那麼一定有人有興趣看到債務人受苦。對於懲罰者來說，以正義的名義使人受苦的行爲變成了一種享受。如果說對於從前的古人而言，其最深層的樂趣就存在於殘酷之中的話，那麼這種樂趣從此以後變得愈來愈精細，愈來愈精神化。歷史上的證據表明，在從前王侯婚禮或其他大型慶典的時候，慶祝節目中很重要的一條就是行刑和處決。此外，在現當代舉行節日慶祝的時候，經常會有大赦的命令宣布，這其實也是懲罰與節日歡慶之間存在最爲內在聯繫的一種暗示。最遲也是從這裡開始，有一個根本性的問題突顯出來；尼采將道德從最幽暗的深淵中推導出來，並將相關事實公之於眾，即在一切正義的最初時刻，都存在有充滿樂趣的報復行爲。如果眞是如此的話，那麼近代以來的發展，至少是啓蒙運動之後，則可能是帶來了一個轉折，一種完全針鋒相對的制度設計。但是尼采卻認爲，這裡並不存在什麼人類的改過自新，而是一種精心設計的細緻文雅化，例如他把康德的「範疇律令」也算作是殘酷的一種細緻化。表面上的高貴化事實上是一種惡化；因爲雖然古人曾經帶著愉悅和自信犯下了種種殘忍之事，但後來它卻造成了人的良知譴責，最後使得主人的樂觀主義轉變成了奴隸的悲觀主義。人變得如此墮落，他恥於自己的動物本能，而痛苦的毫無意義，痛苦的無謂在其內心引起了對生命的厭惡。

我們已經多次看到，尼采強調罪欠感起源於買家與賣家、債權人與債務人之間的原始人際關係。相關的斟酌、衡量與估價已經從一開始就烙印在了人的感覺上。於是，就連權力也被測量，並在社會各個團體之間得到了分配。在一切報償和正義的最初，都存在一個基本原則，即每個事物都有它的價格。權力相同者之間在就合理價格（Billigkeit）達成某種共識的基礎上達成相互諒解與一致，同時他們還會監管權力較少的群體之間也照此行事，以便能夠透過這種方式更好地監控與利用他們。社會的運行機制同時也負責調控那些適用於個人精神狀況的東西。在社會之中，每個人都必須讓自己變得有價值；一旦他損害了所謂的整體利益，那麼他就會被驅逐出去，並且被排除在整體之外，這一點本身就已是很嚴厲的懲罰了。另外，他還會被放逐。團體的實力增強之後，它受到個人的威脅因而減少了，所以儘管只是在表面上，它還是放寬了相關約束；現在，社團可以將罪犯與其行爲分開來，所以只要其行爲得到賠付之後，罪犯本人會得到寬恕。一個國家的實力愈強大，他在刑罰實施方面就會愈大度。在實力意識達到最高程度時，它還會讓理應受到懲罰者免於受罰，這也就必然造成了法的揚棄。如果說這裡適用的基本原則是寬宥先於法律的話，那麼這寬宥將被證明是強力者的特權。尼采曾說過，路德是不信任法律的，因爲他內心最熱切的祈求就是一個仁慈的上帝。

尼采再次反駁一些心理學者的觀點，這一次是反對他們將怨恨作爲正義的起源，這主要是那些無政府主義者與反猶主義者的觀點。誰要是從受傷害者的報復中推導出正義的話，那麼在面對那些眞正積極主動的情緒時，例如權勢欲與圖強意志（Steigerungswille）等，他就是怨恨的犧牲品。杜林認爲，正義乃是一種完全被動反應的情感的產物；而尼采則反駁說，其實只有當正義連被動反應式的情感也控制在手中的時候，這也意味著，即使是最爲受傷的人也沒有失去客觀精神的時候（這是一個幾乎無法實現的目標），正義才算達到了頂峰。以此爲衡量標準，那些主動的、具有攻擊性的人總是要比那些被動的人更接近正義，因爲他們並沒有事先遭受過什麼（voreingenommen），所以也就不必事後再去做什麼（nachtreten）。從這個意義上來講，強者擁有更爲自由的眼光、更好的良知，而那些背負怨恨的人則是良知譴責的發明者。以此論點爲基礎，尼采認爲，歷史上眞正的正義並不是由那些渴望報復的被動反應者完成的，而是那些立法、並從而創造了法權的強力權勢者。他們在法權被破壞之前實施正義。在尼采看來，傷害與施暴並不是什麼不正當行爲，因爲它們屬於「生命」的本質特徵。相應地，法律狀態則一直只是一種例外狀態，生命意志利用這種狀態是爲了獲得更多權力。如果法律狀態變成了某種反對鬥爭的手段，那麼它對於「生命」的原則來說將是致命的。

在研究了正義之後，尼采開始探討在正義遭到破壞之後，通常會出現什麼？那就是刑罰。與通行的目的決定論（刑罰是出於恐嚇目的的報復）不同的是，尼采傾向於將起因與目的做一個根本性區分。人們總是將兩者混爲一談，所有現存事物一直都從根本上被歪曲了，並且按照符合於某種權力意志的利益的方式被加以解釋。權力意志是尼采用來對抗其同時代的那些決定論與機械論學說的，因爲這些學說會導致一個結果，即所有傑出的事物都被壓平了。一般說來，「生命」就是「權力意志」，這乃是尼采哲學的一個基本原則。阿爾弗雷德·博伊姆勒（Alfred Bäumler）[11]甚至認爲這是尼采哲學的核心思想。此人認爲，權力意志乃是形成演化（Werden）的根本法則的簡略表述形式，這一法則在一場永不停歇的鬥爭中將每個人特有的部分分配給每個人，給強者統治權、給弱者奴隸身分。誰如果擁有最強大的意志，無論他是否擁有最深刻的眞理，他都可以提出最公正合理的要求，同時推行最良好的政策。博伊姆勒認爲，尼采對西歐國家的教養與文雅（Urbanität）所做的德意志式的

---

11 參 Alfred Bäumler 所著《尼采——哲學家與政治家》（*Nietzsche, der Philosoph und Politiker*）第三版，一九三七年萊比錫出版。——Pütz 版注

抨擊就屬於最好的政策之列，透過它，人們應當可以確立起一個北歐人種[12]的新國家。

法西斯主義者對「金髮野獸」進行了改編與歪曲，而透過對文本較爲細緻準確的闡釋就可以找到很多反駁的論據。而另一方面，關於「權力意志」如何篡權成爲尼采思想的統治性法則的問題，有直接證據表明是出版者存在過錯。這一過錯並不是偶然發生的，而是反映出編輯者與闡釋者的利益與意圖。一九〇一年，作爲所謂的大八開版尼采文集（Großoktavausgabe）的第十五卷，標題爲《權力意志——論文與斷片集》（*Der Wille zur Macht – Studien und Fragmente*）的著作第一次出版，它是由尼采的十九世紀八十年代遺稿中挑出來的大約五百個格言堆砌而成。而在一九〇六年出版的克勒訥袖珍版（Krönersche Taschenbuchausgabe）中，其篇幅則暴增到了超過一千多個斷片。該書的編者爲加斯特與尼采的胞妹伊莉莎白．弗爾斯特．尼采，其妹乃是帝國理念與反猶主義的狂熱分子，當年就曾遭到兄長極爲嚴厲的斥責。後來有人經過研究證明，該書乃是編者將尼采遺稿故意竄改而出現的僞作，這一點主要是卡爾．施萊西塔（Karl Schlechta〔譯按〕尼采三卷本的編者）的功績。因爲在遺稿中，只有極少一部分是尼采爲其制定的臨時性計畫「權力意志」所擬

---

12 納粹種族主義意識形態的常用語。指代雅利安人種，尤其是北歐的人種，其典型特徵是身材高挑苗條、金髮藍眼。（不過，似乎希特勒本人無一條符合此特點）——譯注

的草稿。而遺稿的絕大部分都與此無關，後經過義大利學者 Colli 與 Montinari 的研究與整理，發表在他們的考訂版全集中。今天我們知道，尼采雖然曾試圖撰寫一部名爲《權力意志——重估一切價值的嘗試》的著作，但是在一八八八年二月二十六日寫給加斯特的信中，尼采就已經特別強調不再考慮發表類似文字的想法，而在同年九月他也徹底放棄了整個計畫。而尼采發瘋前最後的一八八八／一八八九年遺稿也並沒有鼓吹權力意志的內容，也並非如博伊勒姆所言，是德意志帝國對於西方發動的條頓式進攻，而是一個關於「大政治」（große Politik）的草案以及一些反對霍亨索倫家族[13]的宣言——這些充滿挑釁性的內容中有著一種毀滅性的蔑視態度，以至於尼采之前那篇《敵基督者》與之相比都顯得過於虔誠。

不僅是尼采遺稿的修訂與整理，同時還有尼采哲思本身的意圖都不會允許將「權力意志」提升爲尼采思想的統治性原則。正如洛維特（Karl Löwith）所論證的那樣，[14]權力意志在尼采思想中並非是大權獨攬，而是最遲在《查拉圖斯特拉如是說》中就獲得了一個同樣等級的夥伴，或者說對手。那就是受到尼采大力鼓吹的「永恆復返」（Ewige Wiederkunft

13 當時德意志第二帝國的統治家族。——譯注

14 參 Karl Löwith 所著《尼采的永恆復返哲學》（*Nietzsches Philosophie der ewigen Wiederkehr des Gleichen*）第二版，一九五六年斯圖加特出版。——Pütz 版注

des Gleichen）的理念。在這裡，尼采思想典型而且根本性的特徵再次彰顯，即二元對立（Antagonismus）：一方面，在人身上占據統治地位的就是實現自我克服與提升的渴望，即權力意志；另外一方面，所有的「形成演化」連同其存續力量的法則均依託於萬世不易的永恆復返。如果持續復返的圓圈只帶來相同的東西，那麼權力意志怎麼可能超越存在？如果「永恆復返」只允許舊人類的持續長久，那麼期望中的新人類從何而來？在這裡，問題將不斷堆積，而我們要避免任何倉促的回答。

讓我們回到刑罰的概念上！在其上，尼采區分了兩種特性，即相對持久性（das Dauerhafte）與流動變化性（das Veränderliche）；前者表現在某種必要的習俗中，表現在受到權力與鬥爭意志支配的訴訟程序上；而後者則存在於在歷史中不斷演變的意義之中，而這意義總是人們後來才分配給刑罰，或者是穿鑿附會地加進刑罰的。流動變化性主要發生在一個文明相對較晚的時期，而在文明早期，古代一切事物的基礎都是原初者（das Primäre）與相對持久者。而次生者，即目的，則屈從於某種歷史的演變，並且像所有具有歷史性的東西一樣無法定義。尼采隨意列舉了一系列可能的或者歷史上眞實存在的、被給定的目的與意義，這些在他看來都只具有偶然的特性。尼采的列表包括透過懲罰來袪除傷害，或者刑罰的功能是產生畏懼，或者是一種節日歡慶，還有刑罰會產生宣戰的作用。尼采還深入分析了刑罰的另外一種所謂的用途：即刑罰的目的在於在受罰者身上喚起良知的譴責。尼采認爲，這個解釋最站不住腳，因爲監獄中的囚徒就是活生生的證據，他們是最少受到「內疚」這種「齧人良知」的蛀蟲侵擾的群體。事實上，刑罰讓罪犯們變得更加冷靜、更加殘酷、更加陌生、更加排斥社會，所以雖然懲罰的目的是喚醒罪欠感，但事實上，懲罰阻礙了這些感覺的發展。因爲那些被告和被判刑者會有這樣一種感覺，即他們所爲之受罰的行爲正在被那些正義的機構用類似的方式，並且毫無罪欠感地濫用，而這些機構卻不會受到懲罰。受懲罰者此時想到的是那些偵緝與審訊的全部手段——從刑訊逼供到設計最爲精巧的陷阱等等。而在另外一方面，法官們在犯案者身上看到的也不是一個眞正的罪欠者，法官連同他們的體制其實都有可能祕密地參與到其罪行中去。法官看到的僅僅只是一個禍害而已。在這一情況下，尼采引用了史賓諾莎的例子，史賓諾莎爲了給上帝開脫曾宣稱過善與惡都是人類的幻想。與快樂相比，內疚僅僅只是一種悲傷情緒，即當所期望的東西沒有出現或者——正如尼采在那些受懲罰者那裡所看到的——失敗了。他們並未將懲罰看作自己的罪責，而是看成了類似疾病、不幸或死亡一類的事物。所以他們不會批判自己做了什麼，而是會把批判的焦點放在自己是怎麼做的，尤其是那些他未能施行的方式，或者是思考自己應該如何做得更好，並且不會被逮到。所以，刑罰增進的不是良知，而是聰明，受到懲罰的人會變得更多疑、更狡猾；他會瞭解到自己的界限，馴服自己的欲望，但從道德上來說，他不會因此「變好」。

在探討過史賓諾莎以及其他人關於道德的（特別是良知譴責的）起源的觀點之後，尼采開始在這個問題上發展出自己的理論。他斷定，奴隸道德的怨恨乃是人類的一種重病，它源於人類歷史發展中最為深刻的那次變革，即人受到社會與和平的壓抑和馴化。他那動物性的過去，他那野性的對於戰鬥與冒險的興趣被從他身上分離出去，舊日引導著他的那些可靠本能已經被理智所取代。那些無法鎖定下來的欲望逼迫著人實現了一種內在化（Verinnerlichung），後來這種內在化獲得了一個名字，那就是「靈魂」。尼采用一個野獸的隱喻（「猛烈撞擊著籠子欄杆，把自己撞得遍體鱗傷」，「這個因懷念自己的荒漠家園而備受折磨的傢伙」，第二章第十六節）來描述人類，人類並沒有透過外在征服來發洩欲望，而是必須從此以後在內心深處創造一個危機四伏的荒野。人類最大的疾病發作了，即人因為人而痛苦萬分，於是良知譴責就被製造了出來。

在這裡，尼采論證過程中的一個明顯的轉折性特點再次出現。在其他著作中，尼采曾認為頹廢這種病既是一種有害的，也是一種能夠對生命起刺激作用的力量。與此相似，尼采在本能的壓抑問題上也看到了兩面性：一方面，他將之描述得就好像是人的一種自我懲罰，也就是自我閹割，但另一方面，對尼采而言，這種情形同時也意味著出現了一些「嶄新的、深邃的、前所未聞的、神祕莫測的」，而且，這裡出現了那個典型的尼采詞彙——「充滿矛盾的」（第二章第十六節）東西，它有可能預示著一個全新的未來發生在人類身上。這東西刺激著人類，甚至使得人類因此為自己發明了神靈來旁觀人類的繼續發展，同時神靈們將為人類預言一個無限的未來。在評判良知譴責的時候，尼采也採用同樣的雙重視角：良知譴責之所以產生是因為強橫暴力的征服者對大眾的壓迫，以至於大眾對自由的需求被壓抑，並且從此以後在其內心中作爲良知譴責而發洩出來。儘管如此，良知譴責不應該僅僅因其不甚高貴的出身而受到鄙視；因爲對於尼采而言，這種與自我鬥爭的意志賦予了自我一種新的形式，它因此是藝術性創造活動，人們將帶著極大的樂趣去從事它，而它也會產生美。這樣一種對於良知譴責的評價從本質上來講是充滿矛盾和張力的，尼采的用詞也體現了這一點：「這一工作既可怕又令人愉快」或者「甘願分裂自己的靈魂」（第二章第十八節）。尼采本人也在諸如「無私」、「自我否定」和「自我犧牲」等概念中認識到了這一矛盾，因爲自我只有透過否定自己才能堅持自己的存在與價值。自我只有透過否定自我的方式，才能在其內在理想的榮光中將自己確立起來。

在接下來的一章中，尼采的問題對準了那些令人們在其面前感到良知譴責的機構和人物。原本每一個種族對其先祖都會有一種罪欠感，他們相信種族的存在要歸功於祖先的功績和犧牲。他們向祖先供奉祭品、節慶和神龕，同時他們會形成一種意識，即認爲他們所做的一切還遠遠不夠。後代的實力愈強大，其關於祖先的重要意義的想像就會愈強大，其祖先最後會被提升到神靈的地步。對於祖先的畏懼和敬畏乃是神靈的起源。尼采在此處所指的可能是古希臘和古日爾曼的神話，在那裡面，人類的先祖往往與英雄、提坦巨人，神靈一起享有同樣的等級。在經過幾千年各個宗教的相互重疊與融合之後，伴隨著世界性帝國的形成，也出現了一種世界性神靈的傾向。後期的羅馬帝國產生並且傳播了那個一神教；尼采認爲，基督教的「最高神靈」（第二章第二十節）也使塵世間的罪欠感達到了最大值。從這樣一種邏輯歸屬關係中我們還可以推導出，近代以來，伴隨著上帝形象的不斷縮小，人們的罪欠感也相應減弱了。而到了信仰喪失的最後，人們也許可以在無神論當中期待有一種新的無辜無罪情況出現。

於是又一種希望誕生了——隨著信仰的消失，債權人也消失了，於是意志自由的人類也可以不受罪欠的束縛了。但是尼采馬上就看到了這一希望的破滅。誰如果抱著這樣的期待，那麼他就眞的失算了，他不可能在沒有店老闆（也就是道德）在場的情況自己炮製帳單。因爲罪欠感、義務和良知譴責的內在化，所以人們所希冀的自由解放與其說得到了促進，不如說因此而停滯了；因爲新的阻力出現了——即自然的妖魔化，對於存在的種種需求的否定與壓抑，以及現代悲觀主義與虛無主義的所有表現形式。尼采認爲，在這個問題上，基督教至少在很長一段時間內給人們帶來了寬慰，因爲它爲人類提供了一個神，這個神不僅願意寬恕人類的罪，而且作爲債權人的神，甚至出於對人類的愛而爲他的債務人犧牲了自己。關於這個被尼采稱爲「基督教的天才之作」（第二章第二十一節），人們可以從兩個方面來加以理解：一方面是基督的犧牲，而另一方面則是尼采在考察現代信仰史時得出的結論，正如他在《查拉圖斯特拉如是說》以及其他著作中所表達和解釋的那樣——「上帝死了。」這一次是基督的第二次死亡，但是卻已沒有了救贖的預言。如此看來，尼采的批判針對的其實並非基督教，而是後基督教時代中罪欠感的內在化。在這裡，我們首先想到的應該是十九世紀出現的那些否定世界的厭世傾向，比如叔本華的著作。因爲尼采在這裡提到了

「佛教與其他類似的情況」，所以叔本華的名字是必然出現的。在這個意義上來講，受良知譴責的人篡奪了道德的宗教基礎。他拒不承認對上帝的罪欠，反而起身反對上帝，[15]同時也唾棄他本身的自我。在這裡，徹底的自卑自貶與無法得到救贖的永恆痛苦被聯繫在一起，而尼采則因此看到最為危險的中毒現象。所以他在這裡使用大量的疾病隱喩（「汙染」、「毒化」、「發作」、「讓人神經疲憊」、「瘋人院」），還有關於人間地獄的各種可怕表述，在這個地獄裡，甚至因為純粹熱切的無私精神而響起了最令人陶醉的愛的呼喊。（章節同上[16]）

尼采教誨我們說，一個神靈不必墮落到將自我釘死在十字架上的地步，他舉希臘諸神的例子，認為他們是那些更為高貴的人類的反映。在這些人的身上，動物性的與本能式的成分還尚未被消除，而是被高貴化了，這些人的高貴也正在於此。與基督徒不同的是，古希臘人利用他們的神靈，是為了在沒有良知譴責的情況下也能應付度日。他們並不覺得自己有罪，而當他們犯下罪行時，在諸神的眼中，他們最多只是因為愚蠢，或者是因為頭腦不夠清楚。而就連這一點，希臘人也不承認是他們自己犯過錯，而是把責任推到了諸神的頭上；一

15 此處似乎有誤，從原文來看，應該是他肯定人欠著上帝的債，他要確立「神聖上帝」的理念。——譯注

16 此處似乎有誤，從上下文看，應該是第二章第二十二節。——譯注

定是諸神迷惑了他，而且相應的，諸神也承認這一點。

尼采最後用了三個問題來結束第二章，其核心就是理想是否不僅應當被破壞，也應當被確立。這兩者之間存在著最爲緊密的聯繫；因爲在新的刻著十誡的石碑被從山上取回之前，人們必須首先將舊的毀棄。那些理想所提出的要求太過激進，所以它們也無法像稅法那樣允許修改與補充。因此，在新神出生之前，舊神必須死去。尼采說：「我們現代人」，這時他也將自己算在了怨恨與奴隸道德的繼承者之中。誰或者什麼能夠爲我們指明一條出路，擺脫本能壓抑與良知譴責所造成的不幸糾纏。爲此需要一種新人，他們對於征服與痛苦有著百折不撓的需求，他們處在認識與體驗的極端張力之中，他們還有「偉大的健康」（第二章第二十四節）。在尼采那裡，「偉大」一詞出現在無數短語中（例如「偉大的人」、「偉大的狩獵」、「偉大的風格」、「偉大的正午」等等），這個詞不僅僅指一種量上的擴張，而且也指一種提升，一種能夠將冷僻的東西、矛盾對立的東西包容在內的提升。偉大包括邪惡與狡詐，但也包括那些強者與生命充實者的天眞與鎭靜，包括精神與肉欲，包括健康，甚至也包括健康的反面——因頹廢而造成的健康的精緻化。一個具備了如此多優點的偉大人物應當可以將現代人從厭世與虛無主義中拯救出來，並且給他們帶來新的目標與希望。尼采懷疑，這希望是否能持久，但同時與其懷疑連在一起的，還有對這種新人的設定性懇求與召喚：那個反基督主義者和反虛無主義者，「他總有一天會來到」（第二章第二十四節）。這個新人不僅能夠克服基督教，也能夠克服現代性，現代性因爲摧毀宗教而洋洋得意。尼采雖然批判現代這個時代，但他同時也無法否認自己歸屬於現代，所以他並不相信自己，而是相信他的「查拉圖斯特拉」能夠看到某種後現代的應許之地，甚至有可能踏上那片土地。

探問眞理的價值

第三章探討的是理想，不過並不是上述新人的理想。在第一節，尼采簡要勾勒出幾種禁欲主義理想在藝術家、哲人、祭司與聖徒那裡所呈現出來的形象，他將按照上述順序對所有目標群體進行研究。而現在，他在他們那裡已經觀察到人類意志的同一種意圖與傾向，即用一個目標去克服人對空無（Leere）的恐懼，甚至連虛無主義也是如此；因爲人寧可希望虛無，也不願空無希望。按照計畫，尼采首先從藝術家開始，而通常這種情況下他都會談到華格納。他指責華格納並沒有像其早年計畫的那樣去撰寫一部關於路德的婚禮的歌劇，以便同樣公平正確地對待貞潔與性欲，而是在其晚年作品（即《帕西法爾》）中尊崇起禁欲；尼采認爲，貞潔與性欲之間並不存在必然對立，更沒有到達悲劇的地步。路德最大的功績就在於他敢於承認他的性欲，只有很少數像哈菲茲和歌德那樣的人能夠和路德一樣，不僅可以忍受人類身處天使與動物之間的張力，而且可以從中獲得一種利於精緻化存在的刺激。而那些只承認貞潔的人，那些處於禁欲之中的人，永遠只是「不幸的豬」（第三章第二節）。

尼采問自己，是否要嚴肅對待《帕西法爾》，還是應當將其理解為一種羊人劇，而華格納似乎希望透過這樣的羊人劇與他的悲劇，即悲劇性做個告別；因為在尼采看來，藝術的最高形式就是自我戲仿，即藝術家懂得去嘲笑自己與自己的作品。但尼采不得不承認，這樣一種解釋僅僅是源於他不那麼虔誠的願望；因為他不能忽視華格納對於否定生命與基督教的渴望，華格納也渴望拋棄他早年對費爾巴哈的「健康的性欲」的追隨。尼采在《道德的譜系》的第三章花了很多篇幅在華格納身上，所以可以看作是對尼采的下一部著作《華格納事件》的預先闡釋。他以華格納為例來說明一個普遍性的問題，即藝術與藝術家之間的必要分離。例如歌德必須與浮士德，荷馬必須與阿喀琉斯保持距離，這樣才能在作品中將該形象再現出來。尼采認為，另外還有一種分離也是必需的，那就是藝術家要同一切現實相分離，其結果是藝術家會因為意識到自己藝術的虛假性而飽受痛苦。由此可得出結論，老邁的華格納，其意志已經變得衰弱無力，薄弱的意志已經無法制止華格納在作品中暴露他的自我與他的渴望，也無法阻擋他自身的虛無主義傾向，而只能任其在藝術創作中發洩出來。華格納也因此失去了他最有價值的朋友，尼采這裡指的首先是自己。

此後他又回到了本章的綱領性問題，即禁欲主義理想的意義。尼采得出結論，藝術家身上的禁欲主義理想不需要太過認真地對待，因為藝術家缺乏獨立性，所以他本身也不值得太過認真對待；因為他總是某種道德、某種哲學和某種宗教、某些觀眾和某個權威的僕從。而另一種獨立精神則與之全然不同——這時就需要更嚴肅的對待了——那就是與叔本華一樣遭遇禁欲主義理想的哲學家。叔本華利用了康德對美學問題的闡述，但卻用在了另外的方向上，不過他並沒有完全擺脫康德關於美的無利害性範疇。叔本華對其進行了重新解釋，認為它是藝術中否定生命的力量；因為在他看來，美對意志（準確來講：性欲）產生鎮靜的作用。他試圖在藝術之中，並且透過藝術懲罰其本能性的利害心，他尊崇禁欲主義理想是為了擺脫某種折磨（Tortur）。

在這裡，我們再次見證了尼采在論證中的轉折性特點。到此為止，他描述的都是禁欲與折磨的消極性，而緊接著，他將探討兩者的其他方面：叔本華需要敵人，為了與他們鬥爭，為的是能夠保全與鞏固自己；他的怒火就是他的養分。尼采對所有的哲學家進行了考察，從印度的苦行者到英國的唯感覺論者，他在他們那裡都發現了對於性欲的深刻的保留態度。叔本華乃是這種人類的完美代表，他對禁欲主義理想有著一種特別的好感。就像一個動物能夠覺察到對其最有利的生活與狩獵條件一樣，哲人也能感覺到其事業的最佳前提。驅動他的並非追求幸福的意志，而是這樣一種意志，它尋求的乃是讓其精神與事業得到最強勁的發展。而哲人不結婚也是出於同樣的目的。類似蘇格拉底的已婚哲人則是個喜劇人物。禁欲主義理想帶給哲人的乃是獨立；它不會導致對生命的否定，反而會最大程度上加強生命，即哲學家自身的存在。哲人在意的並非理想自身自為的價值，而是理想之於哲人的價值。貞潔、貧窮與謙卑為其提供了最佳的創作條件——擺脫家庭、職業與野心的束縛。所以禁欲主義理想並非美德，而是更為強大的本能造成的結果，這些更強大的本能在與其他本能鬥爭中取得了勝利，其目的是獲得最大的收穫與成果。透過這種方式，性欲被叔本華改變了形態，昇華成了某種審美的狀態。

在尼采看來，哲人們唯有借助於禁欲主義理想才使自己得到了全面發展；沒有該理想的時候，哲人們是缺乏勇氣的，心中充滿了自我懷疑，而且在追尋眞理的道路上面對著成千上萬的阻礙。他們試圖透過喚起畏懼的方式去對抗內心的疑慮和來自外部的質疑，爲的是同時贏得別人對自己的敬畏。對於最初的哲人們而言，設定新的思想、形象與理念來反對已有的傳統與信仰以及風俗和神靈，一定是無比艱難的！在這樣的困境中，他們只能穿上禁欲主義祭司的服裝登場，以便能夠得到別人的尊重與傾聽。

尼采認爲，禁欲主義祭司的形象的出現意味著，他已經來到了問題的核心。因爲沒有別人能夠像祭司那樣，不把該理想當作其尊崇的首要對象，而是作爲一種權力的手段，幫助他護衛自己的存在，但他同時也鄙視、否認、折磨他的存在，並且同其作鬥爭。深刻的矛盾性就在於，他恰恰是透過他對生命的敵視而變成了生命的主人；他對意志的否定性恰恰體現出其權力意志的突出特點。當這樣的人開始進行哲學思考，他們將追求一種對眞理的重新評價。他不會在那些非常明顯的地方尋找眞理，例如自我和他的肉體現象；因爲這兩者在他看來都是錯誤和幻覺，他們甚至也懷疑理性（Vernunft）認識眞理的作用，而這一點在康德哲學中還有一定的體現。但正如我們經常看到的那樣，在這個問題上，尼采看到的不僅是衰敗，而且還有推動和促進。因爲理性透過這種方式控制了自己，並且認識到，它並不是帶著無利害心的愉悅去看待眞理的，而是受到所有一切可能的奮鬥意圖的陪伴，甚至是推動。在這裡（第三章第十二節），尼采表達了自己的視角主義的認識論方法，該方法認爲情緒衝動（Affekte）在人的認知能力的形成過程中起到了非常顯著的作用。而他所表達的相關思想在目前解釋學的討論中也發揮了一定的作用；關鍵字：「認識與利害心」。

對於尼采而言，禁欲主義理想在心理學層面上的存在理由在於，它是一種使哲人生命得到提升的力量，而在生理學層面，尼采則將其單純看作是某種退化存在的保護性與平衡性的本能。尼采將禁欲主義祭司視爲渴求別樣的存在、渴望在別處存在的這一願望的肉體化表現。這種渴望又轉化爲統治在社團之上的集聚性與聚合性的強力，整個社團生活在否定生命的彼此聯繫中，他們追求著與祭司一樣的東西。這種「病態的動物」（第三章第十三節）的危險性來自於他們那種以未來爲導向的存在方式。他們勇敢、他們敢於試驗而且總是對改變持開放的態度、他們既體弱多病又富有創造力，這也使得他們對生命的否定最終導向了一種偉大的肯定。當他們傷害自己之後，那傷口卻迫使他們生存下去，甚至生命也因此得到了提升。祭司是禁欲者羊群的牧羊人，祭司和羊群一樣都是病態的，但他在他的權力意志中卻必須是健康的，這樣他才能領導那些純粹的病人。他是那種「難對付的動物」（第三章第十五節）的最早形式，他身上融合了北極熊、山貓和狐狸的特性，他用這些特性去對抗健康者。他將怨恨疏導入了新的管道，他要爲自身的自卑尋找原因，無論他遇到誰，他都會把誰變成替罪羊，到了最後甚至是他自己。他所在意的並不是病人的痊癒，而是他們的注意力，其目的是爲了更好地控制病人。這種組織形式有個名字叫做「教會」。教會的神職人員乃是救世主，而不是醫生；他不會治病救人，他只是寬慰與敷衍。這個任務首先是基督教完成的。

尼采愈來愈頻繁、也愈來愈深入地試圖透過生理學來解釋道德與心理學上的結論。在他看來，關於「罪孽」的情感幻覺乃是一種醫學上可以診斷出來的不適狀態；例如腹部的消化不良、膽汁分泌障礙或神經障礙等。從大眾心理學的角度來看，禁欲主義乃是基於一種障礙感覺，該感覺的起因不明，所以人們用了錯誤的手段加以治療，即宗教。而尼采認爲相關的原因應當是：彼此過於陌生的種族與階層融合的結果、不成功的移民、種族衰老和疲憊的結果、飲食不當、或者是被瘧疾和梅毒等毒化的血液。而禁欲主義者開出的藥方無一例外都是些壓低生命感覺的藥劑：從調控飲食和睡眠到麻醉與催眠。而無論是印度的婆羅門，還是現代經過訓練的「運動家」（第三章第十七節），他們都擁有類似的毒品。而減少生命需求的另外一些手段則是有規律的勞作、微小的快樂、愛鄰人、群體組織、喚起團體的權力感覺。

尼采一直擔憂自己也成爲被道德毒害的現代性的犧牲品。而他在上述降低生命感覺的手段之外，還看到了其他幫助人類禁欲的手段，這些手段會使人進入極端的情感狀態。透過畏懼與恐嚇、希望與憤怒、悔恨與迷醉，病人的沮喪與抑鬱雖然沒有得到治癒，但卻很可能得到了緩解。而禁欲主義祭司則利用他們的良知譴責，其具體方式是宣稱病人痛苦的責任就在於其自身，而他開出的藥方則是令人迷醉的疼痛，無論是肉體折磨還是地獄均可。而與靈魂健康的惡化相對應的就是文學品味的敗壞，尼采將之描述爲由《舊約》到《新約》的沒落。

他指責《新約》毫無節制，言辭失當，而且喋喋不休，非常多餘。他在偉大中看到了渺小，在筆直坦率中看到了彎彎曲曲。

禁欲主義理想的影響是巨大和多方面的，在第三章將近結束的時候，尼采也結束了他在這方面的探問，反而轉向下一個問題，即該理想的各種表現形式的基礎是什麼。尼采認爲，禁欲主義理想的本質包括它那頑強不屈的自我意識，即沒有任何東西可以勝過它，而世界上所有的一切都只有透過該理想才能獲得自己的意義和價值。它一個可以和它相匹敵的反對者都沒有，科學是最不可能的；因爲科學不是理想的對手，而是理想最高貴的表現。科學爲那些因爲良知譴責而鬱鬱寡歡的人提供了庇護所，這些人無休止地勤奮於認識並以此來進行自我麻醉。甚至那些自稱自由意志的人，那些懷疑論者與無神論者，他們雖然宣稱自己是禁欲主義理想的敵人，但事實上他們卻是其最忠實的僕人；因爲只要他們還相信眞理，那麼他們就不是自由的，尤其是在精神上。他們依然尊崇某種世界上根本不存在的「不設前提」的科學，這是一種早就過時的錯誤信仰。與之相反，對於科學而言，信仰必須一直存在，只有這樣，科學才能從中獲得意義、方向和界限。尼采認爲，到目前爲止的全部哲學都存在缺陷，即科學與眞理需要正名；因爲如果在尼采稱之爲「生命」的法庭上，如果謊言，而不是眞理，被證明是某種新的「眞理」的更高形式的話，那麼謊言也就是眞理。只要追尋眞理行爲還在爲禁欲主義理想服務，那麼爲前者提供合法性的也就是後者。由於尼采相信自己已經認識到，該理想乃是何種精神的產物，所以他對眞理的價值提出了極端的質疑。在這個意義上，《道德的譜系》就將其對實踐理性的批判擴展到了理論理性的批判，也就是說，他透過對認識的批判加深了對道德的批判，同時與《善惡的彼岸》一書保持了思想脈絡上的聯繫。

對尼采來說，科學並不是一種依靠自身力量設定價值的活動，而是作爲禁欲主義理想的盟友，透過兩者孜孜不倦地信仰眞理的方式來證明自己。所以，我們不如說藝術連同其謊言意志才算得上理想的反對者——但這是一個怎樣可疑的反對者啊！甚至在生理學層面上，尼采也認爲理想與科學系出同源。兩者都是生命衰退化的表徵：情緒衝動被冷卻、精神被減慢、辯證法取代了本能。而科學之所以在衰老與疲憊的時代表現得特別強大，這並非偶然。自從哥白尼之後，人的自我貶低與蔑視愈來愈加劇，愈來愈多的現代人從中心位置走向了虛無。雖然科學以爲自己已經擺脫了神與神學的束縛，但其實禁欲主義理想恰恰是在科學身上慶祝了自己的勝利。當「自爲」的問號本身被神聖化之後，禁欲主義理想也決定了康德哲學。同時該理想也在近代的歷史書寫中繼續發揮作用，近代歷史書寫方式已經放棄了任何目的論，而僅僅局限於描述單純的事實，這在很大程度上是禁欲主義與虛無主義的。在類似意義上，尼采也辛辣地諷刺了理想主義、民族主義和反猶主義。尼采時代的德意志精神出現萎縮，究其原因，就在於報紙提供的過度養分，在於民族狹隘的政策，同時還在於華格納與啤酒。

尼采認爲，該理想迄今爲止唯一的敵人就是表演這些理想的演員們，他們懷疑一切要求實現絕對存在的東西。而所有的嚴肅者則與之相反，他們與無神論者一樣禁止了一個謊言，即上帝，但他們仍然遵循了禁欲主義理想的前提假定。上帝與其他所有偉大事物一樣，都是被自己戰勝的，其方式就是基督教昇華爲、同時也是墮落爲毫無偏見的科學。尼采言道，沒有禁欲主義理想的人就是沒有目標的動物。只有該理想才能塡補這個空白，贈予他一個目的。它爲人的痛苦提供了一個解釋，這樣人就可以透過該解釋獲得一個意義，並且擺脫無意義的狀態。在這裡，基督教完成了具有世界歷史意義的功能。由於基督教作爲一種教條是被它自己的道德觀所摧毀的，所以尼采認爲現在也已經到了該克服與超越道德的時候了。此外，對於道德價值設定的合法性的追問也不可以在面對眞理價值的問題上心慈手軟。尼采認爲未來的任務就在於，不能再將求眞意志擱置在高處，而是要對其展開反思與批判，揭示它或者爲其正名。從前《神義論》爲上帝所爭取的東西，今天的眞理也應當享受相同的待遇。

Peter Pütz

Pütz版編者附注

譜系學（Genealogie）一詞在希臘語中指的是有關家庭譜系的研究，是關於家世關係以及由此產生的各種法律的、歷史的、社會的和自然法上的關係的學說。根據其內容與研究方法，譜系學被認爲是從屬於歷史學的輔助性學科。

在歐洲中世紀的封建采邑制度當中，譜系學發揮了非常重要的作用，因爲可靠的譜系能夠爲某人的貴族出身提供證明。而從十六世紀開始，譜系學採用了近代科學的研究方法。其中十九世紀上半葉在歷史學內部開始的涉及廣泛的原始資料考察，家庭社會學的誕生，科學研究方法論上的實證主義主流思潮以及遺傳學的發現分別對於家庭譜系研究具有較大的推動作用。

從尼采這本書的題目選擇、研究對象及其分析道德發生史的方式來看，尼采是有意識地在走譜系研究的傳統路線。他選擇了歷史學方法，並且將道德的產生歸結於「好」與「壞」、「高貴」與「普通」或「低賤」之間所反映的社會階層的差異。透過他的做法，一種以封建制度爲導向的方法與譜系的歷史產生之間的相似性與聯繫也就不言而喻了。

如果說尼采此書的方法論是以自上而下的視角俯瞰中世紀的起源、俯瞰封建與貴族社會結構的話，那麼尼采透過副標題「一篇論戰檄文」（eine Streitschrift）則表明了此書與歐洲科學院懸賞徵求問題答案的啓蒙傳統之間的聯繫。例如，萊布尼茨在他的著作《神義論》

（*Theodicée*）中，試圖透過頗有爭議的論據，即「我們生存的世界乃是所有可能世界中最好的一個」，來回答「惡」的起源的問題。著名的論文還有盧梭參與有獎徵文論戰的作品《論科學與藝術》（一七五〇年）與《論人類不平等的起源與基礎》（一七五五年）。在論戰文章與有獎徵文傳統中，還有一篇文章占據重要位置，而且對於理解尼采的道德哲學立場非常重要，那就是叔本華的論文《論道德的基礎》（*Über die Grundlage der Moral*），該論文於一八四〇年一月三十日參加丹麥皇家科學院（哥本哈根）的有獎徵文，可惜未能獲獎。在本書前言第五節，尼采特別提到了叔本華的這篇論文，表示反對叔本華的道德譜系，並與之劃清界限。而在本書第一章的結尾部分，尼采也提出了一個有獎徵集答案的建議，希望有人回答下面的問題：「語言學，尤其是語源學的研究，將會爲道德概念的發展史給出怎樣的提示？」在這裡我們還要提到尼采那篇教育詩，即《查拉圖斯特拉如是說》，雖然該書在形式上似乎與啓蒙運動的傳統保持一致，但在內容上卻是反道德的，是反對十八世紀那種歷史與教育的樂觀主義的。

由於尼采的認知興趣集中在了譜系學和誕生史上，所以對他而言，「形成」（das Werden）比「已是」（das Sein）更爲重要。同時也請參考尼采關於日神精神與酒神精神的區分（《悲劇的誕生：源於音樂的靈魂》，一八七二年），以及《瞧這個人》一書的扉頁警句「人如何成爲人自己」（Wie man wird, was man ist。此處套用了品達[17]的詩句「成爲你自己」〔Werde, was du bist.〕）。在本書的扉頁背面上，尼采指出這篇論戰檄文乃是對他一八八三年開始撰寫並於一八八五年完成的《善惡的彼岸》一書所作的的補充和解釋。一八八五年的夏天，他也完成了《查拉圖斯特拉如是說》的第四卷，即最後一卷，那是關於超人的神話。《道德的譜系》出版於一八八七年。在第一版的扉頁上有一句格言：「Tout comprendre c'est tout — mépriser?」（法文：明白一切就意味著蔑視一切？）在這裡，尼采模仿的是斯太爾夫人[18]的名言：「Tout comprendre c'est tout pardonner」（明白一切就意味著原諒一切）。尼采在句末加了一個問號，將「原諒」改成了「蔑視」，其目的是要強調其文章的鬥爭特點，該文章的起點直接就在「善惡的彼岸」，就在基督教與平等主義式的道德和寬恕的彼岸。

---

17 Pindar，古希臘抒情詩人，西元前五二二或五一八—約四四六年。——譯按

18 Frau von Staël，一七六六—一八一七年，法國女作家。——譯按

前言

一

我們並無自知之明。我們是認識者，但我們並不認識自己。原因很明顯，我們從未尋找過自己，[1]因此又怎麼可能發生我們突然有一天**發現**自己的事呢？有人曾言：「須知你的珍寶在那裡，你的心也在那裡」，[2]此言甚是，**我們**的財寶就在我們認識的蜂巢那裡。我們天生就是精神世界裡的蜜蜂，振翅擷蜜、營營嗡嗡、忙忙碌碌，我們的心裡真正關心的只有一件事——一定要帶東西「回家」。至於生命，即所謂的「體驗」（Erlebnisse），我們當中曾有誰於此認真對待？抑或曾有誰於此耗費光陰？我擔心，我們在這些事情上從來都是心不在焉；我們的心沒有放在那裡，甚至我們的耳朵也不在那裡！我們更像是一個心不在焉的教徒，完全陷入自我的沉思當中，教堂正午的十二下響亮鐘聲[3]傳至耳際，突然將他驚醒，

1 我們從未尋找過自己：此處是對《聖經．馬太福音》第七章第七節的顛轉：「凡祈求的，必有所得；尋找的，必有發現；叩門的，必給他開門。」——Pütz 版注

2 「須知你的珍寶在那裡，你的心也在那裡」：《馬太福音》第六章第二十一節。——KSA 版注

3 教堂正午的十二下響亮鐘聲：此處暗指尼采的《查拉圖斯特拉如是說》中最後一卷（第四卷）的最後一句關鍵句：「這是我的早晨，我的日子開始了，現在上升吧，上升吧，你偉大的正午！」這一時辰的象徵喻示著新的開始；偉大的正午是作爲動物與超人之中間狀態的人所達到的頂點。卡爾．施萊西塔，認爲，這與古希

他自問道：「究竟是什麼在敲響？」而我們有時也會在**某事之後**摸摸自己的耳朵，非常驚慌而且非常尷尬地問道：「我們究竟體驗到什麼？」甚至還會問：「我們究竟是誰？」在此之後，我們會開始重新點數我們的體驗中，我們的生活中，我們的**存在**中出現的全部的所謂的「十二下令人戰慄的敲擊」。很遺憾，我們數錯了，我們註定對自己感到陌生，我們不瞭解自己，我們**必定**要把自己看錯。有一個句子對於我們是永恆眞理：「離每個人最遠的人就是他自己」。[4]我們對於自身而言並不是「認識者」。

[248]

二

我對於我們道德偏見的**起源**的思考——這篇戰鬥檄文所探討也正是這個問題——最初曾

臘羅馬時代關於正午的設想相關聯，當時的人們認爲正午是某些神怪活動的時間（例如：放牧與狩獵之神「潘」等），而萬物生靈則是灼熱的陽光下陷入一種假死的睡眠狀態。這一時刻被看作是寂靜的時刻，但也是在超人這一事件到來之前最後的緊張與危機時刻。——Pütz 版注

4 「離每個人最遠的人就是他自己」：此句是對泰倫提烏斯（Terenz，古羅馬喜劇詩人，西元前二〇〇—一五九年）的喜劇《安德羅斯女子》（*Andria*）中的句子 Proximus sum egomet mihi（我是離我自己最近的人，參見第四幕第一節第十二行，而 KSA 版注中則寫作 Optimus sum egomet mihi）的顚轉處理。——Pütz 版注

簡要地、暫時性地表述在一本格言集中，即《人性的、太人性的——一本獻給自由精神的書》。[5]該書最初撰寫於義大利的索倫特（Sorrent），時值冬季，冬天讓我停住腳步，[6]就像一個漫遊者那樣駐足，俯瞰我的精神業已穿越的那個廣闊而又危險的國度。那是一八七六至一八七七年的冬天，而這些思考本身還要更早。現在的這本論著基本上重新吸收了同樣的思想——我們希望，兩本論著之間漫長的間隔能讓這些思想更成熟、更明晰、更堅定、更完善。我迄今仍在堅持的這些思想，在此期間已經更加相互依賴、相互交織、相互融合，這也增加了我內心的樂觀信念。我的這些思想從一開始就不是個別、隨意、偶然產生的，而是來自一個共同的根源，來自一個認識的**基本意志**（**Grundwillen der Erkenntniss**），[7]這

5 《人性的、太人性的——一本獻給自由精神的書》：該書發表於一八七八—一八八〇年間，尼采重點在該書上卷的第二章探討了「道德感的歷史」等問題。——Pütz 版注

6 停住腳步：這裡指的是尼采在思想和創作上的重大轉折。在他的早期著作中，特別是《悲劇的誕生：源於音樂的靈魂》（一八七二年）和《不合時宜的沉思》（一八七三—一九七六年），尼采還是理查·華格納的追隨者，他用一種近乎自我否定的方式來頌揚華格納，而這種關係被他在這裡形容爲「危險的國度」。尼采透過撰寫《人性的、太人性的》結束了這一關係。從那時開始，他就成了華格納及其音樂的反對者，儘管他到沉寂之前都無法否認華格納音樂的魅力。——Pütz 版注

7 認識的基本意志：面對著格言孤立化和視野破碎化的持續威脅，尼采以自己關於求眞意志（參見本書第三章

一基本意志在深處發號施令，表達愈來愈明確，要求也愈來愈明確。因爲僅此一點就已經與一位哲人的身份相吻合了。我們在任何地方都沒有**孤立地**存在的權利，我們既不能孤立地犯錯誤，也不能孤立地說中眞理。準確地說，正如一棵樹必然結出果實一樣，我們的思想、我們的價值、我們的肯定與否定、我們的假設與疑惑也是因爲這種必然性而產生。它們休戚相關，彼此聯繫，又都是同一個意志、同一份健康、同一片地產，同一顆太陽的證明。——我們結出的這些果實是否合乎**你們**的胃口？——但是這又和那些樹有什麼相干！[8]這又和我們哲人有什麼關係！

[249]

三

雖然我不願意承認，但是在我心中總有一個自在的疑慮——它牽涉到道德，牽涉到迄今

第二十七節）的理解爲基礎，提出了認識的整合意志與之抗衡。——Pütz 版注

8 但是這又和那些樹有什麼相干！：按照 KSA 版的看法，這句話也許是對海涅（一七九七—一八五六年）遊記《盧卡浴場》（*Die Bäder von Lucca*）第四章中的句子「母親，這些綠樹跟您有什麼相干？」的變形處理。樹，同時也是譜系的象徵，尼采將在後面的文章中（本書第二章第二節）再次從樹入手探討道德起源的問題。——Pütz 版注

所有土地上一切被當作道德來頌揚的東西——這個疑慮在我的生命中出現得如此之早，如此之自發、如此之不可遏止、如此之有悖於我的環境、年齡、榜樣、出身，以至於我幾乎有權把它稱爲我的 **A priori**，[9] 也正因爲這一疑慮，我的好奇與質疑都不得不漸漸停留在這樣一個問題上：究竟什麼才是我們的善與惡的**起源**。事實上，在我還是一個十三歲的孩子時，[10]

9　即先驗：先於一切經驗的，主要是康德哲學的中心概念。——Pütz 版注

10　在我還是一個十三歲的孩子時：尼采在《回憶錄》（*Memorabilia*，即其寫於一八七八年春夏之際的自傳筆記）當中寫道，「在孩提時見到了上帝的光芒。——寫了第一篇關於魔鬼誕生的哲學文字（上帝只有透過設想出祂的對立面的方法來設想自己）。」參見KSA版，第八卷，第五〇五頁。有關這一問題情結的其他說明參KSA版，第十一卷，第一五〇和二五三頁。最具資訊價值的則是一八八五年六、七月間的一段筆記：「當我回顧自己的生活，我所能夠回憶起的關於哲學思考的第一次痕跡來自我十三歲寫成的一段短文，裡面也包含了關於惡之起源的一個想法。我的前提是，對於上帝而言，設想一個東西與創造一個東西是同一件事情。然後我得出結論：上帝自己設想出了自己，但是當祂創造第二個神性人物的時候，爲了達到這個目的，祂必須首先設想出祂的對立面。在我看來，魔鬼應當與神子同齡，而且比神子有著更爲明確的起源——兩者擁有同一個來源。關於上帝能否設想出自己的對立面的問題，我是這樣考慮的：上帝是無所不能的。其次，如果上帝的存在確是事實的話，那麼祂設想出對立面這件事情也是事實，而且這在祂而言也是可能的，——」（參見KSA版，第十一卷，第六一六頁。）歌德在自傳《詩與眞》第八章的結尾處也表達了類似看法。——

關於惡的起源問題就已經在困擾我了；在那個「心裡半是兒戲，半是上帝」[11]的年紀，我把我的第一篇文字遊戲和第一篇哲學習作獻給了這個問題——至於我那時對於這一問題的「解答」，我很合理地將榮耀給了上帝，將他作爲**惡之父**。這難道就是我的「A priori」想要我做的事情？那個新生的、不道德的（unmoralisch），至少是非道德的（immoralistisch）[12]「A priori」！還有那根源於它的無比清晰的「範疇律令」（der kategorische Imperativ），這「範疇律令」是那麼地反康德、那麼地神祕，[13]而在此期間，我卻一再傾聽於它，並且不

Pütz版注

11 「心裡半是兒戲，半是上帝」：這是魔鬼在教堂一幕中對甘淚卿說的話（歌德《浮士德》第一部，第三七八一—三七八二行）。——Pütz 版注

12 不道德的，至少是非道德的：「不道德的」（unmoralisch）指的是與道德相悖的，而「非道德的」（immoralistisch）指的是對道德麻木、無動於衷。——Pütz 版注

13 這「範疇律令」是那麼地反康德、那麼地神祕：關於「範疇律令」雖然有多處類似的表述，但是以《實踐理性批判》（第一部第一卷第一章第七節）當中的說法最爲著名：「不論做什麼，總應該做到使你的意志所遵循的準則永遠同時能夠成爲一條普遍的立法原理。」尼采的新道德是反對康德的範疇律令的，因爲人不應該再遵從於某一普遍法則，而應該成爲自己價值的主人。參見斯特恩（J. P. Stern）：《尼采：道德心的最極端嘗試》（*Nietzsche. Die Moralität der äußersten Anstrengung*），科隆，一九八二年，第一四五頁。——Pütz 版注

僅僅是傾聽。幸運的是，我逐漸學會了將神學偏見與道德偏見加以區分，而不是在世界的**背後**[14]尋找惡的起源。一點史學和哲學上的訓練，包括天生對於心理學問題的挑剔意識，這些很快就把我的問題轉變成了另外一個：人類是在什麼條件下為自身發明了善與惡的價值判斷？[15]**而這些價值判斷本身又有什麼價值？**迄今為止，它們是阻礙還是促進了人類的發展？它們是否乃是生活困頓、貧乏與蛻化的標誌？還是恰恰相反，在它們身上反映出的乃是生活的充盈、強力與意志，抑或是生活的勇氣、信心和未來？——對於這些問題，我已經找到並且勇於找到某些答案，我對各個時代、民族和個人的等級進行了區分，對我的問題分門別類，從答案中又推引出新的問題、新的研究、新的猜測與新的可能性；直到我終於擁有了一片屬於自己的國度，一塊屬於自己的土地，一個完整的、沉默的、卻又不斷成長的、生機勃勃的世界，就像是無人能夠預知的神祕花園。啊！我們這些人是多麼**幸福**，假如我們懂得長時間沉默的話！

---

14 在世界的背後：指的是超越經驗領域的形而上的和神學意義上的價值規定者。——Pütz 版注

15 人類是在什麼條件下為自身發明了善與惡的價值判斷？：道德的價值判斷也是從屬於權力意志的。評判價值本身的價值標準就在於設定價值的生命的提升——這也是尼采作品中一再出現的核心概念與思想。——Pütz 版注

四

最初激發我公布自己關於道德之起源的假設的，是一本清楚、潔淨、聰明而且極具天才的小冊子。在這本小冊子裡，我第一次明確地遭遇到一種逆向且反常的處理各種譜系假說的方式，眞正的**英國**方式，[16]它吸引著我——那吸引力裡面包含了一切相對及相反的因素。這本小冊子的題目是《道德感覺的起源》，[17]作者是保羅．雷伊博士，一八七七年出版。我或許從未讀到過這樣一本書，裡面的每一個句子、每一個結論，我都無法苟同，也包括這整本書；但是我讀書時的心情卻毫無煩惱與急躁。在之前提到的那本我當時正在撰寫的集子[18]裡面，我偶然，但也並非偶然地引用了這個小冊子裡面的句子，並非是爲了反駁它——我能用

---

16 英國方式：下文所提到的保羅．雷伊（Paul Rée），德國哲學家，一八四九—一九〇一年，並不是英國人，但是因爲他在道德哲學上的進化論與心理學傾向，因此被尼采拿來與英國式的思維方式相比較。雷伊被認爲是英國道德感覺學派（Moral Sense School）的代表。——Pütz 版注

17 《道德感覺的起源》（*Der Ursprung der moralischen Empfindungen*）：根據卡爾．施萊西塔的說法（《尼采作品集》，慕尼黑，一九六九年，第三卷，第一三六九頁），這本書保留在尼采遺留的圖書當中，書裡面有作者雷伊寫的獻詞：「謹獻給書的父親，心懷感激的書的母親」。——Pütz 版注

18 指的是《人性的、太人性的》一書。——譯注

反駁來創建什麼呢！——而是出於一種積極的精神，用可能性來代替非可能性，也可能是用一種錯誤來代替另一種錯誤。正如前文所述，當時是我第一次將關於道德起源的假設公之於眾，書裡面那些文章都是探討這些假設的。那時的我笨拙得就好像在最後還要對自己掩飾某些東西一樣，我還無法自如地表達自己，也沒有爲這些特定的東西找到一種特定的語言，我還會搖擺不定，甚至重複以前的錯誤。在細節方面，讀者可以比較我在《人性的、太人性的》一書第五十一頁關於善與惡的雙重來源的闡述（即分別來源於貴族階層與奴隸階層的善與惡）；第一一九頁及隨後幾頁中關於禁欲主義道德的價值與起源；第七十八頁、第八十二頁，第二卷第三十五頁上關於「習俗的道德性」（Sittlichkeit der Sitte），那是更爲古老且原始的道德形式，它與利他主義的價值評判方式有著天壤之別（而雷伊博士以及所有英國道德譜系學家都把後者視作基本的道德評價方式）；該書第七十四頁，《漫遊者和他的影子》第二十九頁，《朝霞》第九十九頁中關於正義的起源乃是由於各個平等力量之間的一種平衡（力量均衡乃是一切契約、因此也是一切權利的前提）；《漫遊者和他的影子》第二十五和三十四頁關於刑罰的起源，即恐怖對於刑罰而言既非本質性也非本原性的目的（正如雷伊博士所言，恐怖的目的只在特定的情況下才用於刑罰，但始終是次要的和附加的）。[19]

19《人性的、太人性的》上卷第二章「道德感的歷史」：格言四十五（善惡的雙重前歷史），格言九十二（公正

五

其實，無論是來自於我本人還是其他人的關於道德起源的假說（或者，更爲確切地說，關於道德起源的假設只是達到某一目的的諸多手段之一），對於那時的我而言，都遠遠沒

的起源），格言九十六（習俗與合乎道德——〔譯按〕此處 Pütz 版注誤寫作「Sitte und Unsittlichkeit」），格言一〇〇（羞澀）；第三章「宗教生活」：格言一三六（基督教的禁欲與聖潔）；《人性的、太人性的》一書的下卷第一篇《雜亂無章的觀點與格言》：格言八十九（習俗和它的祭品）。在這裡，尼采將「道德性」定義爲對於全體習俗的感覺，「人們在那些習俗的影響下生活和接受教育，——而且不是作爲個人，而是作爲整體的一個成員，作爲一個大多數中的一份子來接受教育，於是不斷出現這樣的情況：個人憑藉自己的道德性使自己成爲多數。」對於尼采而言，「習俗的道德性」乃是更爲古老和原始的道德形式，隨後才是基督教的、平等主義的、同情式的道德。

《人性的、太人性的》下卷第二篇《漫遊者和他的影子》：格言二十二（平衡的原則），格言二十六（以公正狀態爲手段），格言三十三（報復原理）。

《朝霞》卷二：格言一一二（論義務與權利的自然史）。

《漫遊者和他的影子》：格言十六（無所謂的狀態在何處有必要），格言二十八（定罪量刑的隨意性）。——Pütz 版注

有另外一些事情來得重要。對我來說，道德的價值才是我眞正關心的東西，——在這個問題上，我不得不幾乎完全依靠自己一個人的力量來同我那偉大的老師叔本華[20]論戰，那本書，[21]以及那本書的熱情與暗中的異議，都如同當面向叔本華求教一樣（因爲那本書也是一篇「論戰檄文」）。[22]那本書特別探討了「無私」的價值[23]和同情本能、自我否定本能與自

---

20 阿圖爾・叔本華（Arthur Schopenhauer）：一七八八—一八六〇，德國哲學家，主要著作有《作爲意志和表象的世界》等，對華格納與尼采產生了極大的影響；尼采重點在本書的第三章對其理論進行批判。尼采對叔本華的接受請參考 **KSA** 版編者說明與 **Pütz** 版編者說明。——譯注

21 即《人性的、太人性的》一書。——譯注

22 叔本華……「論戰檄文」：參見 Pütz 版編者說明的附注。——Pütz 版注

23 「無私」的價值：尼采指的是叔本華那篇參與有獎徵文的「論戰之作」《論道德的基礎》（一八四〇年）當中的基本立場。其基本觀點是，同情乃是道德的基礎。在這裡，叔本華堅持的乃是主要以盧梭與萊辛爲代表的感傷主義—啓蒙主義的同情理論，叔本華在文中曾特別引用了後兩者的話。除了「無限制地」「爲自己謀求幸福的利己主義」之外——參見盧梭的概念 amour propre，即自愛與自利，是它們使人類歷史、人類和文明的進步變得罪惡墮落（*Discours sur l'inégalité*〔《論人類的不平等》〕，一七五五年）——以及除了「希望他人遭遇不幸可以殘忍到無以復加地步的惡毒心理」之外，同情構成了第三種道德意義上的「人類行爲的原動力」。同情，在盧梭看來能夠削弱自愛心理（amour de soi），並有益於種族的延續，它乃是人類一種自然

[252]

我犧牲本能的價值，恰恰是叔本華美化了、神化了這些東西，並使之超驗化，直到最終他

的、本能的且先於理性的能力。在自然狀態下，它代表了「法律、習俗和美德」。盧梭、萊辛與叔本華確認它是人類道德性的來源，後者的目標就是利他主義、平等主義和消除任何的統治形式。這一關於自然狀態的設想，即人類曾生活在平等與和平之中，針對的就是霍布斯關於人類天性自私與好戰的學說，針對霍布斯所謂的「一切人對一切人的戰爭」（bellum omnium contra omnes）。對於尼采而言，正是同情式道德的平等主義特徵掩蓋了人類眞正的本能，即他的生命意志與權力意志，以至於正是這種道德性導致「人類可能永遠無法企及那原本可以達到的強大與卓越的頂點」，同情式的道德乃是「危險中的危險」。叔本華與尼采在關於道德譜系的學說上的對峙，也是「善惡的雙重來源」的一種反映，即更爲古老和原始的道德形式與相對較新的、利他主義的道德形式之間的對立。尼采描述了史前的「主人道德」如何經過價值轉變成爲「基督教愛鄰人」的道德，後者世俗化的形式就是自然狀態下的同情式道德。尼采的目的是爲了發展出自己的「未來哲學」（這也是《善惡的彼岸》一書的副標題），使其超越基督教的和世俗化的啓蒙主義的道德學說。無論是《善惡的彼岸》的標題，還是尼采對同情式道德的極端否定，指向的都是「超人」的一個原動力，他的「權力意志」，他那回歸眞實的、自然的、史前的本能的意志。尼采歷史哲學的中心不是要消除統治，而是對權力與統治的肯定。——Pütz 版注

把它們視爲「價值自體」（Werthe an sich），[24]並且在此基礎上否定生活和自我。但是，我的內心深處恰恰是針對這些本能產生了愈來愈根本性的質疑，一種愈來愈深刻的懷疑！在這裡，我看到了人類的**巨大**危險，它帶給人類最崇高的引誘與誘惑——人類將被引向何處呢？走向虛無？——正是在這裡，我看到了末日的來臨、看到了停滯、看到了回顧往事[25]的倦怠，看到反對生命的意志，看到了關於臨終疾病的徵兆，它溫柔而又憂傷；這種同情式的道德傳播得愈來愈廣，甚至連哲人們也被波及，並因此染病。我們歐洲文化業已變得非常可怕，而據我理解，這種道德就是它最爲可怕的症狀，是我們文化走向新佛教的彎路？這彎

24 「價值自體」：是對康德理論與哲學的代表作《純粹理性批判》中的術語「物自體」（Ding an sich）的變形處理。尼采試圖透過這一否定式的思想姿態中斷那個使價值神聖化的思想鏈條，在他看來，這一鏈條是災難性的。——Pütz 版注

25 回顧往事的（zurückblickende）：虛無主義的（nihilistische）（供初版用的手寫付印稿）。——KSA 版注

路將通向歐洲人佛教？[26]通向——**虛無主義**[27]？[28]現代哲人偏愛同情並對其評價過高乃是一件

26 佛教：創立者爲喬達摩・悉達多，又稱佛陀（西元前五六〇—四八〇年於尼泊爾）。在佛教看來，世界形而上的痛苦皆源自所有眞實的個體存在以及他們的生命意志。而要求得解脫，只能透過一種多層次的倫理的—禁欲主義的戒律並專注於達到一種對於自身前世輪回、永恆的因果法則（業）以及正確的眞理（例如關於世間的痛苦煩惱與如何消除的眞理）的靈覺認識。憑藉著這種靈覺認識，「聖者」的意志將會在涅槃（虛無）的狀態中達到寂滅，而殘餘之肉體則繼續存在直至死亡。而在叔本華以及其他同時代人那裡，尼采找到了很多與這種禁欲主義的—冥思式的僧侶文化的相似之處，所以才會出現這個概念：「歐洲人佛教」。——Pütz 版注

27 虛無主義：來自於拉丁文 nihil（虛無）。對於基督教神學家奧古斯丁（三五四—四三〇年）而言，那些否定宗教信條的人就是 nihilisti（虛無主義者）。而其他人則把對於眞理認識的懷疑、對於倫理準則的懷疑以及對於社會秩序的政治權威的懷疑（例如俄國作家屠格涅夫在長篇小說《父與子》中的觀點）都認爲是虛無主義的表現形式。讓・保爾（〔譯按〕Jean Paul，德國小說家，原名弗里德里希・里希特〔Friedrich Richter〕，一七六三—一八二五）在他的《美學入門》（一八〇四）中甚至探討了「詩意虛無主義」。而尼采則與之相反，他把如基督教、道德、現代科學性等那些採取「積極」立場的態度稱爲虛無主義。——Pütz 版注

28 我們歐洲文化……虛無主義：一種業已變得非常可怕的歐洲文化，它的彎路——將通向虛無主義？……將通向一種新佛教、通向一種未來佛教（供初版用的手寫付印稿）。——KSA 版注

新鮮事，以往的哲人們都一致同意，同情**毫無價值**。我只舉柏拉圖[29]、史賓諾莎、[30]拉羅什福科[31]與康德[32]四人爲例，四人的思想可謂截然不同，但在一個問題上他們是一致的，那就

---

29 柏拉圖（Plato）：西元前四二七—三四七年，古希臘哲人，蘇格拉底的學生與亞里斯多德的老師。他在其政治哲學著作《王制》（第十卷，606b）認爲，同情他人將會削弱人自身的痛苦感受。——Pütz 版注

30 史賓諾莎：巴魯赫（本篤）·德·史賓諾莎（Baruch〔Benedictus〕de Spinoza），一六三二—一六七七，葡萄牙裔荷蘭哲學家。在他的主要著作《倫理學》（全稱 *Ethica more geometrico demonstrata*，即《用數學方式證明的倫理學》，該書撰寫開始於一六六二年（〔譯按〕Pütz 版注誤作一六二二年），出版於一六七七年）中，他宣稱，同情（或憐憫）與其他任何形式的痛苦一樣都是多餘的，因爲當同情努力加強鄰人之愛時，這種愛已經由理性加以命令並推動，事實上並不需要同情的參與和說明，因此同情並未眞正認識到那自然的神性律令（參見該書第四部分，命題五十）。——Pütz 版注

31 拉羅什福科（一六一三—一六八〇）：弗朗索瓦公爵·德·拉羅什福科（François Herzog von La Rochefoucauld），法國作家與法國式格言的創始人；直到一六五三年之前都是法國貴族反抗專制王權的投石黨運動成員。在他的主要著作《道德箴言錄》（全稱 *Réflexions ou sentences et maximes morales*，即《沉思集或道德箴言與準則錄》，成書於一六六五—一六七八），他宣稱，自愛自私乃是人類一切行動的起源。同情（或憐憫）乃是對我們自己也可能陷入類似不幸的聰明預見，我們對他人的援助，是爲了在緊急情況下，他人也給我們以援助（格言二六四）。——Pütz 版注

32 康德（一七二四—一八〇四）：伊曼努爾·康德（Immanuel Kant），德國哲學家。按照康德的要求，人只應

是：褻視同情。

六

同情及同情式道德（Mitleid und Mitleids-Moral）的價值問題（我是這一可恥的現代情感脆弱化傾向[33]的反對者），乍看之下只是個孤立的問題，是一個自在的問號；但是，如果有誰在這一問題上堅持下去，並且學會提出問題，那麼他就會得到與我相同的經驗：一個廣闊的新遠景會呈現在他眼前，一種新的可能性會將他緊緊抓住，讓他頭暈目眩，各種各樣的猜疑、質疑、恐懼向他襲來，對道德、對於一切道德的信仰就會開始動搖。最終他就會毫不掩飾地提出一個新的要求。現在讓我們大聲把它說出來，**這個新要求**：我們必須批判道德

[253]

當出於義務和爲了道德法則的目的而採取道德的行動，所以，同情與其他所有的愛好一樣，都是「累贅」（《實踐理性批判》，一七八七年，第二一三頁。）在他的《道德形而上學》（一七九七年）中，他宣稱只有「主動的參與」才是出於理性命令的，而被動的「同情」則只會助長「惡」的發展（「德性論」，第三十四—三十五頁）。——Pütz 版注

33 我是這一可恥的現代情感脆弱化傾向的反對者：這一傾向在我所有的著作中，特別是《朝霞》和《快樂的科學》中被重點提出（供初版用的手寫付印稿）。——KSA 版注

的價值，**必須首先對這些道德價值本身的價值提出疑問**。此外，還必須對這些價值得以產生、發展及其重心得以發生偏移（道德被視作結果、症狀、面具、僞善、[34]疾病、誤解；但道德也會被視作原因、解藥、興奮劑、阻礙和毒藥）的條件與情況加以認識。到目前爲止，這樣的一種認識既不存在，甚至也沒有得到人們的渴求。人們把這些道德價值本身的價值看作是現成的、事實存在的和超越一切質疑的；人們迄今爲止絲毫沒有懷疑過和動搖過「善」比「惡」價值更高的觀念，而所謂「價值更高」完全是從對於人類（包括人類未來）有促進、助益與效用的意義上來說的。但是假如眞相恰恰與此相反，情況會怎樣呢？假如在「善」中也包含著衰落的徵兆，包含著某種危險、誘惑和毒藥，還包含著**以犧牲未來爲代價**換取現在滿足的麻醉劑的話，情況會怎樣呢？也許會變得更舒適，更安全，但也更卑微、更低級？假如人類永遠無法企及那原本可以達到的**強大與卓越的頂點**的話，那麼，是否正是因爲道德的罪過呢？那麼，是否正說明道德才是危險中的危險呢？

---

34 僞善（Tartüfferie）：假正經、僞虔誠；該詞來源於法國劇作家莫里哀的喜劇《僞君子》（*Le Tartuffe*），一六六四年；劇中名叫答爾丟夫（〔譯按〕Le Tartuffe，這部喜劇的法文原名其實取的就是這個主人公的名字，後來「答爾丟夫」一詞就成了西方語言中表示「僞善」的固定詞彙，但爲照顧漢語讀者習慣，還是譯爲《僞君子》）的反面角色把自己的虛僞隱藏在虔誠的面具之後。——Pütz 版注

七

自從這一遠景呈現在我眼前之後，就足以使我自己有充足的理由去尋找博學的、勇敢的和勤奮的同志（我今天仍在尋找）。現在需要做的就是用全新的問題和嶄新的眼光去探索那廣闊的、遙遠的並且如此隱蔽的道德王國——那是眞正存在過的，眞正生活過的道德。這難道不就是幾乎意味著**發現**這個王國嗎？如果在這個方面，我除了其他人之外，還想到了之前提到過的雷伊博士，那是因爲我絲毫沒有懷疑過，爲了找到答案，他的問題從本質上就會迫使他採用一種更爲正確的方法論。在這個問題上，我是否騙了自己？不管怎樣，我那時的願望就是，爲這樣一位敏銳且公正的觀察者指出一個更好的方向，一個可以眞正**書寫道德歷史**的方向，並且及時地警告他當心那種英國式的、毫無方向可言的**藍色**[35]假說。顯而易見，對於道德譜系學家而言，那種顏色必然要比藍色重要百倍——那就是**灰色**[36]，也就是說，那些有證據記載的、可以眞實確定的、眞實存在過的東西，簡言之，那是有關人類整個漫長道

35 此處原文爲 ins Blaue，即「漫無目的、毫無目標」之意。在德文口語中，「藍色」有「不確定的遠方」之意。——譯注

36 在德文中，「灰色」有「年代久遠，遠古的」意思。這裡指人類的道德歷史因爲漫長的時間跨度而變得晦暗不清。——譯注

德歷史的難以辨認的象形文字！[37]雷伊博士**對此**一無所知，但他讀過達爾文[38]的書。所以在他的假設當中，達爾文式的野獸與最時髦的、謙遜得「已經不會撕咬」的「被道德嬌慣者」（Moral-Zärtling），[39]用一種至少頗具趣味性的方式彬彬有禮地握手言歡。後者的臉上顯

---

37 象形文字：即古代埃及人、克里特人與海地特人使用的圖形文字。— Pütz 版注

38 達爾文：查理斯・達爾文（Charles Darwin），一八〇九—一八八二，英國博物學家。根據他的學說，在所謂的自然選擇狀態下，不同物種之間的生存鬥爭會選擇出那些存活能力更強的物種，並且透過與合適的伴侶結合實現繁衍。不管尼采對達爾文多麼具有批判性，達爾文的進化論都是尼采道德譜系學說在生物學上的對應學說。— Pütz 版注

39 謙遜得「已經不會撕咬」的「被道德嬌慣者」：小市民式的被嬌慣者與受過教育的市儈（kleinbürgerliche Zärtling und Bildungsphilister）（供初版用的手寫付印稿）。之後被人改爲：「小市民式的享樂主義者與宅男」（kleinbürgerliche Genüßling und Stubenhocker）。該改動有可能是尼采給出版商的指令。在一八八七年十月五日，尼采從威尼斯寫信給他的出版商 C. G. Naumann：「隨信附上前言的第八節，而原來的最後一節則變爲第九節。第八節的文字如下：最後，我至少還要用一句話指出一個不容忽視的、但從未被發現的事實，這也是我慢慢查明的眞相：人類迄今爲止的探討中，還沒有出現過比道德問題更具根本性的問題，當我觀察目前出現過的所有價値，我發現，在它們的王國裡所有偉大的設想都源於道德問題的推動力（所以也包括所有一般被稱爲「哲學」的東西；其範圍可以一直擴展到最近出現的那些認識論前提）。但事實上，確實存在

現出某種善良的和敏感的麻木與冷漠，其中還夾雜著一絲悲觀與倦怠；好像根本不值得如此認眞對待所有這些東西——這些道德問題。而與之相反，在我看來，似乎根本不存在比這些道德問題更**値得**認眞對待的事情了；也許有朝一日人們獲得許可，可以**輕鬆愉快**地對待這些道德問題，那時的人們將會獲得何等的報償呀。輕鬆愉快本身——或者用我自己的話說，就是**快樂的科學**[40]，就是一種報償——它是對一種長期的、勇敢的、勤奮的、隱祕的嚴肅工作的報償，當然並非每個人都可以勝任這項工作。如果有一天，我們由衷地說：「繼續前進！我們的舊道德將會進入**喜劇之列**！」，這就說明，那時的我們已經爲這部關於「靈魂的命運」的酒神戲劇[41]找到了新的複雜情節與可能，而酒神也一定會利用這些情節與可能性，關

比道德問題更具根本性的問題：這些問題只有當人們將道德偏見拋之腦後才能看到，並且當人們懂得作爲一個非道德主義者去觀看世界、生活與自我時……」但是在同一天，即一八八七年十月五日，尼采又寫明信片給出版商，收回了這一指令：「尊敬的出版商先生，今天早上寄出的那份（作爲前言的補充）手稿是無效的；所以我們還是按照最開始的決定，前言還是八節。」——KSA 版注

40　快樂的科學：暗指尼采一八八二年出版的同名作品。——Pütz 版注

41　喜劇之列……酒神戲劇：古希臘戲劇起源於葡萄採摘時，人們爲了敬奉酒神（狄俄尼索斯）而舉行的放縱狂歡式的慶祝活動。悲劇與喜劇的要素皆源於這一祭禮。尼采在這裡故意影射酒神那悲喜劇的雙重性格。値得注意的是，在其早年著作《悲劇的誕生：源於音樂的靈魂》中，尼采在酒神的「沉醉」（Rausch）之外還同

於這一點，人們完全可以打賭。酒神，他是描寫我們存在的偉大的、古老的、永恆的喜劇詩人！

八

如果有人讀不懂本文，而且覺得這些言論聽起來很刺耳，那麼在我看來，這不一定要歸咎於我。[42]這篇文章已經足夠清楚，當然有一個前提，我所設定的前提是，人們首先讀過我以前的論著，[43]並且在閱讀時肯下功夫；事實上，那些論著並不易懂。例如我的《查拉圖斯

時安排了日神（阿波羅）理智的形象，而且在一定程度上將兩者對立起來。但是到了後來，其重心發生了偏移，例如當他在下文中提到「偉大的、古老的、永恆的喜劇詩人！」時，他指的完全是酒神，而日神已經不再被談及了。——Pütz 版注

42 如果有人讀不懂本文……這不一定要歸咎於我：參見利希滕貝格（Georg Christoph Lichtenberg〔譯按〕一七四二—一七九九，德國作家兼物理學家）：「如果一本書與一個頭腦相撞在一起，聽起來是空心的，那麼就一定是書裡面很空洞嗎？」（《格信集》（*Sudelbücher*，〔譯按〕利希滕貝格寫的格言體筆記），卷 D，第三九九頁，編者爲 Wolfgang Promies。）——Pütz 版注

43 人們首先讀過我以前的論著：此處有刪節，供初版用的手寫付印稿上寫作「人們首先一行一行地讀過我以前

特拉》，[44]如果有人讀了這本書，卻未曾被裡面的每一句話所深深傷害，同時也未曾爲之深深著迷，那麼這樣的人我絕不會承認他讀懂了。只有上述情況眞的發生了，那樣的讀者才有特權分享那本書得以產生的那歡樂祥和的居所，並且懷著敬畏的心情分享它的光明、遼遠、博大與精確。此外，格言的形式[45]也會造成困難，原因是人們如今**不夠重視**這種形式。一個經過精心打造與淬煉的格言，不可能僅憑簡單誦讀而被「解密」；它還需要某種解釋的藝術才能開始被**解讀**。我在本書第三章提供了一個我在這種情況下可以將之稱爲「解讀」的範例；那一章以一個格言開頭，而整章的內容都是對這段格言的詮釋。當然，爲了能夠以類似的方式把閱讀作爲**藝術**來加以練習，首先還必須做一件事，這件事恰恰在如今已經被人們

[256]

的論著」。——KSA 版注

44 我的《查拉圖斯特拉》：即尼采最具影響力的著作《查拉圖斯特拉如是說》，一八八三—一八八五年間出版，共四卷。— Pütz 版注

45 格言的形式：與邏輯的定義以及無特定作者的諺語不同，格言（Aphorismus，來源於希臘語 aphorizein，分割、劃定界限之意）的特點主要是反映某一特定作者的主觀思考，這些思考一般與普遍通行的意見、觀點或原理相悖，但作者本人不負責給出一個最終的結論。格言裡面包含著各種不同的、乃至相互矛盾的觀點與意圖，所以其影響更多的是啓發思考，而不是形成完整的意見。本書《道德的譜系》的章節形式偏離了格言的傳統形式。— Pütz 版注

所荒疏。所以「讀懂」我的書還需要時間，那就是人們絕不能像「現代人」那樣，而是必須像奶牛一樣：學會**反芻**。

一八八七年七月於上恩加丁河谷的希爾斯—馬里亞村[46]

46 上恩加丁河谷的希爾斯—馬里亞村（Sils-Maria, Oberengadin），位於瑞士東部靠近義大利的格勞賓登州，是傳統的療養與滑雪勝地，一八八一年尼采第一次來到這裡度假，後來從一八八三年至一八八八年每年夏天尼采均來此逗留，該地現有一座尼采博物館。——譯注

第一章　「善與惡」、「好與壞」[1]

1 「善與惡」，「好與壞」：第一章的標題將道德的不同譜系以近似於口號的形式對立起來。「好與壞」（Gut und Schlecht）是由貴族統治的價值設定發展而來，該價值設定將高貴者與統治者視爲「好人」，而將被壓迫者視爲「壞人」。而「善與惡」（Gut und Böse）則產生於基督教道德及其世俗化的形式——同情式倫理。在這裡，尼采以《善惡的彼岸》一書的思想爲出發點，尤其是第九章「什麼是高貴？」——Pütz 版注

一

人們理應感謝英國心理學家們[2]所做的迄今唯一的探索道德發生史的嘗試。他們連同其自身給我們留下了不小的謎團；我要承認，他們自身就是活生生的謎團，他們甚至因此比他們的論著更爲本質——**他們本身就很有意思**！這些英國心理學家，他們究竟要幹什麼？人們發現他們總是自覺或不自覺地從事同樣的工作，即把我們內心世界的 partie honteuse[3] 暴露出來，並且在當中尋找眞正有效用的、引領性的、對於發展具有關鍵意義的東西，而這正是人的理智自尊所最不希望發現的部分（譬如，習慣的 vis inertiae[4]、健忘、一種盲目和

[257]

---

2 英國心理學家們：參見前言第四節中的相關註腳。尼采指的不僅是已經被認爲是代表英國思維方式的德國哲學家保羅·雷伊，同時也指的是其他英國學者，例如赫伯特·史賓塞，尼采將在本章第三節提到他。——Pütz 版注

3 法文，可恥的部分。——Pütz 版注

4 拉丁文，慣性、惰性；這是牛頓力學除作用力與反作用力定律之外的另一個基本定律。以撒·牛頓，一六四五—一七二七，英國物理學家與數學家；主要著作爲《自然哲學的數學原理》（*Philosophiae naturalis principia mathematica*），一六八七年。——Pütz 版注

偶然的觀念網絡和觀念機制，[5]或者是某種純粹的被動性、機械性、生物反射性、物理分子以及徹底的愚鈍）。究竟是什麼驅使這些心理學家徑直走向這條道路的？難道是一種人類所具有的祕密的、惡毒的、卑鄙的、或許人自己都不願意承認的自我貶低本能？或者是一種悲觀的猜疑，是對失望的、黯然失色的，業已變得憤憤不平和簡單幼稚的理想主義者的懷疑？抑或是對基督教（和柏拉圖）[6]一種渺小的、隱祕的，或許從未跨過意識門檻的敵視和憎恨？也許是對陌生的事物、對令人頭疼的悖論、對存在本身的可疑與荒誕的一種貪婪的嗜好？或者，最後——這是一種綜合的東西，其中既有一些卑鄙惡劣，也有一些陰鬱灰暗，既有一些反基督教的傾向，也有一些對異域調味品的渴望和需求？但有人對我說，這些人簡直

[258]

5 一種盲目和偶然的觀念網絡和觀念機制：聯想主義心理學的另一種表達，特別是指英國的經驗主義，即意識的經驗表象是透過簡單的感官感知相聯結而形成的，其聯結所依據的原則主要是相似、相反、空間及時間上的接近以及建立在重複基礎上的習慣性。——Pütz 版注

6 基督教（和柏拉圖）：柏拉圖哲學、特別是新柏拉圖主義（如普羅提諾：Plotin，二〇五—二七〇）的相關理念透過早期基督教的思想家，如奧古斯丁（Augustinus，三五四—四三〇）、波埃修（Boethius，四八〇—五二五）和僞狄奧尼修斯（Dionysius Areopagita，活躍於約西元五〇〇年左右）對中世紀神學產生了重大影響。在《善惡的彼岸》一書的前言中，尼采宣稱，柏拉圖的純粹理念與自在自爲的「善」乃是世界上最爲危險的錯誤；而基督教最終就是一種普羅大眾式的柏拉圖哲學。——Pütz 版注

就像一群衰老的、冷血的、乏味的青蛙，它們在人的身旁爬行跳躍，並且爬進、跳進了人體內部，就好像在它們自己的天地裡——在一個沼澤裡——那樣得心應手。我並不想聽到，而且更不會相信這種論調；如果允許人在不可能知情的情況下表達願望，那麼，我衷心希望他們的情況正與此相反，希望這些靈魂的研究者與用顯微鏡觀察靈魂的人從根本上是勇敢、大度、驕傲的動物，他們懂得抑制自己的感情和痛楚，並且業已把自己培養成了能夠爲眞理而犧牲一切心願的人——爲了任何眞理，甚至是爲了樸素的、苦澀的、醜陋的、令人厭惡的、非基督教的、不道德的眞理……因爲確實存在著這樣的眞理。

二[7]

在這些研究道德的歷史學者那裡，支配他們精神的可能是一些善良的精靈。向這些精

7 參KSA版第十二卷《尼采一八八五—一八八七年遺稿》中「一八八五年秋至一八八六年春」1〔7〕與1〔10〕。1〔7〕：「——在人（首先是階層）的問題上，首先發展出來的乃是道德感，這種感覺之後被轉移到行爲與品格上。保持等級差別的激情就存在於該感覺最內在的本質之中。」1〔10〕：「——最狹義的「刑罰」乃是強力者與一家之主的一種反映，是他們的命令或禁令遭到蔑視時，他們表達憤怒的方式。——統治者的道德性（他的規則要求，「只有下命令的人應該得到敬重」）要優先於習

靈們致以崇高敬意！然而，遺憾的是，這些精靈自身卻缺乏**歷史精神**，[8]而他們恰恰遭到所有支配歷史的善良精靈們的遺棄！**從本質上而言**，這些精靈們的思維與陳舊的哲人習俗一樣，都是非歷史的，這一點毋庸置疑。當他們試圖確定「善」這一概念兼判斷的起源時，其道德譜系之拙劣從一開始就暴露無遺。他們曉諭眾人說：「人們最初是從無私行爲的服務對象方面，也就是該行爲對服務對象有用的角度來讚許這一無私行爲的，並稱其爲『好』；[9]後來人們忘記了這種讚許的起源，同時由於無私的行爲**在習慣上**[10]總是被讚揚爲好，因此它也就直接被認爲是好的——就好像這種行爲本身就是好的一樣。」人們立刻看到：第一段引言

[259]

俗的道德性（習俗的規則要求，「所有傳統的東西都應該得到敬重」）。保持等級差別的激情，即等級差別的感覺乃是一切道德最本質的東西。」——KSA 版注

8 精神（Geist）：供初版用的手寫付印稿上本寫作「意識」（Sinn）。——KSA 版注

9 也就是「善」。本章的標題因爲是兩個成對的概念，所以翻譯成了符合中文習慣的「善與惡」、「好與壞」，但其實德文中「善」與「好」用的都是 gut 一詞。——譯注

10 獲利……忘記……習慣上：保羅．雷伊認爲，道德判斷之所以產生，是因爲人們將對社會有利或有害行爲的社會評判與其最普遍的動機（一種被認爲是最原初的無私本能）進行了習慣性的觀念聯結。透過社會評判，較弱的無私本能在較強的自私本能面前得到強化。在歷史的發展中，行爲的有利性逐漸被遺忘，而無私行爲則直接被當成了「善」。——Pütz 版注

就已經包含了那些過於敏感的英國心理學家們全部的典型特徵，我們發現了「有用」、「忘記」、「習慣」和結尾處的「謬誤」等詞語，所有這一切統統都被用來支撐某種聲望，而迄今為止，上等人一直都自豪於擁有此種聲望，就好像擁有某種人類的特權一般。此種自豪理應被羞辱、此種聲望理應被貶值，但這一點是否已經實現了呢？首先，目前在我看來，這種理論很顯然是在錯誤的地方尋找和設定「好」這一概念的原初發生地；對「好」的判斷並非起源於那些受益於「善行」的人！事實上，那些「好人」自己才是這一判斷的起源，也就是說那些高貴的、有權勢的、上層的和高尚的人們認為並判定，他們自身以及他們的行為是好的，即屬於第一等級的，與他們相對的則是低下的、下賤的、卑劣的群氓。他們從這種**保持等級差別的激情**[11]中為自己獲取了創造價值並彰顯這些價值的權利：行為的有用性跟他們有什麼關係！最高級別的價值判斷就是要確定等級並突出等級，而對於這樣一種迸發的激情而言，有利性的觀點正是極其陌生且不合時宜的；這種激情正是在這裡遭遇到了那種以工於心計、錙銖必較為前提的低級熱情的對立——不是一次、不是例外，而是永久。高貴的激情和

11　保持等級差別的激情（Pathos der Distanz）：尼采所持的貴族立場的核心概念。與此相對的則是被他否定的平等主義倫理。他希望用激情代替同情，在《善惡的彼岸》一書中，他特意將高貴的程度與激情的廣度相提並論。——Pütz 版注

保持等級差別的激情，正如所言，這就是某個上等的統治階層在與低賤階層、「下等人」發生關係時所具有的持續的、主導性的總體感覺與基本感覺——這就是「好」與「壞」相對立的起源。（主人擁有賜名的權利，而這一權利後來逐漸發展到，人們允許自己將語言的起源本身理解為統治者的權力表達。他們說：「這叫什麼，那叫什麼」，他們用聲音給每一物、每一事打上烙印，並透過這種方式似乎要將它們占為己有。）正是因為這樣的起源，所以「好」這個詞從一開始就與「無私的」行為完全沒有必然的聯繫；那只是那些道德譜系學家的迷信而已。只有到了貴族的價值判斷走向**衰亡**的時期，「自私」與「無私」的尖銳對立才逐漸被強加給人的良知，用我的話說，這是一種**群體本能**，這種本能伴隨著上述對立而最終獲得了表達自己（也可以是不斷表達自己）的機會。然後又經過了很長時間，這種本能才在一定程度上變成了主宰，道德的聲望才與上述對立緊密結合在一起（例如，如今的歐洲正是這樣，現在占主導地位的就是這樣一種偏見，它把「道德的」、「無私的」、「公正的」視為同等價值的概念，而它在人們頭腦中的影響力已經可以與某種「固定觀念」和腦部疾病相媲美）。

三

其次，那種關於「好」的價值判斷起源的假設是沒有歷史依據的，即使對此完全拋開不談，該假設本身也包含了心理學上的荒謬。據說，無私行爲的有用性是其得到讚揚的本源，而該本源卻又被人**忘記**了。怎麼**可能**會發生忘記的情況呢？難道是這種行爲的有用性曾在某一時期中斷過？情況恰恰相反，這種有用性在任何時代都是習以爲常的，並且總是不斷地被人重新強調；因此，它不是從意識中消失了，不是被忘記了，而是肯定愈來愈清晰地烙印在意識中。而另外一種與之相反的理論則比它不知道要理性多少倍（但是也不會更爲眞實），例如，其代表人物赫伯特・史賓塞[12]認爲：「好」的概念與「有用」、「實用」等概念在本質上是相通的，於是人類在「好」與「壞」的判斷中，恰恰就是對人類那些關於有利—實用與有害—不實用的經驗進行了總結和確認，這些經驗是**未被遺忘**和**無法遺忘**的。按

---

12 赫伯特・史賓塞（Herbert Spencer）：一八二〇—一九〇三，英國哲學家與社會學家。早在達爾文之前，他就認爲，進化論法則決定了整個宇宙的物理、倫理、社會和宗教等諸多方面。所以，道德只是生存鬥爭中的一種適應現象。人類的意志就是要實現自我與種族延續——前者具有優先權（快感原則先於整體性原則）。那些在社會和諧中，能夠從利己及利他意義上對生命有所促進的東西，都是善的。史賓塞將進化論與功利主義結合了起來（有用性原則）。——Pütz 版注

參見史賓塞的《倫理學概況》（德文 *Die Thatsachen der Ethik*，英文 *the Data of Ethics*），德文版由 B. Vetter 翻譯，一八七九年出版於斯圖加特。（尼采生前藏書）；另參 KSA 版第九卷《尼采一八八〇—一八八二年遺稿》中「一八八〇年年初」1〔11〕：「魔鬼般的暗示，史賓塞的著作的第三十一頁。」——KSA 版注

[261]

照這種理論，「好」就是自古以來被證明爲有用的東西。因此，可以斷言其具有「最高級別」的和「自在自爲」的價值效用。如上所述，這種解釋的思路是錯誤的，但是至少這種解釋本身是理性的，並且在心理學上是站得住腳的。

四[13]

有一個問題的提出爲我指明了正確的道路，那就是，用各種不同語言表達出來的「好」這個指稱在語源學[14]方面究竟具有什麼樣的意義。在這裡我發現，這些指稱統統都可以回溯到同一個概念的轉化上，普遍來看，無論哪裡，「高貴」、「高尚」都是社會等級意義上的根本概念，由此就必然轉化出具有「心靈高貴」和「高尚」等含義的「好」，具有「心靈崇高」和「心靈擁有特權」等含義的「好」；而這種演化總是與另一種演化並行發展的，即「卑賤」、「粗俗」、「低等」等詞彙最終被轉化成「壞」這一概念。對於後一種情況而言，最有說服力的例子就是德文單詞「壞」（schlecht）本身；它與「樸素」（schlicht）曾是通用

13　參見《朝霞》格言二三一。——KSA 版注

14　語源學：探討一個單詞的起源及其意義的發展歷史。對於尼采而言，語源學方面的論據是他研究道德譜系的一個工具。——Pütz 版注

的概念，試比較「schlechtweg」（直截了當地，直譯：樸素的道路）和「schlechterdings」（實在地，直譯：樸素的東西）兩個單詞，它最初指稱的就是樸素的男子，當時的人們還不會用懷疑的眼神斜睨這樣的粗鄙男子，而只是用來指稱高貴者的對立面。直到很久以後，大約是在三十年戰爭[15]時期，這個詞的含義才轉移到了今天通用的含義。對我來說，這一點似乎是對道德譜系的一個**本質性的**洞見；而這一洞見之所以這麼晚才被發現，就在於現代世界內部的民主性偏見對所有起源問題都施加了阻礙性的影響。這裡還需要稍加指出的是，這種影響甚至還滲透到表面上看來最客觀的自然科學和生理學領域。臭名昭著的巴克爾案例[16]表

---

15 三十年戰爭：一六一八—一六四八年間爆發的一場涉及整個歐洲的宗教與國家衝突，起因為神聖羅馬帝國內部德意志各諸侯因為天主教和新教而產生的信仰對立，以及哈布斯堡王朝與其他歐洲列強之間的矛盾，主要戰場在德國境內。其直接後果是德意志經濟遭到了極大破壞，內部分裂，但同時也推動了歐洲近代民族國家的形成，尤其是結束戰爭的《威斯特伐利亞和約》的簽訂更是標誌著近代歐洲社會宗教平等原則的確立以及近代國際法的形成。——譯注

16 巴克爾案例：亨利·湯瑪斯·巴克爾（Henry Thomas Buckle），一八二一—一八六二，英國文化史學者。他試圖透過實證主義的方式為歷史的發展總結出自然科學一般精確的法則。尼采在寫給加斯特的信（一八八七年五月二十日）中說：「庫爾（Chur〔譯按〕瑞士格勞賓登州首府）的圖書館裡大約有二萬冊藏書，這些書給了我很多教益。我第一次看到了巴克爾那本大名鼎鼎的書《英國文明史》（*Geschichte der Civilisation in*

明，這種偏見一旦失控到了仇恨的地步，它尤其會對道德與歷史造成多麼大的危害。來自英國的現代精神中的**平民主義**[17]再次在它的故土爆發，激烈得如同一座岩漿迸發的火山，並且伴隨著迄今爲止所有火山都曾發出過的那種令人掃興的、音量過大的、庸俗粗鄙的鼓噪。

五

至於我們的問題，人們則完全有理由稱之爲一個**安靜的**問題，並且有選擇性地只針對少數聽眾。在我們的問題上，人們可以懷著很大的興趣確定，在那些指稱「好」的言語和詞根中已經多次透露出一種主要差別，而高貴者正是據此感覺自己是上等人。雖然，在大多數情況下，他們或許只是簡單地按照自己在權力上的優勢稱呼自己（如「強有力者」、「主人」、「主宰」），或者用這一優勢最爲明顯的表徵來稱呼自己，例如「富人」、「占有

England）——非常特別！很明顯，巴克爾是我最爲強勁的一個對手。」——Pütz 版注

17 平民主義（Plebejismus）：在古羅馬，平民階層構成了人口的廣泛多數，他們是羅馬貴族的對立面，並曾在西元前約五〇〇—二八七年爲其階層的平等權利而鬥爭過。而尼采在巴克爾的實證主義做法上看到了一種精神平民化（或庸俗化）的現代形式。——Pütz 版注

者」（這就是「arya」[18]一詞的意思，而在伊朗語和斯拉夫語中也有與之相應的含義）。但是，他們也按照一種**典型的特性**稱呼自己，這也正是我們在本文所涉及的情況。例如，他們稱謂自己是「眞誠的人」，開此先河的人是古希臘貴族，其代言人就是來自邁加拉的詩人忒奧格尼斯[19][20]。表達這個意思的單詞ἐσθλός，[21]從其詞根來看表示一個人、這個人存在著、他有實在性、他是眞的、他是眞實的；而後伴隨著一次主觀的轉折，眞實的人就被稱爲了眞誠

---

18 arya：梵文，雅利安人之意。——Pütz版注

19 忒奧格尼斯（Theognis）：來自希臘中部城市邁拉加（Megara）的古希臘詩人（西元前五〇〇左右）。歸到他名下的詩歌帶有較強的貴族觀念。——早在尼采的中學和大學時代，他就已經對忒奧格尼斯的詩歌有過研究，而且還因此獲得了他的古典語文老師里徹爾（Ritschl）的關注，他的研究成果也因此以《論忒奧格尼斯格言詩選集的歷史。〈忒奧格尼斯詩集〉的最後一次編輯》（*Zur Geschichte der Theognideischen Spruchsammlung. Die letzte Redaktion der Theognidea*）爲題，發表在《萊茵古典語文博物館》（*Rheinisches Museum für Philologie*），新版，第XXII卷（一八六七年），第二期，第一六一—二〇〇頁。——Pütz版注

20 參見《忒奧格尼斯詩集》，Ernst Diehl編，卷一，詩行五十七、七十一、九十五、一八九、四二九、四四一。另參《善惡的彼岸》格言二六〇。——KSA版注

21 ἐσθλός：古希臘文。意爲眞正的、眞實的、忠實的、眞的、能幹的；後來也表示勇敢的、高貴的、有價值的、幸福的。——Pütz版注

[263]

的人。在這個概念發生轉變的階段，這個詞變爲了貴族的流行詞和標誌語，而且完完全全過渡爲「貴族的」這一含義，以便與忒奧格尼斯[22]所認爲和描述的那些**喜歡說謊**的粗鄙之人相區別，直到貴族階層衰落之後，這個詞最終只剩下了指稱「心靈高貴」的含義，同時該詞也變得成熟和受人歡迎了。在κακός[23]以及在δειλός[24]這兩個詞（兩者都與ἀγαθός[25]一詞相對，即平民之意）當中，都強調了膽怯。這或許算是一個暗示，人們可以沿著這個方向來尋找那個具有多重含義的單詞的ἀγαθός語源學來源。而拉丁文中的**malus**[26]（我把它與μέλας[27]一詞相提並論）可以表示粗鄙的人，同樣也可以表示深膚色的人，尤其是黑頭髮的人（"**hic niger**

---

22 參見《忒奧格尼斯詩集》，Ernst Diehl 編，卷一，行 66-68，607-610。——KSA 版注

23 κακός：古希臘文。意爲有害的、敗壞的、不幸的、不像樣的、膽怯懦弱的、醜陋的、差勁的、不高尚的、無恥的。——Pütz 版注

24 δειλός：古希臘文。意爲膽怯懦弱的、無恥的、貧乏的、無力的、不幸的。——Pütz 版注

25 ἀγαθός：古希臘文。意爲預示幸福的、肥沃多產的、有用的、好的；也表示正直的人、貴族。——Pütz 版注

26 malus：邪惡的、壞的、無用的。——Pütz 版注

27 μέλας：古希臘文。意爲黑色的，也表示邪惡的、陰險的。——Pütz 版注

est"[28]），即在雅利安人之前生活在義大利的居民，他們與後來成爲統治者的金黃頭髮的雅利安征服者種族最明顯的區別就是顏色；而凱爾特語則至少爲我提供了正好與之相吻合的情況——fin[29]（比如 Fin-Gal 這個名字），這是用來表示貴族的單詞，最後被用來表示善者、高貴者、純潔者，而它最初的含義則是金色頭髮，也就是與那些深膚色、黑頭髮的土著有明顯的區別。順便說一句，凱爾特人是純粹的金髮人種；有人錯誤地把細緻的德國人種分布圖上那些明顯屬於深色頭髮的居民區域同凱爾特人的後裔或混血聯繫在一起，就連菲爾紹夫[30]也還在這樣做；在這些地方居住的應當是**雅利安人之前**的德國居民。（同樣的情況差不多適用於整個歐洲；從根本上來說，被征服的種族最終還是在那裡占了上風，在顏色上、在顱骨偏短上，或許還在智識和社會的本能上；有誰贊同我們如下的觀點：現代民主制度，更爲現

---

28 hic niger est：拉丁文，「這眞是一個黑色的靈魂」（賀拉斯，《諷刺詩集》，卷I，第4首，第85行）。——Pütz 版注

29 fin ... Fin-Gal：Fingal（芬戈爾）乃西元前三世紀愛爾蘭傳說中的英雄，他和他的兒子 Ossian（莪相）是南愛爾蘭及蘇格蘭地區神話傳說的中心人物。他是費安騎士團（Fian，一個跨部落的武士團體）的領袖。——Pütz 版注

30 菲爾紹夫：魯道夫・菲爾紹夫（Rudolf Virchow），一八二一—一九○二，德國細胞病理學家及近代人類學的創始人；在德國首先採用了量化方法對人種進行分類。——Pütz 版注

代的無政府主義，[31]尤其是歐洲所有的社會主義者[32]現在都一致偏好的那種最原始的社會形式「公社」，[33]這些難道不都基本上意味著一個無比震顫的**尾音**嗎？征服者和**主人**種族——

31 無政府主義：一種試圖廢除任何形式的（國家）統治與權力形式的學說。十九世紀個人無政府主義的代表人物爲 M. 施蒂納（Stirner，〔譯按〕一八〇六—一八五六，德國哲學家）和 P. J. 蒲魯東（Proudhon，〔譯按〕一八〇九—一八六五，法國社會主義者、作家），而 M. 巴枯寧（Bakunin，〔譯按〕一八一四—一八七六，俄國革命者、無政府主義者、馬克思的對手）則主張集體主義—共產主義的無政府主義，並且締造了無政府主義者的第一個聯合會，其宗旨是利用恐怖手段推動歐洲國家的顚覆。——Pütz 版注

32 歐洲所有的社會主義者：社會主義政治運動的支持者，該運動的起因是十九世紀工人的工業化與無產階級化，與自由主義—資本主義的理論相對，他們主張建立一個消滅階級的社會，並透過公有制與公有制經濟對社會進行有效組織。除了法國早期空想社會主義者（如聖西門、傅里葉等），以及無政府主義者（見前注）之外，眞正共產主義的創始人恩格斯與馬克思也屬於此列。（馬克思的《共產黨宣言》發表於一八四七年（〔譯按〕此處似乎有誤，該宣言應當是寫於一八四七年，而發表於一八四八年），《資本論》發表於一八六七年。）——Pütz 版注

33 公社（Commune）：建立於巴黎的社會主義的城市代表大會；在一八七一年起義之後，法國軍隊在德國占領軍的支持下將其鎭壓。——Pütz 版注

雅利安人，甚至在生理上也處於劣勢？）我相信拉丁文單詞 bonus[34] 可以解釋爲武士，前提是，我可以擁有充足的理由把 bonus 追溯到更古老的單詞 duonus（試比較 bellum[35] ＝ duellum ＝ duen-lum，在我看來，duonus 這個詞在這幾個詞中似乎得到了保留）。所以，bonus 就可以解釋爲挑撥離間、製造紛爭（duo）的人，也就是武士；現在人們看到了，在古羅馬是什麼形成了一個人的「好」。而我們德意志自己的「好」（Gut）呢？它的含義難道不就是「像神一樣的人」（den Göttlichen），或來自「神聖種族」的人（den Mann "göttlichen Geschlechts"）嗎？抑或是應當與哥特人（Gothen）[36] 的民族名稱（最初也是貴族的名稱）相吻合？此種猜測的理由在此不再贅述。

---

34 bonus：好的、有用的、勇敢的、富有的；早期拉丁語中寫作：duonus。——Pütz 版注

35 bellum：戰爭。由早期拉丁語 duellum 及更古老的形式 duen-elon（反對，敵對）發展而來。尼采在此處所做的關於「bonus」與「bellum」之間的語源學聯繫十分牽強。——Pütz 版注

36 「好」……「像神一樣的」……「哥特人」：此處的聯繫也比較牽強。「好」（Gut）一詞在古日爾曼語中表示「合適的」（passend），應當與「丈夫」（Gatte）一詞同源。——Pütz 版注

六

政治優越的觀念總是引起一種精神優越的觀念，這一規則暫時還沒有例外（雖然存在著出現例外的動因）。所以當**祭司階層**是社會最高等級時，他們就會喜歡一種能夠提醒別人其祭司職能的稱號來作為他們共同的名稱。例如，在這種情況下，「純潔」（rein）與「不純潔」（unrein）作為等級的標誌而第一次被對立起來；同樣在此基礎上，後來發展出了不再具有等級意義的「好」與「壞」的觀念。應當提醒人們的是，不要一開始就過於嚴肅、過於廣義、甚至過於象徵性地理解「純潔」與「不純潔」之類的概念。從最初來看，古人的一切概念都具有我們幾乎無法想像的粗糙、笨拙、淺薄、狹隘、直接，尤其需要注意的是，它們是**非象徵性的**。「純潔的人」最初只是指這樣的人，他洗臉洗澡，拒絕食用某些會導致皮膚疾病的食品，不和低等民族的骯髒婦女睡覺，厭惡流血。僅此而已，也僅此而已！而另一方面，就高度祭司化的貴族階層的整體本質而言，當然可以解釋清楚，為什麼恰恰是在人類的早期，價值對立能夠以一種危險的方式被內在化和尖銳化；事實上，正是這種價值對立最終在人與人之間製造了鴻溝，就連具有自由精神的阿喀琉斯[37]也不能毫無畏懼地逾越這

37 具有自由精神的阿喀琉斯（Achill der Freigeisterei）：阿喀琉斯，國王珀琉斯與海洋女神忒提斯之子，乃是特

些鴻溝。某些**不健康的東西**從一開始就存在於這些祭司貴族之中，存在於該階層普遍的習慣中，這些習慣使得他們遠離行動，部分人會冥思苦想，部分人則會表現爲情感爆發，其結果就是所有時代的祭司們幾乎都不可避免地患上了傳染性的腸道疾病和神經衰弱症；然而，他們自己又發明了什麼東西來醫治自身的疾病呢？人們不得不說，他們的醫治方法，其最終效果要比它理應治療的疾病還要危險百倍。至今整個人類都還在忍受這些祭司的愚蠢療法的後果！試想一下那些飲食療法（禁葷食）、齋戒、性生活節制、逃亡「進入荒漠」[38]（維爾·米切爾式的與世隔離，[39]當然這裡沒有相關的致肥療法和過度營養，雖然後者包含了最有效

洛伊戰爭中希臘人方面最偉大的英雄。在這裡，他被拔高到一種自由精神的化身，即透過自身理性的英雄舉動試圖擺脫權威與教條的束縛。但是只要他還相信眞理是顚撲不破的價値的話，尼采就不會把他眞正看做是自由的精神。——Pütz 版注

38 「進入荒漠」：尼采此前曾在《查拉圖斯特拉如是說》（「論三種變形」）中使用過該比喻：馱載著傳統的「駱駝」精神在荒漠中變形爲狂野的獅子，它否定迄今爲止的一切價值，同時爲進入創造新價値的孩子階段做準備。在這裡，禁欲的階段不應與獅子的階段相等同，因爲禁欲階段並不是要否定傳統的道德與形而上學，而是要進一步完善後者。——Pütz 版注

39 維爾·米切爾式的與世隔離：一種根據 S. 維爾·米切爾（Silas Weir Mitchell〔譯按〕一八二九－一九一四，美國醫生）命名的致肥療法（參其一八八四年在倫敦出版的《脂肪與血》（*Fat and Blood*）），要求病人長

的方法，能夠醫治禁欲理想中產生的一切癔病）。[40]此外，還有祭司們全部的形而上學，它們仇視感官，使人變得懶惰和狡詐；他們按照苦行僧[41]和婆羅門[42]的方式進行自我催眠，在這個意義上，梵與催眠時使用的玻璃鈕扣和固定念頭所起到的作用是一樣的，他們最終還會具有過於明顯的普遍的厭倦情緒，厭倦他們的猛藥療法，即**虛無**（或者說上帝——那種與上帝結成一種 unio mystica[43] 的需求也就是佛教徒所渴求的進入虛無狀態，即涅槃[44]。僅 [266]

期臥床，並在嚴格的監控下，大量地進食某些食物。——Pütz 版注

40 禁欲理想中產生的一切癔病：參見本書第三章。——Pütz 版注

41 苦行僧（Fakir，又譯爲法吉爾）：原本指伊斯蘭教的乞討者與苦行僧（Derwisch）；同時也指印度教中無家無業的禁欲苦行者。——Pütz 版注

42 婆羅門（Brahmanen）：雅利安人征服了印度河流域文明（或稱哈拉巴文化，約西元前一五〇〇年）後，爲維護統治而建立的種姓制度中的貴族後裔與社會上層。除了政治家、詩人和學者之外，該階層還有一部分人發揮祭司的職能。但是所有婆羅門理想的成長過程要經歷不同的層次，例如經典學習者、林中隱士，直到禁欲苦行者與托鉢僧，到此層次，他們將專注於一種對於「婆羅賀摩」（Brahman，即梵，一種所有世界賴以形成的終極原則）的神祕主義式的觀照。——Pütz 版注

43 unio mystica：拉丁文，即神祕主義式的融合爲一。——Pütz 版注

44 涅槃：梵文，按照佛教的學說，個體及其自私的生命意志都將在其潛在的生命根本中得到解脫，由於我們的

此而已！）[45]在祭司們那裡，一切都變得更危險了，不僅是醫療方法和治療技巧，而且還有高傲、復仇、機敏、放蕩、愛情、統治欲、美德、疾病；這裡還有必要加以補充的是：人的、或祭司們的這種存在方式**本質上是非常危險的**，但正是在這一危險的存在方式的基礎上，人才眞正成爲一種**有趣的動物**，而人的靈魂也正是在這裡獲得了更高意義上的**深度**，並且變得**邪惡**，這正是迄今爲止人優越於其他動物的兩個基本表現形式！

七

人們或許已然猜出，祭司的價值方式是多麼輕易地脫離了騎士－貴族的價值方式，然後繼續向其對立面發展；尤其是每當祭司階層與武士階層互相嫉妒、不願妥協的時候，都是引起這種趨向的動因。騎士－貴族的價值判斷有其前提，這就是強壯有力的體魄，勃發的、富餘的、滿溢而出的健康，以及以保持體魄健康爲條件的戰爭、冒險、狩獵、舞蹈、競賽，還有所有包含強壯、自由與樂觀的行爲。而正如我們業已看到的那樣，祭司－高貴者的價值方

認識能力不足，我們只能將此生命根本消極地稱爲與所有塵世存在相對立的「虛無」。——Pütz 版注

45 過於明顯的普遍的厭倦情緒……僅此而已！：供初版用的手寫付印稿上原本寫作：「普遍的厭倦情緒與對某種 unio mystica 的需求——不管是對上帝，還是對虛無——這是一種需求。」——KSA 版注

式有著與此不同的前提：有關戰爭的一切東西對他們來說都糟糕透了！眾所周知，祭司們是**最邪惡的敵人**，爲什麼這樣說？因爲他們是最虛弱無能的。由於虛弱無能，他們所滋生的仇恨既暴烈又可怕，而且最富有才智，也最爲陰險歹毒。世界史上所有偉大的仇恨者都是祭司，而且是最具聰明機智的仇恨者，與祭司的復仇智慧相比，所有其他的聰明才智都不值一哂。假如沒有這些無能者提供的智慧進入歷史，那整個人類歷史就是一個蠢物，我們馬上就會舉出最大的例子。塵世中所有反對「高貴者」、「強權者」、「主人」、「掌權者」的行動都無法與猶太人在這方面的所作所爲相提並論；猶太人，那個祭司化的民族，[46]善於僅僅透過徹底改變他們的敵人和專制者的價值觀，也就是透過一個**最精神性的復仇行動**，而使他們向自己賠禮道歉。僅此一點，就與一個祭司化的民族相吻合，與一個將祭司化的復仇欲望潛藏最深的民族相符合。猶太人曾是這樣的一個民族，他們以一種令人恐懼的邏輯性，勇敢地改變了貴族的價值方程式（善＝高貴的＝強有力的＝美麗的＝幸福的＝受神寵愛的），並且懷著最深的仇恨（虛弱無能的仇恨），用牙齒將這一改變緊緊咬住：「唯有困苦者才是善人；唯有窮人、虛弱無能的人、下等人才是善人；唯有忍受折磨的人、遭受貧困的人、

[267]

46 猶太人，那個祭司化的民族：尼采的意思也許是說，作爲最受壓迫者，同時也是掌權者們的反對者，猶太人只能成爲祭司。——Pütz 版注

病人、醜陋的人，才是唯一虔誠的人，唯一篤信上帝的人，唯有他們才配享受天堂裡的至樂。你們卻相反，你們這些高貴者和強力者，你們永遠都是惡人、殘忍的人、淫蕩的人、貪婪的人、不信上帝的人，你們將永遠遭受不幸，受到詛咒，並將罰入地獄！」人們都知道，是**誰繼**承了猶太人這種顛覆的價值觀。[47]這是猶太人提出的最具根本意義的戰爭宣言，其中所包含的巨大的，也特別具有災難性後果的主動精神會讓我回憶起我在另外一個場合所講過的話（《善惡的彼岸》第一一八頁）[48]，即猶太人是**道德上的奴隸起義**的始作俑者：那場兩千年前的起義今天之所以淡出了我們的視線，僅僅因爲它成功了。

八

然而你們沒有聽懂嗎？你們沒有注意到某個需要兩千年的歲月才能取得成功的東西？這是不足爲怪的。一切長期的事物都很難受人注意，也很難被觀察與縱覽。但是，**這件事**卻是個大事件：從復仇和仇恨的樹幹中、從這株猶太式仇恨的樹幹中——這是一種最深刻和最精

47 人們都知道，是誰繼承了猶太人這種顛覆的價值觀：指耶穌與基督教；參見本章第八節。——Pütz 版注

48 參見《善惡的彼岸》格言一九五。——KSA 版注

細的仇恨，因爲它能創造理想、改變價值，地球上從未有過與之類似的東西，生長出一種同樣不可比擬的東西，那就是一種**新型的愛**，它是所有愛的方式中最深刻和最精細的。難道從其他哪種樹幹中能夠生長出這樣的愛嗎？但是，人們切不要錯誤地以爲，這種愛的勃發是對報仇的渴望的眞正否定，是猶太式仇恨的反面！不，眞相正與之相反！這種愛生發於仇恨的樹幹，是這棵樹的樹冠，是勝利的、在最純淨的明媚與陽光下逐漸展開的樹冠，而在陽光和高度的王國中，樹冠以迫切的欲望追逐著上述仇恨的目標、勝利、戰利品和其他誘惑，而仇恨的樹根也以同樣的迫切欲望在一切具有深度並且邪惡的事物中愈陷愈深、愈來愈貪婪。拿撒勒的耶穌，人格化的愛之福音，這位爲窮人、病人、罪人帶來極樂和勝利的「救世主」，他難道不正是最爲神祕可怕且最難抗拒的一種誘惑形式嗎？這條誘惑而曲折的道路通往的不正是**猶太人的**價值，以及理想的革新嗎？以色列不正是透過這位「救世主」，這個以色列表面上的敵人和終結者，所指引的曲折道路才達到了他們那精細的復仇欲望的最終目標的嗎？以色列不得不親自在全世界面前把他復仇的眞正工具像死敵一樣予以否認，並且將其釘在十字架上，以便「全世界」，即以色列的所有敵人，能夠不加考慮地吞下這個誘餌，這難道不算是眞正**偉大的**復仇政治中隱祕陰險的策略嗎？這難道不是一種具有遠見、祕密隱蔽、緩慢進行、提前謀劃的復仇嗎？就算用盡其才智中所有的陰險詭詐，人們難道還能設想出比這**更爲危險的**誘餌嗎？難道有什麼東西能夠在使人上當、入迷、麻醉和墮落的力量上可以與那個「神聖的十字架」的象徵相抗衡，可以與「十字架上的神」這個令人恐怖的悖論相彷彿，可以與上帝**爲了拯救人類**而選擇將自己釘在十字架上那種極端的、超乎想像的殘忍所代表的神祕性相提並論？至少有一點是肯定的，以色列「sub hoc signo」[49]用它的復仇和改變所有價值的方式一再戰勝了迄今爲止的其他一切理想，一切**更高貴的**理想。

九

「您還在奢談什麼**更高貴的**理想！讓我們順應這個事實吧！這個民族取得了勝利——或者叫『奴隸』，或者叫『群氓』，或者叫『民眾』，或者隨您怎麼稱呼他們，反正猶太人做到了這一步，那就這樣吧！從未有哪個民族擁有比這個更具世界歷史意義的使命。『主人』被打敗了；卑賤者的道德取得了勝利。有人或許會把這一勝利看作一種血液中毒（該勝利將各個種族混合在了一起），對此，我並不反對；毫無疑問，人類**業已**中毒了。『拯救』人類（即拯救『主人』）的目的正在順利進行；一切都明顯地被猶太化，或者基督化，或者群氓

49 sub hoc signo：拉丁文，即在這個標記之下。這是對傳說中君士坦丁大帝在米爾維安大橋戰役前看到的十字架標誌旁邊的銘文 In hoc signo vinces（在這個標記之內，你將大獲全勝）的貶義性處理。在這裡，尼采故意將拉丁文的介詞 in（在……之內）替換成另外一個介詞 sub（在……之下），這樣十字架就不再僅僅是戰勝別人的武器，同時也成了自我壓迫的象徵。——Pütz 版注

化了（用什麼詞語稱呼又有什麼關係呢！）。這種毒害人類全身肌體的過程似乎不可遏制，從現在起，其速度和步驟甚至可以愈來愈緩慢、愈來愈精緻、愈來愈不易察覺和愈來愈審慎周到——反正有的是時間。從這個意圖來看，今天的教會是否還有什麼**必要的**任務，或者說還有什麼存在下去的權利嗎？或者人們是否可以捨棄教會？這是必然會有的疑問。教會似乎是在阻止和遏制這個毒害的過程，而不是加速它的蔓延？現在看來，這也許就是教會的可用之處。可以肯定的是，教會實在是有點粗俗和土氣，這與一種更爲文雅的智慧和眞正現代的口味是格格不入的。難道教會至少不應該稍微精細一點嗎？教會今天疏遠的人多於它所誘惑的人……假如沒有教會，我們當中有誰能成爲自由的精神？[50]是教會使我們反感，而**不是**它的毒素；除了教會以外，我們也是很熱愛這種毒素的。」這是一個具有「自由精神」的人針對我的講話所做的結束語，正如裡面所充分顯露的那樣，他是一個誠實的動物，而且是一個民主主義者；他一直在傾聽我的演講，並且不能忍受我的沉默。對我而言，在這個問題上有很多需要保持沉默的東西。

50　自由的精神：參見之前的註腳37「具有自由精神的阿喀琉斯」。——Pütz 版注

十

道德上的奴隸起義開始於[51]**怨恨**[52]本身變得富有創造性，並且產生價值的時候。這種怨恨來自於這樣的人物，他們無法用行動做出眞正的反應，而只會透過幻想中的復仇獲得補償。一切高尚的道德均來自於一種勝利般的自我肯定，而奴隸道德從一開始就對「外在」、「他者」、「非我」加以否認；**這種**否定就是奴隸道德的創造性行動。這種顚倒的價值目標的設定，其方向必然是向外，而不是反過來指向自己，恰恰屬於這種怨恨。奴隸道德的形成首先總是需要一個對立的外部世界，從生理學上來說，它需要外部的刺激才能有所行動，他的行動根本上就是一種反應。而高貴的價值方式正好與此相反：它的行動和成長都是自發的，它尋求其對立面，僅僅是爲了用更加感激與更加讚頌的方式來對自我加以肯定，它的否定概念，如「下等的」、「卑賤的」、「壞的」等，與它本身肯定性的基本概念相比較而

51 道德上的奴隸起義開始於……：柏拉圖曾在其對話《高爾吉亞》中就自然與法律或傳統習俗之間的關係問題對古希臘社會的發展做了一個非常有趣的反思。在對話中，卡利克勒斯（Kallikles）試圖用財富與力量來解釋貴族特權，而蘇格拉底則試圖透過準民主式的理念來代替貴族特權：希望透過民眾的強大用理智替代貴族，用自控替代勇猛，用審愼替代本能衝動（488b-493d）。——Pütz 版注

52 怨恨（Ressentiment）：參見 Pütz 版編者說明第二部分「圍繞善與惡的鬥爭」。——Pütz 版注

言，只是後來形成的、蒼白的對照圖像，它那肯定性的基本概念裡完完全全充滿了生命和激情：「我們是高貴者、我們是好人、我們是俊美的、我們是幸福的！」假如高貴的價值方式有過錯，強暴現實，那麼，上述情況應當是發生在它尚未充分瞭解的領域，甚至可以說，它出於矜持與自我保護而拒絕對該領域進行眞正的認識；在它所輕視的領域，也就是卑賤者和下等民族的領域，它也許會做出錯誤的判斷；而另外一方面，人們應當仔細權衡，不管怎樣，這種蔑視的、驕傲的、優越的情緒，雖然我們設定它僞造了蔑視的圖景，也遠遠無法與虛弱無能者帶著壓抑的仇恨向其對手（當然是 in effigie[53]）進行報復的那種虛僞相比。事實上，在這種蔑視中存在著太多疏忽和輕率，並且夾雜著太多罔顧和急躁，甚至還有太多與生俱來的樂觀情緒，以至於他們無法將其對象變成眞正的諷刺畫和醜陋危險的怪物。例如，人們總是可以聽到希臘貴族在所有言語中所加進的那些近乎善意友好的口吻和語氣，他們藉此拉開與下等民族的距離；類似憐憫、關懷、寬容之類的情緒始終攪和在一起，而且還包裹上了糖衣，以至於到了最後，幾乎所有適用於卑賤者的詞彙最終只剩下「不幸的」、

53 in effigie：拉丁文，某人的模擬像之意。此處指的是，無法毀滅對手，而只能毀滅其模擬像來加以代替，這就是弱者的復仇。—— Pütz 版注

「可憐的」一類的表達（試比較δειλός、[54]δείλαιος、[55]πονηρός、[56]μοχθηρός，[57]後面兩個詞的本意是把卑賤者表達爲勞動奴隸和馱載牲畜）另一方面，「壞的」、「下等的」、「不幸的」等詞彙也從未停止過，用一種以「不幸的」爲主導的音色，最後在希臘人的耳朵裡匯成統一的調門，這是古老的、更加高尚的貴族價值方式的遺產，即使在蔑視對方時也不會否認這一點（古典語文學家們可以注意一下，οἰζυρός、[58]ἄνολβος、[59]τλήμων、[60]δυστυχεῖν、[61]ξυμφορά[62]等詞是在什麼含義的情況下被使用。）；而「出身高貴者」對自己的**感覺**就是「幸福的人」，他們不會先去觀察自己的敵人，而後人爲地構造自己的幸福，或者在某些情況下說服，甚至

54 δειλός：參見本章第五節相關註腳。——Pütz 版注

55 δείλαιος：古希臘文。困苦的、不幸的、可憐的。——Pütz 版注

56 πονηρός：古希臘文。勞作與疲累的、無用的、體格差的、道德壞的。——Pütz 版注

57 μοχθηρός：古希臘文。費力的、無用的、困苦的、不幸的。——Pütz 版注

58 οἰζυρός：古希臘文。因勞累、貧乏和不幸而痛苦的。——Pütz 版注

59 ἄνολβος：古希臘文。無天賦的、不幸的。——Pütz 版注

60 τλήμων：古希臘文。堅忍的、有忍耐力的、堅定的、有活力的、粗魯的、善於忍耐的、困苦的。

61 δυστυχεῖν：古希臘文。倒楣的（失敗，失戀）、不幸的。——Pütz 版注

62 ξυμφορά：古希臘文。事件、偶然、幸運、不幸。——Pütz 版注

騙取別人相信自己幸福（所有懷有怨恨的人都習慣於這樣做）；他們同樣知道，他們作爲充滿過多力量的人就**必然是**積極的人，他們不會把行動與幸福相分離，在他們那裡，行動必定會帶來幸福（*εὖ πράττειν*[63]一詞的起源正是出於此）；至於那些虛弱無能的人、壓抑的人以及感染了有毒情感和仇視情感的人，所有這些都與他們那個層次的「幸福」截然相反，在後者那裡，幸福在本質上只能**被動**地出現，即表現爲麻醉、沉迷、安寧、和睦、「猶太教安息日」、[64]頤養性情和舒展四肢。高貴的人生活得眞誠而且坦然（*γενναῖος*，[65]即「貴族出身」一詞，側重於「眞誠正直」的細微含義，而且也很有可能同時側重於「天眞」的含義）；而懷有怨恨的人既不眞誠也不天眞，甚至對自己也不誠實和直率。他的靈魂喜歡**偷窺**；他的精神喜歡暗角、幽徑和後門，所有晦暗的事情都引起他的興趣，讓他認爲那是屬於**他自己的**世界，**他**很安全，讓**他**提神醒腦；他擅長沉默、記恨和等待，善於暫時地卑躬屈膝、忍辱負重。這樣懷有怨恨的種族最終必然比其他高貴的種族**更聰明**，而且它還以完全不同的程度尊

---

63 *εὖ πράττειν*：古希臘文。行爲和善端正、身心感覺良好。——Pütz 版注

64 猶太教安息日（Sabbat）：猶太教徒恪守的休息日，時間爲週五晚上至週六晚上，會進行一定的儀式。——譯注

65 *γενναῖος*：古希臘文。貴族的、眞的、高貴的、勇敢的、強力的、猛烈的、正派的、好樣的、能幹的、眞實的、正直的。——Pütz 版注

崇聰明，即把聰明看作首要的生存條件；而對高貴的人來說，聰明不過是他們在品嘗奢侈和高雅時本身就輕易獲得的一種比較細膩的怪味而已。聰明在這裡早已不那麼至關重要了，它既不像那種調節性的**無意識**本能，能夠提供完美的功能性保護，甚至也不如某種非聰明，也就是無論面對危險，還是面對敵人時都勇猛直前，而且比不上那些憤怒、愛情、敬畏、感激、報復等狂熱的情感爆發，所有時代那些高貴的靈魂都曾在情感爆發問題上重新認識了自己。如果高貴的人心理也出現了怨恨，那麼這怨恨也會立刻透過某個反應而得到發洩並且耗盡，所以他不會**中**怨恨的**毒**；而在另一方面，如果說在不計其數的情況下，怨恨對於所有弱者和無能者來說是不可避免的話，那麼在高貴的人身上卻壓根不會出現。高貴的人甚至不會長時間地對敵人、對不幸、對**不當行爲**耿耿於懷——這是天性強大和充實的標誌，這種天性裡包含著豐富的塑造力、複製力、治癒力，還有讓人忘卻的力量（這方面的一個很好的例子，就是現代世界的米拉博，[66]他記不住別人對他的侮辱和誹謗，所以也不存在原諒別人的問題，因爲他已經忘記了）。這樣的人身軀一震就可以抖掉身上無數的蛆蟲，而在別人那裡，這些蛆蟲卻會鑽進他們的身體。可以斷定的是，只有這裡，在地球上只有這裡，才可

---

66 米拉博：加布里埃爾·米拉博伯爵（Gabriel Graf von Mirabeau），一七四九—一七九一，法國政治家和作家。一七九一年法國國民議會主席，主張保持君主制度條件下的自由改革。——Pütz 版注

能存在眞正的所謂「**愛**仇敵」。[67]一個高貴的人會對他的敵人抱有如此多的敬畏呀！這樣的敬畏就是通往愛的一座橋梁。他是爲了自己的緣故而需要敵人，他把這種需求當做是對他的獎賞；他只能容忍這樣的敵人，即身上沒有任何需要蔑視的地方，而且**値得備受**尊敬的敵人！[68]但與之相反，人們還是像懷有怨恨的人一樣，構想出來了自己的敵人——這就是他們的行爲、他們的創造；他設想出了「邪惡的敵人」，即「**惡人**」，並且把這當作基本概念，還以此爲出發點，他又設想出了該概念的心理遺存（Nachbild）兼對立面，即「善人」——那個人就是他自己！

[274]

十一

高貴者的情況與此正好相反，他預先自發地從自身出發構想出「好」這一基本概念，然

---

67 眞正的「愛仇敵」：這是貴族或同樣強大的人之間的「愛」，不同於對弱者的「愛」（即同情），也不同於弱者對強者的「愛」。這是尼采對《馬太福音》第五章第四十三—四十四節「要愛你們的仇敵」一語的新解釋。——Pütz 版注

68 他是爲了自己的緣故……備受尊敬的敵人！：參見《查拉圖斯特拉如是說》第一卷中的章節「論戰爭和戰士」。——KSA 版注

後才由此引申出一個關於「壞」的想像！這個起源於高貴的「壞」和那種來自於專門炮製無限仇恨的大鍋的「惡」；前者只是一種模仿，是附帶產生的東西，是一種補充色調，而後者卻與此相反，它是本源、是起點、是奴隸道德構想中眞正的行動——「壞」與「惡」這兩個表面上都是同一個概念「好」的反義詞，但它們是多麼不同啊！然而，事實上並不存在同一個「好」的概念；人們更多地需要捫心自問，**誰**才是「邪惡」的，這裡說的是怨恨道德意義上的「惡」。最嚴格的回答是：就是另外一種道德意義上的那些「好人」、高貴的人、有權勢的人、統治者，只不過他們被怨恨的有毒眼睛改變了顏色、改變了含義、改變了外形。我們在這裡至少要否認一點：誰把那些「好人」只看作敵人，誰也就只會結識**邪惡的敵人**。同樣是這些人，他們一方面受到風俗、信仰、習慣、感激情緒的限制，同時也更多地受到彼此之間的互相監視與嫉妒的嚴格限制；另一方面，他們在相互關係方面又表現出極大的相互體諒、自我克制、體貼、忠誠、自豪和友情，而一旦他們來到外面的世界，開始接觸陌生的事物與陌生的環境時，他們不比脫籠的野獸好多少。他們在那裡享受擺脫了一切社會禁錮的自由，在野蠻狀態中緩解自己因長期生活在和睦團體的封閉與禁錮中而形成的緊張心理，他們**恢復**了野獸的無辜心態，變成了幸災樂禍的怪物，在犯下了一系列駭人聽聞的凶殺、縱火、強姦、暴力之後，他們或許還會得意洋洋、心安理得地揚長而去，彷彿只是完成了一場大學生式的惡作劇而已，甚至還相信，在很長時間之內，詩人們也會因爲他們的作爲而又有了值得吟唱和讚頌的素材。所有這些高貴的種族，他們的本性全都無異於野獸，無異於非凡的、貪婪地渴求戰利品與勝利的**金髮野獸**[69][70]。這一隱藏的本性需要時不時地發洩出來，野獸必須掙脫束縛，必須重歸荒野。羅馬的貴族、阿拉伯的貴族、日爾曼的貴族、日本的貴族，《荷馬史詩》中的英雄、斯堪的納維亞的維京人[71]，他們這方面的需求完全一樣。高貴的種族在所有他們去過的地方都留下了「野蠻人」[72]的概念；而從他們最高等的文化中還顯

69　金髮野獸：供初版用的手寫付印稿中沒有「無異於」的字樣，而是「就是」；同時參德特勒夫．布倫內克的論文《金髮野獸。論對一個關鍵字的誤解》（*Die blonde Bestie. Vom Mißverständnis eines Schlagwortes*），發表於《尼采研究》（*Nietzsche Studien*）一九七六年第五期，第一一三—一四五頁。——KSA 版注

70　金髮野獸（blonde Bestie）：一個具有啓發性的情況是，尼采在「野獸」問題上的思路與柏拉圖的《王制》（*Politeia*）頗爲相近，尼采在本書第三章第十八節還會提到這本書。那些出色的護衛者受過戰爭、自然淘汰與教育的洗禮，他們被用來與好的警犬相比較（《王制》，375 b/c）。——另請參考 Pütz 版編者說明第二部分「圍繞善與惡的鬥爭」。——Pütz 版注

71　維京人：屬於北日爾曼的諾曼人，在八—十一世紀，主要從丹麥向歐洲其他海岸挺進的航海者、征服者與國家建立者。——Pütz 版注

72　野蠻人（Barbar）：在古希臘以及後來的古羅馬文化中，用來指稱那些說外語的人以及來自陌生文化的人；一般也指未受過教育和粗野的人。——Pütz 版注

露出他們對此具有明確的意識，甚至是自豪（譬如，伯利克勒斯[73]在那篇著名的葬禮演說中對他的雅典人民說：「我們的冒險精神衝進了每個海洋和每個陸地，我們在各地都以好的**和壞的**方式建立起了不朽的豐碑」）。高貴種族的「冒險精神」表現得瘋狂、荒謬、突然，他們的行動甚至不可捉摸、令人難以置信——伯利克勒斯[74]尤其讚揚雅典人的ῥᾳθυμία[75]——他們對安全、肉體、生命和舒適表現得淡然和輕蔑，對一切破壞行爲、對勝利和殘忍帶來的所有快感都表現出令人吃驚的興致和發自內心的喜好，所有這一切都使其受害人將他們勾勒爲「野蠻人」、「邪惡的敵人」的形象，類似於「哥特人」[76]加「汪達爾人」。[77]德國人上臺

---

73 伯利克勒斯（Perikles）：雅典政治家（約西元前五〇〇—四二九年）。按照修昔底德的說法，其統治名義上是民主制，而實際上是第一執政。此處所引的葬禮演講也同樣出自修昔底德（《伯羅奔尼撒戰爭史》第二卷第四章）。——Pütz 版注

74 參見修昔底德《伯羅奔撒戰爭史》第二卷第四章。——KSA 版注

75 ῥᾳθυμία：古希臘文。草率、漫不經心。——Pütz 版注

76 哥特人：日爾曼部落。西元前後定居於維斯瓦河口（〔譯按〕今波蘭境內）。匈奴人入侵之後被迫向東南遷移。後分裂爲東哥特與西哥特人兩部分，均先後占領過羅馬帝國。——Pütz 版注

77 汪達爾人：來自西里西亞和西波蘭的東日爾曼部落。從西元四〇〇年開始，向安達盧西亞地區（〔譯按〕今西班牙境內）遷移，四二八年被西哥特人趕到了北非，他們在那裡建立了一個國家，後於五三三—五三四年

伊始就引起了別人深刻且冷酷的猜忌，現在又重新出現了[78]——幾百年來，歐洲人都懷著恐懼旁觀著金髮的日爾曼野獸[79]的大肆破壞，這恐懼一直未曾消散，而他們的猜忌一直都還是這恐懼的餘聲與迴響。（儘管在古老的日爾曼人和我們德國人之間，幾乎不存在概念上的聯繫，更遑論他們之間血緣上的聯繫了。）我之前曾指出過赫西俄德[80]的窘境，[81]他思考了文化時代的序列問題，並試圖將這些時代冠以黃金、白銀、黑鐵等名稱。荷馬筆下的世界帶給他很大的矛盾，一方面是光輝燦爛，另一方面卻是陰森恐怖、暴行肆虐，而他解決這矛盾的手段無非是把同一個時代一分爲二，而後按照先後次序加以排列，是攻打特洛伊和忒拜

被拜占庭帝國摧毀。四五五年，汪達爾人曾將羅馬洗劫一空。——Pütz 版注

78 現在又重新出現了：指的是一八七〇—一八七一年普法戰爭中德國的勝利以及德意志第二帝國的建立。——Pütz 版注

79 金髮的日爾曼野獸：供初版用的手寫付印稿中後面沒有「大肆破壞」一詞。——KSA 版注

80 赫西俄德：約西元前七〇〇年左右的古希臘詩人；著有《神譜》，描寫了諸神的譜系與世界的誕生，被認爲是除荷馬之外的古希臘神話世界的另一個創造者。——Pütz 版注

81 我之前……窘境：參見尼采的《朝霞》格言一八九「大政治」。另請參考赫西俄德《勞作與時日》詩行一四三—一七三。——KSA 版注

的英雄與半神的時代，[82]它埋藏在貴族們的記憶之中，他們的祖先就生活在那個時代；然後就是黑鐵時代，同樣的世界對於那些被踐踏者、被掠奪者、被虐待者、被奴役者和被販賣者的後代而言則是另外一番景象：那是一個黑鐵時代，如前所述，艱難、冷酷、殘忍、感情與良知泯滅，一切都被摧毀且沾滿血汙。假設現在那些始終被當作「眞理」而被相信的東西果如其然，**假設所有文明的意義**就在於，把「人」這個野獸馴化成溫順的、有教養的動物，即一種**家畜**的話，那麼，人們就必須毫不遲疑地把所有這些反應本能和怨恨本能看作**文明眞正的工具**，正是在它們的幫助下，貴族及其理念才最終遭受恥辱並被征服；當然，這並不意味著，這種工具的擁有者同時也體現了文明本身。更確切地說，事實可能恰恰相反。不！相反的事實如今已經**顯而易見**！這些具有壓迫和報復本能的人，這些歐洲和非歐洲的奴隸的後代，尤其是所有在雅利安人之前的居民的後代，他們都體現了人類的**倒退**！這種「文明的工具」是人類的恥辱，更是針對「文明」的一種懷疑和反駁！如果人們懼怕所有高貴種族內心深處的金髮野獸，[83]並且加以防備，那是完全有理由的；但是，如果人們同時也能看到，不

82 攻打特洛伊和忒拜的英雄與半神：這裡指的是特洛伊戰爭中的那些著名的戰士，例如阿喀琉斯、奧德修斯、赫克托耳等。而忒拜（Theben）則是俄狄浦斯神話中的一座城市，古希臘戲劇家如埃斯庫羅斯和索福克勒斯等均曾以此爲題材進行創作。——Pütz 版注

83 金髮野獸：供初版用的手寫付印稿中前面沒有「所有高貴種族內心深處」一語。——KSA 版注

懼怕則意味著再也無法避免看到一片失敗者、卑躬屈膝者、萎靡頹廢者、中毒者那令人噁心的景象的話，那麼，誰不願意千方百計地選擇懼怕呢？難道這不正是**我們的**厄運嗎？今天，是什麼造成了我們對「人」的反感？因爲我們以人爲**患**，而這是毋庸置疑的。並**不是**恐懼讓我們反感；而是因爲我們在人那裡絲毫沒有可以感到懼怕的東西；蛆蟲一樣的「人」獲得了顯著的地位，並且蜂擁而來；「溫馴的人」、不可救藥的中庸者和令人討厭的傢伙，他們已經學會了把自己當成目的和首腦，當作歷史的意義，當作「上等人」；他們這種感覺也有一定的道理，只要他們感到自己與那一大群失敗者、病人、疲倦者、苟活者（現在的歐洲已經開始散發他們的臭氣）存在著差別，所以他們感覺自己至少還是比較可取的，至少是具有生活能力的，至少是肯定生活的。

十二

在這裡，我並不準備壓抑我的歎息和最後的信心。究竟是什麼東西讓我根本無法忍受？那個我無法獨自應付的、令我窒息和煎熬的東西？是汙濁的空氣，正是汙濁的空氣！某種失敗的東西正在接近我；我不得不去聞嗅一個失敗的靈魂那腐敗的內臟！除此以外，人們還有什麼不能忍受的呢？苦難、貧困、惡劣的天氣、久病不癒、艱辛、孤寂？一般而言，人是能夠對付其餘一切困難的，人生來就是一種黑暗的、充滿爭鬥的存在；人總是不斷地接觸到光

[278]

亮，不斷地經歷那勝利的金色時光，然後就停留在那裡，彷彿生來就堅不可摧，期待著，隨時準備迎接新的、更困難的、很遙遠的戰鬥，就像一張弓，任何困苦都只會讓它繃得更緊。假設在善與惡的彼岸，[84]眞的有上天的賜福者存在，那就讓我不時得到些恩惠，讓我可以看上一眼，看到一些完美的、圓滿的、幸福的、強大的、勝利的，卻又能引起恐懼和敬畏的東西！讓我可以看到爲人類辯護的人，看到可以讓人類得到完滿和救贖的機遇，正是因爲這個機遇的存在，人們還可以堅持**對人類的信心**！[85]因爲現實的情況卻是，歐洲人的渺小化和中庸化正掩蓋著我們最大的危機，因爲終日看著這樣的歐洲人眞的使人厭倦。我們現在看不到任何試圖變得偉大的東西；我們有預感，這種情況還會下滑、不斷下滑，人們將變得更瘦削、更和善、更聰明、更愉快、更中庸、更麻木，更中國化、更基督教化。毋庸置疑，人們會愈來愈「好」，這正是歐洲的劫難——在我們結束了對人的恐懼的同時，我們也失去了對人的愛、對人的敬畏、對人的期待，我們對人不再抱有任何意圖。從此之後，看到人只會厭倦。如果這還不是今天的虛無主義，那還有什麼是呢？我們對人感到厭倦……

---

84 在善與惡的彼岸：參見本章第一個 Pütz 版注。——Pütz 版注

85 信心：供初版用的手寫付印稿上其後被刪去一句話：「對未來的意志」。——KSA 版注

十三

我們還是言歸正傳，「善」的**另外一個**起源的問題，即懷有怨恨的人如何設想出「善」的起源問題，該問題需要有一個結論。羔羊怨恨大的猛禽，這並不奇怪，只不過，怪罪大的猛禽不該捕食小的羔羊，卻是沒有道理的。[86]如果羔羊們私下說：「這些猛禽是邪惡的；如果有人盡可能不去充當猛禽，而是更多地成爲與其對立的羔羊，這樣的人難道不是更好嗎？」那麼，對這一理想的建立確實沒有任何可以指摘之處，儘管猛禽會對此投來譏諷的眼光，或許還會自言自語道：「我們絲毫不怨恨這些善良的羔羊，我們甚至愛他們；沒有什麼能比一隻細嫩的羔羊更可口了。」要求強者不要表現爲強者，要求他們**沒有**征服欲望、戰勝欲望、統治欲望，**不**渴求敵人、反抗和勝利，這就如同要求弱者表現爲強者一樣的荒謬。一定量的力就意味著同等量的欲求、意志和作爲，更確切地說，力無非就是這些欲求、意志和作爲本身而已；只是在語言（以及蘊藏於語言之中的、僵化的、根本性的理性錯誤）的錯誤誘導下，即語言把所有作爲都理解和誤解爲受到一個有所作爲的事物、一個主體

[279]

86 羔羊怨恨大的猛禽……卻是沒有道理的：參《查拉圖斯特拉如是說》第四卷「憂鬱之歌」第三節；另請參考尼采《狄俄尼索斯頌歌》中的「只是個瘋子！只是個詩人！」。——KSA 版注

（Subjekt）[87]的制約時，力才會具有其他表現形式。這就像民眾把閃電和閃電的光亮分開，並把後者當作某個名叫閃電的 Subjekt 的**行動**和作爲一樣，民眾道德也把強大與其表現形式分離開來，就好像在強者後面還有一個中立的基礎，而強大是否表現出來**完全由**這個基礎來決定。然而，並不存在這樣的基礎；在行動、作爲、過程的背後並沒有任何「存在」；給行動附加一個「行動者」純粹是臆造出來的——行動就是一切。民眾讓閃電閃光，這從根本上而言是重複的行動，是一個行動—行動：這是把同一個事件先設定爲原因，而後再把它設定爲結果。自然研究者也不比一般民眾好多少，他們說「力在運動中，力是原因」及類似的話——我們全部的科學，雖然非常冷靜，沒有情緒的干擾，卻仍然受到語言的誤導，沒有擺脫掉強加在它們身上的那個怪胎，即 Subjekte（例如，原子[88]就是這樣的一個怪胎，類似的還有康德的「物自體」[89]）。不足爲怪，那些被壓抑的、陰暗中閃爍著報復和仇恨火花的情

---

87 Subjekt：德語，語法上指的是由謂語進行補充的句子成分，即主語；認識論所指的是認識的根本或基礎，即認識主體；在實踐意義上指的是一個行爲的發出者。——Pütz 版注

88 原子：所有物質賴以構成的最小的不可分割的單位。在古希臘時期，最初發展出來的是一種唯物主義原子說，其主要代表爲德謨克利特與伊比鳩魯。近代自然科學則沿用了這一模式，而萊布尼茨將它應用在描寫主體結構方面（單子說）。——Pütz 版注

89 康德的「物自體」：來自於康德哲學理論的主要著作《純粹理性批判》的術語，康德將物體設定爲完全獨立

緒充分利用了這一信念，甚至在心底裡異常熱烈地堅持這個信念，即**讓強者自由選擇**變爲弱者，讓猛禽自由選擇成爲羔羊。這樣，他們就贏得了**把自己算作**猛禽、讓自己成爲猛禽的權利，被壓迫者、被踐踏者、被強姦者出於無能者的復仇陰謀的考慮而私下說：「讓我們不同於惡人，讓我們成爲善人！善人就是所有不施暴強姦的人、不傷害他人的人、不攻擊別人、不報復別人、而把復仇的事交給上帝決定的人，他們就像我們隱藏自己，避開一切邪惡，不貪圖享受，像我們一樣忍耐、謙恭和正直。」如果冷靜而不帶先入之見地仔細傾聽這樣的話語，這段話實際上無非是說：「我們弱者確實是軟弱；只要我們不做任何能夠暴露出**我們在這個方面還不夠強大**的事，這就是善。」但是，這一糟糕的事實，這種就連昆蟲都有的低級智慧（昆蟲在遇到大的危險時就可能會裝死，以免行動「過多」），卻透過無能的作僞和自欺，給自己披上了道德的華麗外衣，忍讓著、平靜著、靜候著，就好像弱者的軟弱本身——這就是他的**本質**、他的作爲、他的全部的、唯一的、必然的、不可代替的眞實性，就是一種自發的功能，是某種自我要求的、自我選擇的東西，是一種**行動**、一種**功績**。這種人從一種自我保持、自我肯定的本能出發，習慣於將一切謊言神聖化，他們就**必然**相信那個中

於主體的認識條件（即作爲人的直觀形式的空間與時間以及知性的範疇），所以是不可認識的。與之相反的是那些面對我們的認識開放的物體。——Pütz 版注

立的、供自由選擇的 Subjekt 的存在。而這個 Subjekt（或者我們通俗地稱它爲**靈魂**）或許因此是地球上迄今爲止最好的信條，因爲它是絕大多數終有一死的人、所有類型的弱者和被壓迫者都能夠相信的那種精心編造的自我欺騙，即把軟弱解釋爲自由，把軟弱的種種表現解釋爲**功績**。 [281]

十四

有誰願意[90]探幽尋祕，看看地球上的**理想**是如何製造出來的？誰有勇氣做這件事？那就開始吧！從這裡可以窺見這個陰暗的作坊內部。請您稍候片刻，我的冒失大膽先生，您的眼睛首先必須習慣於這裡變幻無常的虛假光線⋯⋯。好了！已經看夠了！現在請您告訴我！那下面到底發生了什麼事？您這個擁有最危險的好奇心的男子，請您說出您看到的東西，現在

---

90 有誰願意⋯⋯：這是對柏拉圖「洞穴」比喻（參見《王制》第七卷）尖銳的逆向處理。按照柏拉圖的觀點，人的認識就好像人類的一種錯誤，他們終生被禁錮在一個洞穴裡，只能看到某個人造的火光投射到他們對面洞壁的陰影，而他們把這陰影當成了眞實的世界。——整個第十四節採用的是一種虛擬的對話形式，其中充滿了大量的隱喻和影射，特別是與《聖經》關聯很深。這些關聯性將在本章第十五節中得到明確表達。——Pütz 版注

輪到**我**仔細聽了。

「我沒有看見任何東西，我聽到的卻很多。從每個角落都傳來小心翼翼的、陰險奸詐的竊竊私語。在我看來，這些人似乎在說謊；而每個聲音卻像蜜糖一般的溫柔。他們說，軟弱應當被解釋爲**功績**，這一點毫無疑問，您之前說的對，情況就是這樣。」

請繼續說！

「還應當把不求報復的軟弱無能解釋爲『善良』；把怯懦的低賤解釋爲『謙卑』；把向仇恨對象屈服解釋爲『順從』（也就是服從於他們所說的那唯一的一個，他命令他們屈服，他們稱他爲上帝）。弱者的非侵略性，也就是他從不缺乏的膽怯，他倚門而立的態度，他無可奈何的等待，在這裡獲得了『忍耐』的好名聲，它還很有可能被稱爲美德；沒有報仇的能力變成了沒有報仇的意願，或許甚至還可以被稱爲寬恕（『因爲他們不知道自己所做的是什麼——只有我們知道他們所做的是什麼！』[91]），人們還說『要愛他的仇敵』，[92]邊說還邊

---

91 因爲他們不知道……所做的是什麼！：前一句話乃是耶穌臨終前的寬恕請求（參見《路加福音》第二十三章第三十四節），這是基督教最基本的一個美德，或者說「善行」。而尼采則用近乎極端和滑稽的方式將其重新解釋爲軟弱無能和怯懦的低賤。——Pütz 版注

92 要愛他的仇敵：參見本章第十一節的 Pütz 版注：眞正的「愛仇敵」。——Pütz 版注

流汗。」[93]

請繼續說！

「毋庸置疑，所有這些竊竊私語者和躲在角落的謊言製造者，他們是困苦的，儘量他們蹲在一起互相溫暖，但他們卻對我說，他們的苦難乃是上帝的一種選擇和嘉獎，這就像主人喜歡打自己最愛的狗一樣；苦難或許還是一種準備、一種考驗、一種訓練，也許還意味著更多的東西——那將是一種補償，並且用黃金，不！是用幸福作爲巨額利息來支付的東西。他們稱之爲『極樂世界裡的幸福』。」

請繼續說！

「他們試圖讓我明白，他們不僅僅優於那些權勢者，即那些塵世的主人，他們不得不舔舐這些主人的唾液（**不是**因爲恐懼，絕對不是因爲恐懼！而是因爲這是上帝的旨意，尊敬所有在上有權柄的[94]）他們不僅僅比這些人好，而且『還有更好的命運』，不管怎樣都將會擁有更好的境遇。但是，夠了！夠了！我已經不能再忍受下去了。汙濁的空氣！汙濁的空

93 邊說還邊流汗：參見《查拉圖斯特拉如是說》第二卷「論學者」。——KSA 版注

94 尊敬所有在上有權柄的：參見《聖經．新約．羅馬書》第十三章第一節：「在上有權柄的，人人當順服他」。——Pütz 版注

氣！這些**製造理想**的作坊——我覺得，它完全散布著謊言的臭氣。」

不！稍等一下！您還沒有說到這些黑暗魔術師的傑作，他們能從任何一種黑色中製造出白色、牛奶和無辜。您難道沒有注意到，他們所完成的精巧無缺的把戲到底是什麼？他們那些最大膽、最細緻、最富創造力、也充斥了最多的謊言的魔術手法到底是什麼？請您注意！這些滿懷報復欲望與仇恨的地下生物，他們出於報復和仇恨心理究竟會幹什麼？您聽到他們的話語了嗎？假如您只是聽他們的談話，您能料到你完全是在一群充滿怨恨的人當中嗎？

「我明白，我再一次豎起耳朵仔細聽（對了！對了！對了！我還應當屏住呼吸）。現在我終於聽到了他們經常嘮叨的一句話：『我們是好人，我們**是正義的**』。他們不把自己所欲求的東西叫做報仇，而叫做『**正義**的勝利』；他們所仇恨的對象不是他們的敵人，不！他們仇恨的是『**不義**』和『不信上帝』；他們所信仰的和期望的，不是復仇和復仇所帶來的甜蜜的陶醉（荷馬就曾說復仇「比蜜還甜」[95]），而是上帝的勝利，是**正義的**上帝對不信上帝的

95「比蜜還甜」：荷馬《伊利亞特》第一卷行二四九，形容涅斯托爾（Nestor，〔譯按〕希臘神話中的英雄，長壽的智者形象）說「他的演說從他舌上流出來時比蜜還要甜」（〔譯按〕但此處荷馬說的並不是復仇的問題）。而 KSA 版注則認爲，此處指的應該是《伊利亞特》第十八卷行一〇九，即阿喀琉斯聽聞朋友死訊後

人的勝利；他們在這個地球上還值得熱愛的人，不是他們那些滿懷仇恨的兄弟，而是他們所說的『滿懷愛心的兄弟』，[96]是地球上一切的善人和正義的人。」

他們如何稱呼那個給他們慰藉以對抗一切生活苦難的東西——也就是那個他們預先認定的關於「極樂世界裡的幸福」的幻象（Phantasmagorie）呢？

「什麼？我沒聽錯吧？他們竟然稱之爲『末日的審判』[97]，他們的王國，即「天國」[98]

說道：「那種如蜜糖一般陰險的憤怒」（〔譯按〕但此處原文用的不是形容詞比較級）。——Pütz 版注

96 「滿懷愛心的兄弟」（Brüder in der Liebe）：尼采對聖經的活用使得研究者有時很難做到按圖索驥。此處兩個不同版本的編者給出了不同的注解：KSA 版注認爲，這裡指的是《聖經．新約．帖撒羅尼迦前書》的第三章第十二節：「又願主叫你們彼此相愛的心，並愛眾人的心，都能增長、充足，如同我們愛你們一樣。」而 Pütz 版注則認爲，這裡指的是《聖經．新約．帖撒羅尼迦前書》的第一章第三節：「因愛心所受的勞苦」。從上下文意義上來看，KSA 版注似乎更有道理，但是此處的聖經德文原文卻沒有 in der Liebe 的字樣，而 Pütz 版注所引的引文卻可以找到 in der Liebe 一語，這樣看來，Pütz 版注似乎更有道理。這種解釋的多樣性也許就是尼采的魅力所在吧。——譯注

97 「末日的審判」：參見《馬可福音》第三章第二十九節；《約翰福音》第五章第二十四節與二十九節；《彼得後書》第二章第九節；《約翰一書》第四章第十七節；《希伯來書》第九章第二十七節與第十章第二十七節。——Pütz 版注

98 「天國」（das Reich Gottes）：參見《馬太福音》第四章第十七節和第六章第十節。——Pütz 版注

將降臨——但是，在那一天到來之前，他們將暫時生活在『信』、『望』和『愛』之中。」[99]

夠了！我受夠了！

十五

信仰什麼？愛什麼？盼望什麼？毋庸置疑，這些弱者也想有朝一日成爲強者，有朝一日迎來他們的「天國」，對他們來說，「天國」就是所謂的：人在所有情況下都保持謙卑！爲了去迎接這樣的天國，人就必須活得很長，超越死亡，是的，人必須獲得永生，以便能永久地在「上帝的天國」裡使自己那種「在信、望、愛中」的塵世生活得到補償。補償什麼？怎麼補償？但我覺得，但丁[100]犯了一個很糟糕的錯誤，他以一種令人恐懼的坦率，在通往他

99 在「信」、「望」和「愛」之中：參《哥林多前書》第十三章第十三節；《帖撒羅尼迦前書》第一章第三節與第五章第八節。——Pütz 版注

100 但丁：但丁·阿利蓋利（Dante Alighieri），一二六五—一三二一，義大利詩人。他的《神曲》（即《神聖的喜劇》，義大利語爲 Divina Commedia，德語爲 Göttliche Komödie）大約創作於一三〇七—一三二一年間；首次印刷爲一四七二年。——Pütz 版注

的地獄大門上放上了一句銘文：「還有永恆的愛也將我造就」[101]。那麼，在通往基督教天國以及「天國裡的永恆幸福」的大門上，無論如何都更有理由刻上這句銘文：「還有永恆的恨也將我造就」，假如在通往謊言的大門上也允許有眞理存在的話！因爲，那天國裡的永恆幸福到底是什麼呢？我們或許已經猜出答案了；但是更好的做法是，讓一位在這種事情上無人可以低估的權威來明確地爲我們證明這個答案，這人就是湯瑪斯．阿奎那，[102]偉大的導師和聖人。他像羔羊一般溫柔地說：「Beati in regno coelesti videbunt poenas damnatorum, ut beatitudo illis magis complaceat.」[103]幸福總比受罰更能給人以更大的快樂，在天國裡人們同樣會因爲親眼看見惡人受罰而感到快樂。」人們或許還願意聽到一個強硬的聲音對此的回答，它應該出自一位成功的早期基督教教父[104]之口，他勸他的教民們棄絕公演戲劇的縱

---

101 「還有永恆的愛也將我造就」：參見但丁《神曲．地獄篇》第三歌，行五—六。——Pütz 版注

102 湯瑪斯．阿奎那（Thomas von Aquino）：約一二二五—一二七四年，中世紀重要的哲學家和神學家。——Pütz 版注

103 Beati ... complaceat：拉丁文：「天國裡的永享幸福者將會親眼看到惡人受罰，這也會讓他更加歡喜自己的幸福。」（湯瑪斯．阿奎那，《箴言書注》〔*Comment. sentent*〕，IV, L, 2, 4, 4）。——Pütz 版注

104 一位成功的早期基督教教父：指的是基督教拉丁派教父德爾圖良（Tertullian），一五〇—約二二五年）。——Pütz 版注

[284]

欲放蕩。爲什麼呢？他在《論戲劇》第二十九章及三十章中說：「信仰能夠給我們更多、**更強大的**東西，遠超我們所需；上帝的拯救使得我們擁有了完全不同的愉悅；想看角鬥士，我們有殉教者作爲替代；還要看流血的事嗎？這裡有基督的事蹟。……！然而勝利凱旋的主再次來臨，又將是何等場面！」這位令人著迷的幻想家繼續說道：「At enim supersunt alia spectacula, tille ultimus et perpetuus judicii dies, ille nationibus insperatus, ille derisus, cum tanta saeculi vetustas et tot ejus nativitates uno igne haurientur. Quae tunc spectaculi latitudo! **Quid admirer! Quid rideam! Ubi gaudeam! Ubi exultem**, spectans tot et tantos **reges**, qui in coelum recepti nuntiabantur, cum ipso Jove et ipsis suis testibus in imis tenebris congemescentes! Item praesides (die Provinzialstatthalter) persecutores dominici nominis saevioribus quam ipsi flammis saevierunt insultantibus contra Christianos liquescentes! Quos praeterea sapientes illos philosophos coram discipulis suis una conflagrantibus erubescentes, quibus nihil ad deum pertinere suadebant, quibus animas aut nullas aut non in pristina corpora redituras affirmabant! Etiam poëtàs non ad Rhadamanti nec ad Minois, sed ad inopinati Christi tribunal palpitantes! Tunc magis tragoedi audiendi, magis scilicet vocales (besser bei Stimme, noch ärgere Schreier) in sua propria calamitate; tunc histriones cognoscendi, solutiores multo per ignem; tunc spectandus auriga in flammea rota totus rubens, tunc xystici contemplandi non in gymnasiis, sed in igne jaculati, nisi quod ne tunc quidem illos velim vivos,[105] ut qui malim ad eos potius conspectum **insatiabilem** conferre, qui in dominum desaevierunt. "Hic est ille, dicam, fabri aut quaestuariae filius (wie alles Folgende und insbesondere auch diese aus dem Talmud bekannte Bezeichnung der Mutter Jesu zeigt, meint Tertullian von hier ab die Juden), sabbati destructor, Samarites et daemonium habens. Hic est, quem a Juda redemistis, hic est ille arundine et colaphis diverberatus, sputamentis dedecoratus, felle et aceto potatus. Hic est, quem clam discentes subripuerunt, ut resurrexisse dicatur vel hortulanus detraxit, ne lactucae suae frequentia commeantium laederentur." **Ut** talia spectes, **ut talibus exultes**, quis tibi praetor aut consul aut quaestor aut sacerdos de

---

105 vivos（鮮活的）：應當是 visos（仔細看）一詞的訛誤。法國學者 Maurice de Gandillac 在他所做的注解中就已提到了這一點：參見《尼采哲學全集》中的《善惡的彼岸．道德的譜系》（*Nietzsche, Ceuvres philosophiques complètes, Par-delà bien et mal.* La généalogie de la morale）該法文版根據的德文乃是 KSA 版編者主編的另外一套尼采全集 KGW（〔譯按〕即 Kritische Gesamtausgabe Werke），巴黎，一九七一年，第三九二—三九三頁。歐維貝克（〔譯按〕Franz Camille Overbeck，一八三七—一九〇五，新教神學家，一八七〇—一八九七年於巴塞爾擔任教授期間與尼采交好）一八八七年七月將他抄寫的這段德爾圖良的引文寄給了在希爾斯—馬里亞村度假的尼采，該稿件未能保存下來。——KSA 版注

sua liberalitate praestabit? Et tamen haec jam habemus quodammodo **per fidem** spiritu imaginante repraesentata. Ceterum qualia illa sunt, quae nec oculus vidit nec auris audivit nec in cor hominis ascenderunt? (I. Cor. 2, 9.) Credo circo et utraque cavea (erster und vierter Rang oder, nach Anderen, komische und tragische Bühne) et omni stadio gratiora.」[106] —— **Per fidem**：[107]原文就是這樣寫的。

---

106 At enim ... stadio gratiora：尼采在這裡指出他所引用的是德爾圖良《論戲劇》的第二十九及以下章節。而這段引文卻出自第三十章（〔譯按〕其實原文中尼采提到章節時用的是 ca. 29 ss.〔德文爲 29 ff.〕這樣的字樣，也就是二十九章及以後的意思，所以也不能說尼采錯了，因爲此前的非拉丁文引文，其內容主要來自二十九章，而後面的大段拉丁文則來自三十章）。——Pütz 版注

其翻譯如下（〔譯按〕此處引文全部爲拉丁文，而括弧中則爲德文，係尼采自己所加的注解，譯者對其進行了加粗）：「再看看其他場面：那決定永久命運的最後審判之日、教外人認定絕不會來之日、他們所嘲笑之日，而這腐朽的舊世界及其一切產物，卻都將於此日在一場大火中化爲灰燼。那時展現在人們眼前的，是何等宏偉壯麗的場面！那時是什麼在使我驚歎，使我發笑，使我歡樂，使我雀躍呢？而我去看那許多曾被公然宣稱，將被迎進天庭的顯赫君王，他們卻與偉大的朱庇特〔Juppiter，古羅馬神話中的天神和主神，雷電的主人，爲土地賜福，是法律的保護神；相當於希臘神話中的宙斯——Pütz 版注〕，以及爲其榮耀作證者一道，在那黑暗的底層中呻吟。而曾迫害基督之名的各省大員（地方長官），在比他們當權之日用以燒基督追隨者

更猛的烈火中受煎熬。至於那些曾向其弟子宣稱上帝絕不關心人世，並斷言人根本沒有靈魂，或者死人的靈魂再不會回到其所離開的肉體裡去的智者哲人，在曾受其愚弄的弟子面前滿面羞慚，與他們一道在烈火中受煎熬。詩人們不是在冥界判官拉達曼迪斯或米諾斯〔Rhadamanthys/Minos，在希臘神話中，這對兄弟是克里特的國王。在他們死後，一起成爲了冥界的判官——Pütz 版注〕的審判座前，而是在他們意料之外的基督臺前戰戰兢兢！這時更要聽聽悲劇演員，他們在自身悲痛中的聲音必更響亮（聲音會更好，他們的喊叫更高亢）；看那喜劇演員的手腳在熔化一切的大火中必更爲柔和；再看那在火輪上烤得通紅的馬車夫；還有那些角鬥士，他們不在競技場裡，而是在烈火中亂竄。除非那時我無心注意這些罪惡的侍役們，否則我真想定睛細看這些曾對上主大施暴虐之輩。我會對他們說：「這就是那木匠和妓女的兒子（正如後面的內容以及這個猶太法典《塔木德》〔Talmud，在後聖經時代的猶太教中乃是最爲重要的教義、律法條例和傳統習俗的合集彙編——Pütz 版注〕中對耶穌母親的著名稱呼所揭示的那樣，德爾圖良在這裡說的是猶太人），不守安息日的人，撒馬利亞人和附魔者！這就是你們從猶太人手中買到的人！這就是你們用蘆杆和拳頭敲打，向他吐唾沫，迫使其喝酸醋苦膽的人！這就是被他的門徒偷偷弄走，以便說他復活了的人，或者是園丁將他搬走，以免自己的萵苣被前來的觀眾踐踏壞了！」是哪位會計官或祭司慷慨施恩，使你們能有幸得見這般奇事，並對這等事歡欣鼓舞呢？而現在，在一定程度上，我們透過信仰也可以想像到這些事。可是這些眼所未見、耳所未聞，甚至人心從未領會到的，又是些什麼事呢？（《聖經・新約・哥林多前書》第二章第九節）我想，無論如何，總要比馬戲場、劇場（頭等的和四等的，或者按照其他人的解釋：喜劇和悲劇的舞臺）和各種競技

十六

現在我們進行總結。「好與壞」、「善與惡」這兩個**對立的**價值觀千餘年來已經在地球上進行了非常可怕的鬥爭；儘管第二種價值觀長期以來占據上風，但這場鬥爭在很多方面仍未分出勝負，仍在繼續鬥爭。人們甚至可以說，這場鬥爭在此期間不斷升級，同時也因此愈來愈深入，愈來愈具有精神的內容。以至於在「**更高的本質**」，即更具精神內涵的本質方面，現在或許最具決定性的特徵反而是，雙方在其含義上各執一詞，使得這種對立又多了一個眞正的戰場。這場鬥爭的象徵貫穿了全部人類歷史，至今仍然清晰可辨，那就是「羅馬反對猶太，猶太反對羅馬」[108]。迄今爲止，還沒有出現過比**這場**鬥爭、這個問題、**這種**不

[286]

場中的活動更爲高尚。」——Pütz 版注

107 **Per fidem**：拉丁文，字面意義爲「眞正地、確實地」（wahrlich）；同時也是文字遊戲，影射 perfid（不忠實的，無信義的）一詞。（〔譯按〕其實還有一點，該短語出自上面德爾圖良的引文，即「透過信仰」之意。）——Pütz 版注

108 〔譯注〕「羅馬反對猶太，猶太反對羅馬」（Rom gegen Judäa, Judäa gegen Rom）：兩者都是地名，羅馬不用贅述，而猶太即 **Judäa** 則在古代巴勒斯坦地區南部，乃是當時猶太人最主要的居住區，國內也譯作「猶地亞地區」、「裘蒂亞地區」或是「猶大山地」等。——譯注

共戴天的敵對矛盾更大的事件。羅馬方面覺得猶太人本身就是違反天性的化身，是反常的怪物；在羅馬，猶太人「**被定罪**是由於他們對人類的憎恨」。[109]因此，就此而言，人們有權利把人類的福祉和未來與貴族的價值觀、羅馬價值觀的絕對統治聯繫在一起。相反，猶太人是如何看待羅馬的呢？人們可以從上千種跡象中總結出結論；但是如果人們能夠饒有興趣地再讀一遍聖經中的《約翰啓示錄》就已經足夠了，那是文字史上報復欲對良知的最偏執狂熱的發洩。（順便說一下，人們不要小看了基督教本能上的深刻邏輯性，正是這一本能讓人們用基督所鍾愛的門徒的名字既爲這篇仇恨之書命名，同時也爲那篇充滿愛心與狂熱的福音書命名。[110]不管爲了報復的目的而使用了多少文學上的矯飾與虛構，這其中都隱藏了一部分的眞相。）羅馬人是強壯和高貴的，迄今爲止在地球上還從未有過比羅馬人更強壯和更高貴的民族，其他民族甚至都沒有過這樣的夢想；羅馬人的每一處遺跡、每一個銘文都是迷人的，如果人們能猜出其中含義的話。反之，猶太人完全就是那種充滿怨恨的祭司民族，他們具有一種無與倫比的民俗的、道德的天賦；人們只需將中國人[111]或德國人這些具有相似天賦的民族

109 「被定罪是由於他們對人類的憎恨」：參見塔西佗《編年紀事》第十五卷（44）。——Pütz 版注

110 指的是基督最鍾愛的門徒約翰，他既是《約翰福音》，也是《啓示錄》的作者。——譯注

111 「中國人」：供初版用的手寫付印稿上寫作「印度人」。——KSA 版注

與猶太人相比較，就可以感受到什麼是第一流的，什麼是第五流的。羅馬和猶太，它們之中誰取得了暫時的**勝利**？這是毫無疑問的。人們可以仔細思考一下，在今天的羅馬，人們把誰當作所有最高價值的化身，向其鞠躬禮拜，不僅在羅馬，而且在幾乎半個地球上，在所有人已被馴化，或者願意被馴化的地方，眾所周知，人們要向三**個猶太男人和一個猶太女人**鞠躬（拿撒勒的耶穌、漁夫彼得、帳篷製作工保羅[112]和最初被稱爲耶穌的那個人的母親——瑪麗亞）。非常引人注意的是，羅馬無疑被打敗了。不過，在文藝復興時期，[113]古典主義的理想和衡量一切的高貴的價值方式都經歷了一次光輝燦爛、影響巨大的復甦；甚至羅馬也像一個從假死狀態中甦醒過來的人一樣，在那座在古羅馬基礎上新建的、猶太式的羅馬城下面蠢動起來，那座新羅馬儼然是一座世界性的猶太教堂，它被稱爲「教會」；但是很快，猶太又

112 帳篷製作工保羅（Paulus）：聖保羅（〔譯按〕基督教最重要的領導者，《新約》中多篇書信的作者）在哥林多地區作拉比學徒時期，爲了謀生，曾學習帳篷布編織工藝。他在《加拉太書》（第六章第十一節）暗示，自己的手因爲這份工作而寫起字來很不靈活。——Pütz 版注

113 文藝復興時期（Renaissance）：近代早期的文化史運動，從十四世紀開始，首先在義大利，以羅馬和佛羅倫斯爲中心，從十五世紀末開始在整個歐洲盛行。其名字的意思是古典文化的「再生」，古典文化被認爲是經典的，也就是說在基督教興盛的中世紀結束之後，對於新的世俗化的人類觀以及世界觀來說具有決定性的意義。——Pütz 版注

一次高奏凱歌了，這要歸功於那場徹頭徹尾的群氓的怨恨運動，人們稱其爲（德國人和英國人）的宗教改革。[114]該運動的必然結果是，教會得到重建，而古羅馬再次被送進寧靜的古墓之中。而伴隨著法國大革命，[115]猶太人再次從一個更具決定性的、更深刻的意義上獲得了對古典理想的勝利：歐洲史上最後的政治高貴性，盛行於十七和十八世紀的法國政治精神，終於在民眾的怨恨本能下土崩瓦解，人們聽見了地球上從未有過的無比熱烈的喝彩、無比喧囂的歡呼！雖然在這個時期也出現了最爲驚人、最出乎預料的事情：古典理想竟然**以肉身的方式**，帶著罕見的壯麗出現在人類的眼前和良知之中，它比以往更強大、更簡單、也更顯著，它大聲疾呼反對怨恨者那個古老陳舊的欺騙口號「**多數人享有特權**」，它反對人類的底層意志、反對自貶意志、反對平均意志、反對墮落和老化的意志，再一次喊出了既可怕又迷

---

114 宗教改革（Reformation）：由馬丁．路德引發的教會與宗教革新運動，開始於路德在維騰堡公開發表的論綱（一五一七年），後來在奧格斯堡神聖羅馬帝國會議上，導致了整個帝國處於宗教與政治上的分裂狀態。路德的宗教改革後來也在斯堪的納維亞半島，或者以其他形式在英國（英國聖公會）和瑞士（加爾文主義）得到了貫徹。——Pütz 版注

115 法國大革命：發生在法國的政治顛覆運動（一七八九－一七九九），封建的－中央集權的統治形式被瓦解，取而代之的是與貴族和教士階層相對的市民階層，以及他們所主張的民主平等理念。在路易十六國王被處決之後，它曾轉入到羅伯斯庇爾的獨裁專制統治（一七九三－一七九四）。——Pütz 版注

人的反對口號——「**少數人享有特權！**」拿破崙[116]的出現，猶如指向**另外**一**條**道路的最後一塊路標，他是那個時代最孤獨的人，是出生太晚、生不逢時的人。**自在自爲的高貴理想**問題已經化作拿破崙的肉身，人們或許應當想一想，這是個**什麼樣**的問題：拿破崙，這個**非人和超人**的綜合體。[117]

---

116 拿破崙：拿破崙·波拿巴（一七六九—一八二一）。他憑藉著在義大利取得的一系列勝利，在法國革命軍隊中青雲直上，一七九九年他發動政變顛覆督政府，結束了法國大革命，一八〇四年自己加冕爲「法蘭西皇帝」，到一八一二年爲止，發動了多場戰爭，占領了除俄國和巴爾幹半島之外的歐洲大陸的絕大部分。在遠征俄國失敗之後，同時也在歐洲其他各國民族解放戰爭的影響下，在一八一五年的維也納會議上，歐洲列強重新建立了均勢局面。在德國知識界，有一個崇拜拿破崙的傳統，如歌德、黑格爾等人，尼采也在其列。——Pütz 版注

117 非人和超人的綜合體：綜合體（Synthesis）：「聯結、統一」之意；或者「各種矛盾與對立的和解」之意。而「超人」則是《查拉圖斯特拉如是說》一書的核心概念（第三卷，「論新舊標牌」），其目標是提升和超越目前爲止的人類的可能性，特別是主張一種存在的總體性，即將各種矛盾與對立加以包容和忍受。「超人」（Übermensch）一詞中的首碼「über」應該從拉丁語的意義上被理解爲動態的「超越」（trans），而不是靜態的「超出」（super）。——Pütz 版注

十七

到此就結束了嗎？那個所有理想對立中最偉大的對立就這樣被永久地擱置起來了嗎？或者僅僅被推遲了、遙遙無期地推遲了？難道它有朝一日不會變成一場更加可怕、經久積蓄的熊熊大火嗎？不僅如此，這難道不是各種力量所希望的嗎？所甘願的嗎？所促進的嗎？如同我的讀者們一樣，誰在此處開始思考並繼續思考下去，誰就很難立即停下來。而對我而言，這正是讓我自己結束思考的充分理由，前提是，我所**希求的**，我用那句危險的口號所希求的早就已經足夠清楚，那句口號十分適合我的上一本書：《**善惡的彼岸**》……它的名字至少**不叫**《好壞的彼岸》。

附注

我利用這篇文章提供給我的機會，公開並正式地表達我迄今只是偶爾在與學者們交談時所表達的一個願望：如果某個哲學系有意透過一系列學術有獎徵文比賽來推動**道德的－歷史的**研究的話，那麼，本書或許能在這個方面發揮有力的促進作用。關於這種方式的可能性，我提出下面這個問題，它不僅對語文學者和歷史學者，而且對眞正以哲學學者爲職業的人，都是十分值得注意和重視的：

「語言學，尤其是語源學的研究，將會爲道德概念的發展史給出怎樣的提示？」

在另一個方面，爭取生理學家和醫學家參與這些問題的研究（關於迄今爲止所有的價值評判的價值），當然是同樣必要的：還可以委託專業哲人在這個具體的情況中擔任代言人和協調者，只要他們能夠在總體上成功地使哲學、生理學和醫學之間那種原本十分難以處理並極易引起誤會的關係，變成最爲友好、最富成果的交流。事實上，歷史和人種學研究所熟知的所有關於「諸好」的排名榜單，[118]所有「你應當」的律條，首先需要生理學的說明和詮釋，至少是在心理學的說明與詮釋之前；它們同樣還要等待來自醫學方面的批判。這種或那種關於「好」的排名榜單以及「道德」的**價值**到底是什麼？這個問題，應當從各個不同的角度來加以提出；特別是人們不可能十分精細地分析所謂「價值**何爲**？」（werth wozu?）的問題。例如，某種東西在涉及一個種族的最大可能的延續方面（或者在提高其對某一特定氣候

118 「諸好」的排名榜單（Gütertafeln）：柏拉圖在對話《斐勒布》（*Philebos*）第六十五和六十六節中將各種「好」進行了排名，確立了五個不同等級（第十六節中，尼采比較中國人或德國人與猶太人時說：「誰是第一流的，誰是第五流的」，該語應當也源出於此）。——譯注

的適應能力[119]方面，或者在盡可能保持種族最大數量方面）具有可見的價值，而它與那種能夠培養一個更強大的種族的東西或許無論如何都不具有相同的價值。大多數人的福祉與少數人的福祉[120]是兩種互相對立的價值觀；認爲第一種價值觀**天然**就具有更高的價值的觀點，我們將其稱爲英國生物學家的天眞。現在**所有**科學都需要爲哲人未來的使命做好準備工作；而哲人的使命就是，他們必須解決**價值的難題**，必須確定各種**價值的等級**。

---

119 適應能力：參見前文關於「達爾文」的 Pütz 版注。——Pütz 版注

120 大多數人的福祉和少數人的福祉：前者乃是英國功利主義的原則，即人們行動的目標與準則都應該盡最大可能有利於所有人或大多數人，傑瑞米·邊沁（Jeremias Bentham），一七四八—一八四三被認爲是該原則的創立者。而第二個概念則與尼采的「主人道德」相吻合。——Pütz 版注

第二章 「罪欠」、「良知譴責」及相關概念

一

馴養一隻動物，讓牠**可以做出承諾**，這豈不正是大自然在涉及人的問題上給自己提出的那個自相矛盾的任務嗎？這難道不正是人的眞正問題之所在嗎？這個問題在很大程度上已經得到了解決，這對那些充分懂得評價**遺忘這一特性**[1]的反作用力的人來說，懂得愈深就必定會愈感到驚奇。遺忘性並不像膚淺的人們所認爲的那樣，只是一種慣性，它更是一種主動的、最嚴格意義上的積極的阻力。可以歸入這種力量的，只有我們所經歷過的、體驗過的、被我們吸納的、被我們所消化的（可以稱這種消化過程爲「攝入靈魂」[2]），卻很少進

1 遺忘這一特性：遺忘對生命起到的是促進和增強的作用，特別是尼采所推崇的歌德就持這樣的觀點。在歌德的作品中可以找到大量這方面的證據，其中一個就是《浮士德》第二部的開頭（行四六二八），浮士德處於神聖的睡眠中，用忘川的水沐浴。——Pütz 版注

2 「攝入靈魂」（Einverseelung）：這是對德語中另外一個詞，也就是下文中出現的 Einverleibung 的戲仿（〔譯按〕後者的本意是「大量進食」，詞中的 leib 就是「肉體」之意，所以字面意思理解就是「進入身體之內」之意，故譯爲「攝入肉體」；而與之相對，尼采把單詞中間的 leib 替換爲 seel，也就是德文中的「靈魂」一詞，故譯爲「攝入靈魂」）。尼采經常利用生理學的一些術語或圖像來描述精神層面一些過程的特性；他也會使一些感官上的功能具有精神層面的含義，例如「消化」（Verdauung）。——Pütz 版注

入我們意識的東西，這就如同我們的身體吸收營養（即所謂「攝入肉體」）的那一整套千變萬化的過程。意識的門窗[3]暫時關閉起來；不再受到由我們的低階伺服器官與之周旋的那些噪音和紛爭的干擾；意識獲得了一些寧靜，一些 tabula rasa，[4]以便意識還能有地方保留給新事物，尤其是留給更爲高貴的職能和人員，留給治理、預測和規劃（因爲我們的機體運作是寡頭政治式的[5]）這就是之前提到的積極主動的遺忘性的用處，它就像一個門衛，一個心 [292]

---

3 意識的門窗：隱晦地影射萊布尼茨的「單子」概念。單子是封閉自足的、完善的、不可分割的、有靈魂的單位，它們反映了世界的秩序。談到單子的特性時，萊布尼茨曾說，單子之間沒有窗戶。——Pütz 版注

4 tabula rasa：拉丁文，即「白板」之意。早在亞里斯多德時期，他就已經在其《靈魂論》（*De anima*）中針對柏拉圖關於靈魂的理念先於一切經驗的學說，提出了經驗更爲必要，因爲否則的話，靈魂與一塊空白的石版沒有區別（卷三、章四）。英國經驗主義哲學家們重新使用了這一比喻，並用它來反駁理性主義關於理念天生的理論（例如：笛卡兒）。特別是約翰·洛克認爲，人類想像的內容完全來自於其所獲得的經驗，如果沒有它，人的理智就如同一張白紙。——Pütz 版注

5 機體運作是寡頭政治式的：亞里斯多德認爲（《政治學》卷三），寡頭政治作爲一個少數強力者的統治形式，乃是貴族政體的變態：在貴族政體中，少數人的統治旨在照顧所有人的利益，而在寡頭政治中，少數人的統治旨在照顧自己的私利。而在尼采看來，對於人的機體運作而言，寡頭政治則是合適的統治形式。——Pütz 版注

靈的秩序，寧靜和規範的守護者：顯而易見，如果沒有遺忘性，或許也就沒有幸福、沒有歡樂、沒有希望、沒有自豪、沒有**現實存在**了。一個人的這種阻礙機制如果受損或失靈，他就如同一個消化不良的患者（還不僅僅是如同），他將一事無「成」。在這種必然需要遺忘的動物身上，遺忘性表現爲一種力量，乃是一種**體魄強健**的表現形式，這種動物還爲自己培養了另外一種對立的能力、一種記憶，借助它的力量，遺忘性在那些應當做出承諾的一定情況下被擱置不用，因此，這絕不僅僅是被動地無法擺脫已建立的深刻印象，[6]不僅僅是對某個人們無法履行的諾言的無法釋懷，而是一種主動的、不想要擺脫的**意願**，是對曾經一度渴求的東西的持續不斷的渴求，這是一種眞正的**意志記憶**。就這樣，在最初的「我想要」、「我將要做」與意志的眞正發洩，即意志的行動之間毫無疑問可以塞進一個充滿新鮮陌生的事物、新鮮陌生的情況，甚至是新鮮陌生的意志行動的世界，而無需掙脫意志的長鏈。但是，什麼才是這一切的前提呢？爲了能夠在很大程度上提前支配未來，人們首先學會的肯定是能夠區分必然事件與偶然事件，能夠思考因果關係，能夠觀察遙遠與現實，能夠預先認識什麼是目的、什麼是手段，能夠準確地預測、估算、得出結論。爲此，人自身首先的變化也

---

6 深刻印象：此處影射唯感覺論者的「白板理論」（參見本章此前的註腳 tabula rasa），按照該理論，人類的印象就如同被一支石筆刻在蠟板上一樣。——Pütz 版注

肯定是變得**可以被估算**、變得**有規律**、變得**有必然性**，這也是爲了符合人自身的想像，以便最終能像一個承諾者那樣，爲人類自己的**未來**給出準確的預言！

二

這正是**責任**如何起源的漫長歷史。正如我們業已認識到的那樣，那個馴養一隻可以做出承諾的動物的任務，在其自身中包含了一個近期任務作爲其先決條件和準備工作，即在一定程度上首先使人變得有必然性、變得單一、變得性質相同、變得有規律性，因而也就變得可以被估算出來。這樣一份艱巨的勞動，我把它稱爲「習俗的道德性」（參見《朝霞》第七、十三、十六頁）[7]它是人類漫長歷史中針對人自身的眞正勞動，人類**史前的**全部勞動在這裡獲得了意義，得到了正名，無論這些勞動中包含了多少嚴酷、暴虐、無聊和愚蠢：借助於習俗的道德性和社會的強制，人眞的**被造就得**可以被估算了。如果我們把自己放在這一艱巨過程的終點，放在那棵大樹結出碩果之時，放在社會團體及其習俗的道德性最終顯露出它們乃是何種目的的手段的時候：我們就會發現，社團與道德之樹上最成熟的果實就是**獨立自主的個**

[293]

7 參見《朝霞》第七、十三、十六頁：有關「習俗的道德性」，參《朝霞》格言九、十四、十六。——KSA版注

體，那個只與其自身相等同的個體，那個重新擺脫習俗的道德性束縛的個體，那個超越習俗的自律個體[8]（因爲「自律」與「習俗」相互排斥），簡而言之，我們這時就會發現具有獨立的和長期的意志的人，他**可以做出承諾**，在他身上有一種自豪的、在全身所有肌肉裡顫抖的意識，那是關於最終將取得什麼樣的成就以及最終其內心將顯化出何物的意識，那是一種眞正的權力意識和自由意識，那就是人的一種完滿感覺。這個變得自由的人，這個**可以**眞正做出承諾的人，這個**自由**意志的主人，這個獨立的君王，他怎麼可能不知道，與所有那些不可以做出承諾、無法爲自己做出準確預言的事物相比，他具有多麼大的優越性，他引起了多少信任、多少恐懼、多少敬畏，這三樣東西都是他「**應得的**」，而他透過控制與統治自己又是怎樣勢所必然地去統治周圍環境、統治自然、統治所有意志薄弱和不可信任的傢伙？這個「自由的」人，這個不可摧毀的長期意志的所有者，在統治問題上也有自己的**價値尺度**：他從自己的角度去觀察別人，並以此尊敬或蔑視別人；正因爲如此，他必然尊敬那些與他自己相同的人，那些強壯的人和那些値得信賴的人（可以做出承諾的人），也就是每一個能夠

8　獨立自主的個體……那個超越習俗的自律個體：在康德那裡，自律（Autonomie）就意味著，個體透過其自身的理性來實現自我立法，從而獨立於那些陌生的、經驗的、歷史沿襲的原則（參見《實踐理性批判》第一卷第一章 §8）。——Pütz 版注

像個獨立的君王一般做出承諾的人，他不會輕易做出承諾，也很少許諾，而且要花很長時間做出承諾；也就是每一個在信任問題上吝嗇的人；也就是每一個信任就意味著**褒獎**的人；也就是每一個能夠許下可以信賴的諾言的人，因爲他已經足夠強大，哪怕是遭遇不測，哪怕是「對抗命運」，他都有辦法堅持自己的諾言。同樣，他也必然準備好用腳猛踢那些隨意許諾、卻又瘦弱無能的輕浮鬼，準備好用戒尺與鞭子去懲戒那些諾言剛出口就已經不算數的騙子。他驕傲地認識和意識到，**責任**乃是非同尋常的特權、乃是罕有的自由、乃是駕馭自己與命運的權力，而這些都已經深入到了他的內心最深處，並且變成了他的本能，占據主導地位的本能；假如他必須用一個詞來指稱這種本能，他將會如何稱呼這一占據主導地位的本能呢？毫無疑問，這個獨立自主的人會把它叫做他的良知。[9]

9 良知（Gewissen）：在古希臘羅馬時期與歐洲中世紀，良知是一個宗教意義上的詞彙，通常與恐懼和壓抑等情感聯繫在一起。到了十九世紀，人們則將良知看作是一種可以從社會學與心理學角度得到解釋的世俗現象（如路德維希·費爾巴哈、查理斯·達爾文、保羅·雷伊等），而尼采則將良知解釋爲一種以自身爲指向的意志，該解釋後來對佛洛伊德的精神分析學闡釋產生了一定影響。按照佛洛伊德的觀點，良知（即「超我」）是令人既愛又怕的父親形象內化而成的潛意識的權威審查機制。——Pütz 版注

三

他的良知？可以預料，「良知」這一概念——我們在這裡遭遇了它的最高的、近乎驚人的形式——業已經歷了一個漫長的歷史和形式演變過程。可以為自己做出準確的預言，可以驕傲地**肯定自己**，如前所述，這是一顆成熟的果實，但也是一顆遲來的果實；這顆果實曾經又酸又澀地掛在樹上，經歷了多麼漫長的光陰啊！而在之前更為漫長的光陰裡，人們無法觀察到任何關於這種果實的跡象，沒有人能夠承諾這種果實的出現，儘管樹上的一切都已做好了準備，並且它們之前的生長也都是為了這果實！「人這種動物是怎樣獲得記憶的？人這種半是愚鈍、半是輕率的片刻知性，這種遺忘性的化身，他又是怎樣牢記住某些東西的？」可以想見，這一古老的問題並非是用溫和的回答與方法得到解決的；甚至可以這樣說，在人類整個史前史時期，也許沒有任何能比「**記憶術**」[10]更恐怖、更令人毛骨悚然的東西了。「人們將某個東西烙印在身體上，為了使其保留在記憶中；只有不斷**引起疼痛**的東西，才能保留在記憶中。」這是地球上最古老（可惜也是最長久）的心理學的一條定律。有人甚至宣稱，地球上凡是有莊重、嚴厲、機密的地方，凡是在人和民眾的生活中布滿陰暗顏色的地

[295]

---

10 記憶術（Mnemotechnik）：關於如何記憶的藝術。其發展歷史是與修辭術緊密聯繫在一起的。——Pütz 版注

方，那種在地球上一度被普遍地用來許諾、擔保和讚揚的恐怖，它的某些殘餘仍在那裡**繼續起著作用**：每當我們變得「嚴肅」的時候，過去，那最漫長、最深刻、最嚴酷的過去，就會朝著我們大喝一聲，從我們心底噴湧而出。每當人們認爲有必要記住某些東西的時候，流血、酷刑、犧牲總是不可避免的；最可怕的犧牲和供奉（供奉頭生子[11]就屬此類），最可憎的肉刑（比如閹割），一切宗教祭典中最殘酷的那些儀式（所有宗教從其最根本上來說都是殘酷的體系），所有這一切都起源於那種本能，它揭示了疼痛是維持記憶術最強有力的輔助手段。從某種意義上來說，一切禁欲苦行[12]均屬此列。一些理念應當是不可磨滅的、無所不在的、難以忘卻的，並且應當被強制「固定」下來，以達到透過這些「固定觀念」對整個神經與智力系統進行催眠的目的，而禁欲苦行的程序步驟與生活方式都只是手段，其目的就是要使相關理念擺脫與所有其他理念的競爭，使其變得「難以忘卻」。人類在「記憶」上的表現愈差，禁欲苦行的習俗就會愈可怕；尤其是刑法的嚴酷與否更是可以作爲相關的標準，即

---

11 供奉頭生子（Erstlingsopfer）：包括將孩童、獵獲物、剛出生的動物、果實等作爲祭品，以求得神靈的慈悲。——Pütz 版注

12 禁欲苦行：一種修行學說，其要旨是爲了達到（道德或宗教上的）全神貫注，而習慣於一種清心寡欲、嚴格節制的生活。它原本是古希臘大力士爲保持競技狀態所採取的一種技術。另參本書第三章「禁欲主義的理想意味著什麼？」——Pütz 版注

人類需要多大努力才能勝利地克服遺忘性，並且讓人類這種爲瞬間的激情與欲望所支配的奴隸，將社會公共生活的一些基本要求**牢牢記住**。我們德國人肯定不會把自己看作一個特別殘忍與冷酷的民族，更不會把自己看成特別輕浮隨便與渾渾噩噩的民族；但是，只要看看我們古老的刑罰條例，就會發現，爲了培養一個「思想家的民族」[13]，塵世的人們爲此付出了何等努力（我要說的這個歐洲的民族，在這個民族身上可以發現最大程度的自信、嚴肅、無聊與客觀，而憑藉著這些特性它擁有了培養各種類型的歐洲的「滿大人」[14]的權利）。德國人爲了控制住自己粗俗的本能和野蠻的愚笨，曾經用多種可怕的方法來加強記憶。想一想德國古老的刑罰吧，比如石刑（傳說中用石磨盤砸罪犯的頭），比如輪磔之刑[15]（這是德國

---

13 「思想家的民族」：J. K. A. 穆塞烏斯（Musäus〔譯按〕一七三五—一七八七，德國作家）在其編輯的《德國民間童話集》的準備性報告（一七八二年）中說：「我們是一個出產思想家、詩人、幻想家、先知的狂熱民族。」——Pütz 版注

14 滿大人（Mandarin）：原本是亞洲中南半島地區對於高官顯貴的稱呼；後來則成了歐洲人對於中國官員的稱呼。——Pütz 版注

15 輪磔之刑（Rädern）：目前已經證實，早在基督教之前的古代，人們就已經利用輪子來行刑或者將犯人骨頭砸碎；請參考希臘神話中伊克西翁的受刑傳說以及被釘在十字架上的耶穌旁邊的兩個強盜。而歷史上第一次提到眞正嚴格意義上的輪磔之刑的則是主教兼歷史學者——都爾的聖額我略（Gregor von Tours，〔譯按〕

天才在刑罰王國中特有的發明和專長），例如：投擲削尖的木刺，讓馬匹拉裂或踏碎犯人（「四馬分屍」），下油鍋或用酒烹（直到十四和十五世紀還用此刑罰），被廣泛使用的剝皮之刑[16]（「切皮帶」[17]）、胸口割肉；[18]還有給罪犯抹上蜂蜜，放在熾熱的太陽下讓蒼蠅叮咬。[19]借助這樣的圖景和過程，人們終於記住了五、六條「我不要」之類的規定，並以此許下**諾言**，這樣才能享受在社會生活的優越性，確實如此！依靠這種記憶方式，人們最終走向 [297]

538/539-594，法蘭克王國的歷史學者，都爾主教（法國境內），用拉丁文著有《法蘭克人史》）。在德國中世紀，輪磔之刑乃是最爲普遍的死刑處決方式，僅次於斬首與絞刑；而在法國則幾乎沒有。（參 Rudolf His 的著作《德國中世紀的刑法》（*Das Strafrecht des deutschen Mittelalters*），萊比錫一九二〇年出版，第一卷，第四九七頁；Hans von Hentig 的著作《刑罰》（*Die Strafe*），第一部，柏林／哥廷根／海德堡一九五四年出版，第二八八—二九三頁。）——Pütz 版注

16 剝皮之刑（Schinden）：原意指剝獸皮；也泛指對（動物）屍首進行清除和再利用。——Pütz 版注

17 「切皮帶」（Riemenschneiden）：原指製皮工匠的一個工種，後來轉義爲剝皮之意。——Pütz 版注

18 胸口割肉：參莎士比亞劇作《威尼斯商人》中的相關法律習俗。——Pütz 版注

19 以上刑罰請參考 Albert Hermann Post 的著作《建立在比較人種學基礎上的一種普遍法學綱要》（*Bausteine für eine allgemeine Rechtswissenschaft auf vergleichend-ethnologischer Basis*），奧爾登堡，一八八〇年版，第一卷，第一九一—一九八頁。——譯注

了「理性」！啊！理性，是嚴肅，是控制情緒，是一切叫做反覆思考的灰暗的東西，是人的一切特權和珍寶；但它們的代價是多麼昂貴啊！在一切「善的事物」的基礎之上，又有多少鮮血和恐怖啊！

四

然而，那另外一樣「灰暗的東西」，即對於罪欠的意識，以及所有的「良知譴責」又是怎樣來到這個世界上的呢？現在讓我們回到我們的道德譜系學者[20]那裡。讓我再重複一遍——或許我從未曾這樣說過？他們其實一無是處。他們的經驗短淺，只有五拃[21]長，而且純粹是「現代」的經驗；他們不瞭解過去，也沒有瞭解過去的意願；他們更缺少一種歷史的本能，一種在這裡正是必備的「預見力」。[22]儘管如此，他們仍然要研究道德的歷史，最後得出的結論肯定並且勢必無法接近事實。迄今爲止的道德譜系學者們可曾在夢中想到過，那個主要的道德概念「罪欠」（Schuld）其實起源於「欠債」（Schulden）這個非常物質的概

---

20 我們的道德譜系學者：指英國學者及保羅．雷伊等。參本書前言第四節的 Pütz 版注英國方式。——Pütz 版注

21 拃：長度單位，原指手展開後拇指與小指之間的距離。——Pütz 版注

22 預見力（zweites Gesicht）：預見未來的能力，是英語 second sight 的德語化用法。——譯注

念？或者可曾夢中想到過，懲罰作爲一種**回報**，它的發展與有關意志自由或非自由的任何假設都毫無瓜葛？然後它需要先發展到一個人性化的較高階段，以便「人」這種動物能夠開始對「故意的」、「過失的」、「偶然的」、「有刑事責任能力的」等概念及其相反概念做一些比較原始的區分，並且在量刑時能夠考慮到這些區別。那個如今看來異常陳腐的，卻又似乎非常自然、非常必然的觀念，即「罪犯理應受到懲罰，**因爲**他原本可以採取其他行動」，它當初也許不得不承擔過解釋公正感是如何在世界上形成的任務，事實上它的確是很晚才出現的，它是人類判斷和推論的精緻形式；誰要是把它挪到了人類的發展之初，誰就粗暴地歪曲了古人的心理。在人類歷史那段最爲漫長的時光裡，其實根本**沒有**刑罰，**因爲**人們讓肇事者對自己的行爲負責，而**不是**以只對罪犯進行懲罰爲前提——這更像現在的父母懲罰自己的孩子，因爲遭受損失而惱怒於闖禍者，但是，這種惱怒是受到限制的，並且由於下面的想法而得到緩解，即任何損失都會得到**補償**，而且損失眞的可以透過補償抵消，甚至透過闖禍者的**疼痛**也可以。損失與疼痛相等價，這一古老想法是根深蒂固的，今天或許已經無法去除，它是如何獲得如此威力的呢？我已經猜到了，它來自於**債權人**和**債務人**的契約關係，這種契約關係與「法律主體」[23]的存在同樣古老，而且還可以把它重新歸結到買賣、交換、貿

[298]

23「法律主體」：所有根據相關法律條令能夠享有權利並且履行義務的個人。尼采之所以在這個詞上面加引號，可能是要強調，其實他們乃是法律的客體。——Pütz 版注

易和交通的基本形式中。

五

然而，正如人們在經過了先前的解釋之後所期待的那樣，關於這些契約關係的設想與闡釋會引起針對創造或認可這些關係的古人的種種質疑和抵觸情緒。**承諾行爲**正是在這裡發生；正是在這裡涉及**讓**許諾者記住諾言的問題；人們完全有理由帶著負面情緒去懷疑，正是在這裡，人們將發現嚴酷、殘忍和刑訊。債務人爲了讓人相信自己還債的承諾，爲了保證自己許諾的眞誠和神聖，爲了使自己的良知牢記還債是自己的義務與職責，在自己不能償還債務的情況下，根據契約把自己平時所「占有」的、並且可以支配的某些東西抵押給債權人，比如，他的身體、他的妻子、他的自由，還有他的生命（或者在某些特定的宗教前提下，債務人甚至還可以抵押他在「極樂世界裡的幸福」，他的靈魂的拯救，乃至他在墳墓中的安寧。在埃及[24]就是這樣，債權人甚至不讓債務人的屍首在墳墓中得到安寧——而埃及人恰恰

[299]

24 埃及：尼采關於埃及人墳墓中的安寧的暗示，指的既是墳墓的神聖性與祭祀死者的花費，也指當時一度由官方組織的盜墓行爲。根據古希臘歷史學家希羅多德（西元前四九〇—四二二年）的記載，當時的埃及人（大約西元前二四八〇年前後）可以用自己父親的木乃伊作抵押來借錢（參見希羅多德《原史》第二卷一三六

是注重這種安寧的）。[25]尤其需要注意的是，債權人可以任意侮辱和折磨債務人的軀體，例如，從債務人身上割下與債務數額大致相等的肉。以這個觀點爲基礎，從前在世界各地都存在有對於人體四肢和各個部位的估價，這些估計精確而細緻，甚至有些部分細緻到了可怕的地步，而它們的存在卻是**合法的**。[26]羅馬的十二銅表法[27]規定，債權人在這種情況下無論割多還是割少，都是一樣的，「si plus minusve secuerunt, ne fraude esto」，[28]我認爲這已經

節）。——Pütz 版注

25 參 J. Kohler 所著的《作爲文化現象的法律，比較法學導論》（*Das Recht als Kulturerscheinung, Einleitung in die Vergleichende Rechtswissenschaft*）維爾茨堡一八八五年出版，第十八—十九頁。——譯注

26 參 Albert Hermann Post 的著作《建立在比較人種學基礎上的一種普遍法學綱要》，前揭，第一卷，第三三四—三三六頁。——譯注

27 十二銅表法：這是西元前四五〇年，羅馬元老院在民眾的支持下所頒布的法令。這些法令代替了羅馬人傳統習慣法，被鐫刻在十二個青銅板上，豎立在集市廣場之上。期間雖經多次擴展與重新闡釋，其基本內容卻一直保留到羅馬帝國結束。——譯注

28 「si plus minusve secuerunt, se fraude esto」（〔譯按〕後一句 KSA 版上原寫作 ne fraude esto，現根據 Pütz 版改正）：「無論他們割多還是割少，都不應該算作是違法行爲」（se = sine：沒有，不是之意）。該條款出自十二銅表法中的第三塊銅板上的第六節。

是一個進步，證明法律觀念變得更加自由、更加大度、**更加羅馬化**。現在，讓我們弄清楚整個補償形式的邏輯：這個邏輯是非常奇特的。等價償還的實現，不是透過財物來直接賠償損失（不是用金錢、地產、或是其他財產來補償），而是使債權人有權得到某種**快感**作爲償還和彌補，這種快感就是債權人可以肆無忌憚地向失去權力的人行使權力，這種淫欲就是「de faire le mal pour le plaisir de le faire」，[29]就是在強暴中獲得的滿足：債權人的社會地位越是低下和卑賤，他就愈會重視這樣的滿足，他很容易把它看作最可口的點心，看作是對上等人生活的預先體味。透過「懲罰」債務人，債權人就獲得了分享一種**主人權利**的機會。他終於也體驗到了那種高級的感覺，可以蔑視和蹂躪一個「低於自己」的存在者，——或者如果眞正的行刑權力與懲罰的實施已經轉交給了「在上有權柄者」，[30]那麼他至少還可以去旁觀對債務人的蔑視和蹂躪。這就是說，所謂補償就存在於索求與兌現殘酷的權利之中。

29 「de faire le mal pour le plaisir de le faire」：法文，意爲「爲了作惡的快樂而作惡」。參見普羅斯佩・梅里美（〔譯按〕Prosper Mérimée，一八〇三—一八七〇，法國作家）的通信集《給一個陌生女人的信》（〔譯按〕*Lettres à une inconnue*，乃是梅里美寫給珍妮・達坎（Jenny Dacquin），一八一一—一八九五）長達近四十年的通信集，由後者在梅里美死後結集出版），巴黎一八七四年出版，I，8；尼采曾在《人性的、太人性的》一書中的格言五十同樣引用過這句話。——KSA 版注

30 在上有權柄者：出自《新約・羅馬書》，參見本書第一章第十四節相關注釋。——譯注

六

在這個領域，即債務法權的領域產生了道德的概念世界，如「罪欠」、「良知」、「義務」、「義務的神聖性」[31]等，它們的萌芽與塵世間所有大的事件一樣，都是經過鮮血長期而又徹底地澆灌而促成的。難道人們不可以補充說，那個概念世界從根本上來說就從未失去過血腥和折磨的氣味？（甚至連老康德也不例外，他的「範疇律令」[32]就散發著殘酷的味道）也正是在這個領域，那個可怕的、或許已經變得無法斬斷的關於「罪欠與痛苦」的觀念網絡[33]首次得以構結形成。讓我們再問一遍：在何種程度上，痛苦可以補償「欠債」？只要製造痛苦能夠最大限度地產生快感，只要遭受損失的債權人能夠用損失以及由此造成的不快換來一種特別的滿足感即可。**製造**痛苦，就是一場眞正的**節日歡慶**。[34]如前所述，債權人的等

31　義務的神聖性（Heiligkeit der Pflicht）：語出康德《實踐理性批判》，一七八八年第一版，第二八三頁。在尼采看來，這個概念顯示出康德倫理學的禁欲主義色彩。——Pütz 版注

32　範疇律令：參見本書前言第三節相關注釋。——Pütz 版注

33　觀念網絡：參見本書第一章第一節相關註腳。——譯注

34　製造痛苦，就是一場眞正的節日歡慶：約翰·赫伊津哈（Johan Huizinga，〔譯按〕一八七二—一九四五，荷蘭歷史學家）在評論歐洲中世紀晚期曾說：「在司法的殘酷性方面（……）引起我們注意的是（……）是那

級和社會地位愈是配不上這種歡慶，它的價值就會愈高。上面所說只是一種推測：因爲這類隱祕的事情很難追根溯源，只除了一點，即這其實也是一件很尷尬的事情；如果有誰在這裡唐突地拋出了「復仇欲望」的概念，他其實是在遮蔽和混淆視聽，而不是將問題簡化（復仇本身其實也可以同樣歸結到同一個問題上：「製造痛苦怎麼會成爲一種補償，並且產生滿足感呢？」）。[35]在我看來，馴服的家畜（比如說現代人、比如說我們自己）的細心謹慎、尤其是他們的僞善[36]扭曲了這一問題，僞善的他們竭盡全力試圖要讓人看到，**殘酷**在何種程度

種禽獸一般的、麻木不仁的快樂，那種民眾積極參與的遊園會般的愉悅。有一次，蒙斯（〔譯按〕Mons，比利時西南部的一座古城）的市民以極高的價格買下一個匪徒首領，就爲了享受將他五馬分屍的快樂（……）而一四八八年在布魯日（〔譯按〕Brügge，比利時西北部的一座古城），被俘的馬克西米利安一世（〔譯按〕Maximilian I.，神聖羅馬帝國皇帝）親眼目睹集市一處高臺上的行刑過程，周圍的民眾在觀看一些有通敵嫌疑的政府官員受刑時很不過癮，拒絕受刑者要求速死的懇求，就爲了一再地盡情享受對犯人的新一輪折磨。」而在英國和法國，人們甚至拒絕爲死刑犯舉行臨終懺悔儀式——就爲了確保他們在地獄中繼續接受懲罰。（《中世紀的衰落》，慕尼黑，一八二八年版，第二十六頁）——Pütz 版注

35 本身其實也（……）並且產生滿足感呢？：此處最初的版本是：「復仇在這個問題上只是一個調味品、一種配料，它並非那種滿足感裡最本質的東西」，後被改爲現在的句子。——KSA 版注

36 僞善：參見本書前言第六節相關註腳。——Pütz 版注

上構成了古人巨大的節慶歡樂，它又在何種程度上變成了古人幾乎所有快樂的配料；然而另一方面，古代人對殘酷表現出的需求又是那麼天眞，那麼無邪，而且他們那種「麻木不仁的惡毒」（或者用史賓諾莎[37]的話說，就是 sympathia malevolens[38]），已經從根本上被古人當成了人的正常特性，從而也就成了爲良知所眞心**接受**的東西！明眼人或許會發現，時至今日仍然可以在很多地方感知到這種人類最古老、最原初的節慶歡樂。在《善惡的彼岸》[39]的第一一七及以下數頁中（甚至在更早出版的《朝霞》[40]的第十七、六十八、一〇二頁上），我就曾小心地指出，殘酷在被不斷地精神昇華化和「神聖化」，這一傾向貫穿了整個上層文化的歷史（而且，它甚至對於上層文化的形成也具有非常重要的意義）。無論如何，就在離我們還不是很遙遠的過去，如果缺少了處決、鞭笞或者是異端審判及火刑，人們都不知道該如何舉行王侯的婚禮與最盛大的民俗節慶。同樣，當時沒有哪個高貴的家族不備有專人，以

37　史賓諾莎：參見本書第一章第五節相關註腳。——Pütz 版注

38　sympathia malevolens：拉丁文，惡意的同情。〔譯按〕參丹麥學者 Harald Höffding 所著的《以經驗爲基礎的心理學概要》（*Psychologie in Umrissen auf Grundlage der Erfahrung*），由 F. Bendixen 譯成德語，一八八七年出版於萊比錫，第三一九頁。——Pütz 版注

39　《善惡的彼岸》：參見格言一九七及以下數頁（而 Pütz 版注則是「格言一九三及以下數頁」）。——KSA 版注

40　《朝霞》：參見格言十八、七七、一一三。——Pütz 版注

供人隨意發洩狠毒和進行殘酷的戲弄（讓我們回想一下公爵夫人城堡中的唐吉訶德[41]吧！如今我們在讀整部小說時，舌頭上滿是苦澀，幾乎是一種折磨，我們因此對小說的作者及其同時代人感到非常陌生、非常不能理解，他們竟然心安理得地把這部小說當作最風趣的書來讀，因爲他，他們都笑得要死[42]）。看別人受苦很愉快，讓別人受苦則更加愉快，這是一句很殘忍的話，但卻也是一個古老的、強有力的、人性的、太人性的基本原理，也許就連猴子也會認可這一原理。因爲有人說，猴子早就設想出了諸多稀奇古怪的殘酷手法，爲人類提前做出了內容豐富的預言，或者說「預演」。不殘酷則無歡慶：人類最古老、最悠久的歷史如是教誨我們，而且就連懲罰中也帶著如此多的**節日喜慶**！

[302]

---

41 公爵夫人城堡中的唐吉訶德：參見賽凡提斯（一五四七—一六一六）小說《唐吉訶德》，下卷，第三十一—五十七章。這部小說諷刺了當時流行的騎士小說，出版於一六〇五／一六一五年。——Pütz 版注

42 讓我們回想一下（……）笑得要死：《人性的、太人性的》一書供謄清的草稿上有一段話可供參考：「當他講述，人們是如何在公爵夫人的城堡中拿唐吉訶德取樂時，他自己不也正是跟著一起以此爲樂嗎？」——KSA 版注

七

不過，我闡述這些思想的意圖絕不是要幫助我們的悲觀主義者們，向他們那走了調的、嘎嘎作響的、厭倦生命的磨盤上加水；相反，應當著力證明的乃是，在人類還未曾對他們的殘酷行爲感到羞恥的時候，地球上的生活比有悲觀主義者存在的今天要歡樂很多。隨著人們**面對**他人時的羞恥感的增長，人類頭頂上的天空也就愈來愈陰暗。那疲憊的悲觀主義的目光、那對於生命之謎的懷疑、那對於人生的反感與冷冰冰的否定，這些都並不是人類最**邪惡**時代的特徵；那些特徵乃是泥沼植物，它們屬於泥沼，有了泥沼才有它們的顯現——我指的就是病態的嬌柔化和道德化趨勢，正是因爲這種趨勢，「人」這種動物終於學會了對他所有的本能都感到羞恥。在變成「天使」的途中（我不想在此用一個更冷酷的字眼），人給自己培養出了消化不良的胃和長了苔紋的舌，這使他不僅厭惡動物的快樂和無邪，而且對生命本身也感到膩味：有時他甚至對自己也捂鼻子，並且帶著厭惡的表情同教皇英諾森三世[43]一道開列可厭事物的目錄：「不潔的性交、在母親體內讓人作嘔的哺育、人賴以生長的那些

43 教皇英諾森三世：一一九八—一二一六年在位，將中世紀教皇的政治權力帶到了頂峰（所引文字出處不明）。——Pütz 版注

物質的醜惡、汙濁的臭氣、唾液的分泌、排尿、排便。」在現代，痛苦總是首當其衝地被用作**反對**人生存在的第一條論據，是針對人生存在所提出的最強烈疑問，這使我們很願意回憶起人類做出相反的價值判斷的時代，因爲**製造**痛苦對當時的人而言是不可捨棄的，他們在製造痛苦中看到了第一流的魅力，看到了一種眞正的生命的誘餌。或許那個時候——我這樣說是爲了安慰嬌柔者，疼痛不像今天這麼嚴重；至少一個治療過內臟嚴重發炎的黑人患者的醫生可以下這樣的斷言（黑人在這裡代表史前人類），炎症的嚴重程度會使體格最好的歐洲人感到絕望；可是黑人卻**無所謂**。（事實上，只要人們在過度文明的上流社會或者中上流社會[44]中生活過之後就會發現，人的忍痛能力的曲線非常奇怪地、而且幾乎是很突然地下降；所以我個人則毫不懷疑，和一個歇斯底里的、受過教育的小女人所度過的某個痛苦夜晚相比，迄今爲止爲了尋求科學的答案而使用儀器測量過的所有動物的痛苦，都不值一提。）

---

44 上流社會或者中上流社會：原文爲「die oberen Zehn-Tausend oder Zehn-Millionen」。其中「die oberen Zehn-Tausend」來源於英語中的用法「the upper ten thousand」，該短語本是美國記者納旦尼爾·派克·威利斯（Nathaniel Parker Willis），一八〇六—一八六七，於一八四四年十一月十一日在紐約的《晚間鏡報》（*the Evening Mirror*）上發表的一篇文章中所使用的，指的是紐約的富裕階層，後來泛指上流社會。而尼采在這個詞後面又增加了一個 Zehn-Millionen（「千萬」之意），擴大了相關的範圍，故將其譯爲「中上流社會」。——譯注

或許現在甚至還允許這樣的可能性存在，即那種對於殘酷的興趣也不一定就要全部消失：與疼痛感在今天變得加劇起來的情況相對應，這種興趣只需要被崇高化與細膩化[45]，它在出現時必須首先被翻譯成幻想的和靈魂的語言，並且要用令人放心的名稱包裝起來，使最溫柔僞善的良心也不會對它產生懷疑（一個這樣的名稱就是「悲劇式的同情」[46]；另一個則是les nostalgies de la croix[47]）。起來反對痛苦的，並不是痛苦自身，而是痛苦的無謂；但是不論是對於把痛苦穿鑿附會地解釋成整個神祕的救贖機器的基督徒而言，還是對於那些擅長從觀望者、或者痛苦製造者的角度去理解所有痛苦的天眞的古代人來說，根本不存在一種**無謂**的痛苦。而爲了從世間清除掉那隱蔽的、未被發現的、無法證明的痛苦，並且將之確實地否定掉，從前的人們幾乎是被迫發明了諸神和所有高尙與低賤的精怪神靈，簡言之，就是要發明某種東西，這個東西同樣在隱蔽處遊蕩，同樣在暗處觀望，而且不會輕易錯過一場有趣的充滿痛苦的戲劇。借助這樣的發明，生命在當時就已經善於利用它一直都十分擅長的技巧

45　崇高化與細膩化（Sublimierung und Subtilisierung）：即將本能衝動轉化爲文化功績；高貴化，細緻化。——Pütz 版注

46　悲劇式的同情：參見本書前言第五節的 Pütz 版注「無私」的價值。——Pütz 版注

47　les nostalgies de la croix：法文，「對十字架的渴慕」之意。——Pütz 版注

來爲自身正名，並且也爲它的「惡」正名；[48]在今天也許還需要其他發明的說明（例如把生命看作一個謎，看作是認識論的難題）。「神樂於見到，每一種惡都得到正名」，這聽起來是史前時代的情感邏輯。說眞的，這難道僅是史前時代的情感邏輯嗎？諸神被想像成**殘酷**戲劇的愛好者，噢！只要想想加爾文[49]與路德[50]的例子就可以知道，這一古老的想像甚至在我們歐洲的人性化進程中都延伸得非常深遠！無論如何，可以肯定的是，**古希臘人**也認爲，爲了祈福，要向他們的神靈有所供奉，而再沒有比殘酷所帶來的快樂更合適的供奉了。你們覺得，荷馬[51]讓他的諸神帶著什麼樣的目光去俯瞰人們的命運呢？而特洛伊戰爭以及類似悲劇

---

48 爲它的「惡」正名：關於萊布尼茨的「神義論」問題參 Pütz 版編者說明中的附注。——Pütz 版注

49 加爾文：約翰・加爾文（Johann Calvin, 1509-1564）基督教宗教改革運動中加爾文教派的創始人，主張人類命運由上帝安排的救贖預定論。他本人一開始雖然在日內瓦遭到迫害與驅逐，但後來他也利用強硬手段（例如頻繁地使用死刑）在日內瓦推行他的教會條令。——Pütz 版注

50 路德：馬丁・路德本人也贊成使用嚴酷的懲罰，尤其是針對德國農民戰爭（〔譯按〕一五二四—一五二五年在德國中部和南部爆發的農民及部分市民的起義）中的起義者。——Pütz 版注

51 荷馬：參見《人性的、太人性的》（下卷）第一篇「雜亂無章的觀點和格言」中的格言一八九。——KSA 版注

般的夢魘到底又有什麼終極意義呢？毫無疑問：它們都是爲諸神準備的**節日戲劇**[52]；而且，如果其中的詩人比其他人都更具「神性」，那麼這可能是爲詩人準備的節日戲劇。後來的希臘道德哲人們也是如出一轍，他們設想，神也俯身關注道德的爭鬥，關注英雄主義和品德高尚者的自我折磨：「背負使命的赫拉克勒斯[53]登臺了，他對此亦有自知；對於希臘人這個演員民族而言，沒有證人的美德行爲簡直是不可思議的。這項當時首先爲了歐洲而完成的大膽而且危險的發明，這項關於「自由意志」，關於人在善與惡中的絕對自發性[54]的哲學發明，它之所以被發明，難道主要是爲了使人獲得足夠的權利去想像：即諸神對於人的興趣，對於人類美德的興趣，**是永不衰竭的**嗎？在這個俗世的舞臺上，理應從不缺乏眞正的新鮮事物和眞正前所未聞的對立、糾紛與災難，一個完全按照決定論所設想的世界，或許對神而言曾是 [305]

52 爲諸神準備的節日戲劇（Festspiele für die Götter）：影射自一八七六年開始舉行的華格納音樂節（Richard-Wagner-Festspiele），這裡尼采又故意使用了他慣用的翻轉處理，因爲在華格納音樂節上，是諸神爲人類準備了節日戲劇。——Pütz 版注

53 赫拉克勒斯（Herakles）：希臘神話中的英雄，主神宙斯與阿爾克墨涅之子，曾經完成了國王交給他的十二項艱難的、幾乎不可能完成的任務。」——Pütz 版注

54 絕對自發性（absolute Spontaneität）：康德《實踐理性批判》中的用語，一七八八年第一版，第八十四頁；指的是因原始（自發）理性而可能引發的自由。——Pütz 版注

可以正確預測的，但也因而很快讓神感到了厭倦，所以那些作爲**諸神之友**的哲人們就有了充分理由，不去要求他們的神來創造這樣一種決定論的世界！[55]所有古希臘人和羅馬人都對「觀眾」充滿了溫情的眷顧，他們的世界本質上是一個屬於公眾的、一目了然的世界，在那裡，如果沒有了戲劇和節慶，幸福也就無從談起。而且，正如前所述，就連重大的**刑罰**中也帶著如此多的節日喜慶！

八

現在繼續進行我們的研究，我們已經看到，罪欠感和個人責任感起源於人類歷史上最古老與最原始的人際關係，起源於買主和賣主的關係、債權人和債務人的關係；正是在這裡首先出現了人反對人的現象，也正是在這裡首先出現了人和人**相比較**的情況。人們發現，不管文明的發展水準有多低，總會在某種程度上有這類關係的存在。價格的制定、價值的衡量、等價物的發明和交換，這些活動在相當大的程度上搶先占據了古人最原初的思想，甚

55 決定論的世界：即一個嚴格按照因果律運轉的世界。在這裡，尼采故意對康德所探討的自由問題進行諷刺性戲仿與探討。——Pütz 版注

至在某種意義上來說，它們就是古人的思想本身，正是從這裡培育出了人類最古老的敏銳洞察力，同樣，人類自豪感的最初萌芽，人相對於其他動物的優越感也很可能由此產生。或許在我們語言裡，「人」（manas[56]）這個單詞表達的就是這樣一種自我感覺，人把自己稱爲會衡量價值、會評價和估量的存在物，稱爲「天生會估算價值的動物」。買和賣，連同它們的心理學屬性，甚至要比任何一種原始的社會組織形式和社會團體都要古老；在個人法權最原始的形式[57]當中，正是那些關於交換、契約、債務、權利、義務、補償的萌芽意識首先被**轉移**到了最粗放、最原始的公共群體中去（即出現在了與其他類似公共群體的關係當中），隨之一同轉移的還有那種比較、衡量和計算權力的習慣。而人們的目光也被調整到了這一角度；古代人類的思想雖然笨拙，但卻會固執地在同一方向上繼續走下去，而帶著這一思想所特有的連續性，人們馬上就得出了那個偉大的普遍性結論：「任何東西都有它的價格；而

56 manas：梵文，「意識」之意，出自印度教經典《吠陀》。（〔譯按〕正文中的括弧係尼采本人所加，他先使用了德文的 Mensch〔人〕一詞，然後在後面的括弧中加入梵文 manas，應該是要表現出兩者語源學上的關聯。）——Pütz 版注

57 個人法權最原始的形式：契約法權（許諾法權）與物品法權（收益法權及財產法權）共同構成了個人的私法權，與之相對的則是公法權，刑罰法權乃是公法權的一種重要組成部分。而尼采則在《道德的譜系》中從個人法權中推導出了刑罰法權，並且也將其歸入個人法權。——Pütz 版注

所有東西都可以被償還」。這正是屬於**正義**的最古老和最天眞的道德法則，是塵世一切「善良」、「公平」、[58]「善意」以及「客觀性」的開端。這種處於初級階段的正義是在力量大致均等者之間通行的善意，是他們之間的相互容忍，是透過某種協調達成的「諒解」，而在涉及力量薄弱者時，則會**強迫**弱者內部達成某種協調。

九

如果我們一直用史前時代的標準加以衡量（也就是那種無論任何時代都是現存的，或者可能重現的史前時代），就會發現：公共社團與其成員之間也存在那種重要的基本關係，即債權人和他的債務人之間的關係。人們生活在一個公共社團裡，享受著社團的優越性（那是何等的優越性啊！我們今天偶爾會低估它），他們受到保護和照料，生活在和平與信任之中；他們不需要擔心遭到侵害和敵意，而那些公共社團「**之外**」的人，那些「被放逐者」，

[307]

58 公平（Billigkeit）：與那種嚴格意義上可起訴的正義訴求不同，「公平」所涉及的乃是針對某些未在契約中規定的單方面額外工作，所給出的讓步性補償（參見康德《道德形而上學》，一七九七年第一版，三十八及以下數頁）。——Pütz 版注

卻要面臨這樣的危險，德國人都懂得「困苦」（Elend）一詞，即 êlend[59]的原意是什麼——人們正是鑒於這些侵害與敵意才把自己抵押給了社團，並且承擔相應的義務。而**在另外一種情況下**會如何呢？可以肯定，如果公共社團是受騙的債權人，那麼它會竭盡全力使自己得到補償。這裡講的情況至少是指肇事者造成了直接的損失；先拋開損失不談，犯罪者（Verbrecher）首先是一個「違犯者」（Brecher），一個**反對集體**的契約與諾言的違犯者（Vertrags-und Wortbrüchiger）[60]，他的所作所爲關係到他迄今爲止一直分享的社團的財物與安逸。犯罪者是個債務人，他不僅不償還他獲得的利益和預支的好處，竟然還向他的債權人逞凶：所以，爲公平起見，他不僅從此失去了所有那些財物及好處，而且更重要的是要讓他記住，**這些財物的重要含義是什麼**。遭受損失的債權人——公共社團，憤怒地把犯人重新推回到野蠻的、被剝奪法律權利的狀態。他迄今爲止一直受到保護，而現在，他被放逐了，各種敵意都可以發洩在他身上。在文明發展的這一階段，這種「懲罰」不過是反映和模

---

59 êlend：中古高地德語（〔譯按〕大約十一世紀中葉至十四世紀中葉）：「外國」、「異域」、「放逐」之意。後來由此引申出對於上述情況的主觀性判斷：「折磨」、「不幸」、「困苦」（Elend〔譯按〕這是現代德語）。——Pütz 版注

60 此處尼采使用的幾個名詞都是同源詞，來自於德文動詞 brechen（破壞、違犯），所以在翻譯的時候都採用了同一個「犯」字，以保持形似。——譯注

仿了人們對於可憎的、喪失了保護的、被征服的敵人的正常態度。這樣的敵人不僅喪失了所有權利和庇護，而且失去了獲得任何寬宥的機會；這就是「vae victis」[61]所面對的戰爭法則和勝利歡慶！極其無情而且殘酷；這也解釋了，爲什麼戰爭本身（包括戰爭的祭禮）貢獻的都是歷史上出現過的各種形式的懲罰。

十

隨著實力的不斷增強，社團不再把個人的犯罪行爲看得那麼嚴重，因爲對社團來說，犯罪行爲不再像從前那樣被認爲對整體的存在構成危險和顛覆：肇事者不再會被「剝奪法律

---

61 vae victis：拉丁文：「被征服者都是該死的」。古羅馬歷史學家李維（Livius，西元前五十九—西元十七年），在其著作《羅馬建城以來的歷史》（簡稱《羅馬史》，*Ab urbe condita*）第五卷第四十八章第九節提到，高盧人國王布倫弩（Brennus）在阿里亞河戰役（Allia〔譯按〕羅馬城附近的台伯河支流），約西元前三八七年）後，要求戰敗的羅馬人繳納一千磅黃金作爲軍費，但高盧人故意使用不公平的秤錘，在羅馬人表示拒絕之後，布倫弩故意將他的寶劍也扔進了秤盤，然後嘲笑說：「被征服者都是該死的！」這一用語以及與之相關的另一個習語「把寶劍扔進秤盤」（sein Schwert in die Waagschale werfen，即「用武力或施加影響來決定某事」之意）都表達出權力與尺度之間不平衡的關係。——Pütz 版注

權利」和被驅逐，公眾的憤怒也不允許像從前那樣肆無忌憚地在他身上宣洩。確切地說，肇事者從此得到了社團方面謹慎的辯護與保護，以避免他遭受這種憤怒，尤其是直接受害人的憤怒的傷害。首先要與違法行爲受害者的憤怒達成和解與妥協；努力將事態控制在局部範圍，防止更大範圍的、乃至全面性的參與和騷亂；嘗試找到等價的補償物，並對整個交涉過程進行調解（die compositio[62]）；尤其下面的意願變得愈來愈明確，即將每一個罪行都視作是在某種意義上**可以得到抵償**的行爲，也就是說，至少在一定程度上將罪犯與其行爲**分離開來**。[63]這就是刑法在後來發展中愈來愈彰顯的特徵。社團的實力與自我意識愈是增長，刑法就變得愈溫和；任何削弱和嚴重破壞刑法的行爲，都會造成更加嚴厲的刑罰形式重新出臺。「債權人」愈是富有，他在一定程度上就愈是人性化；最後，他自己則變成了衡量自身財富的**標準與尺度**，他可以自行決定究竟能夠承受多大的妨害，而不受影響。這個社會具有某種**實力意識**也並非不可思議，即該社會可以享受它所能得到的最高貴的奢華——對妨

---

62 compositio：古羅馬法律術語：調解、和解，也寫作 compositio criminis，即針對違反刑法的犯罪行爲達成友好和解（或庭外和解）。〔譯按〕參 Albert Hermann Post 所著《建立在比較人種學基礎上的一種普遍法學綱要》，前揭，第一卷，第十七頁，以及第一八一—一八三頁。——Pütz 版注

63 也就是說（……）分離開來：供初版用的手寫付印稿上此處原寫作：「並且盡可能多地應用在直接損失這一方面上。」——KSA 版注

害社會者**不施加懲罰**。它或許還會這樣說：「我體內的寄生蟲跟我有什麼關係？讓它們生活和繁衍吧：我依然是強健的！」正義是因爲「所有東西都可以被償還，所有東西都必須得到償還」而開始的，然後則因爲上述睜一隻眼閉一隻眼的放任態度和允許無力償還者逃之夭夭的做法而終結，與塵世間的一切善事一樣，它的結束是**自我揚棄**。這種正義的自我揚棄：眾所周知，它爲自己美其名曰——**寬宥**；很顯然，寬宥一直是最有權力者的特權，或者毋寧說，是他的法權的彼岸。

十一

這裡，我要對最近出現的一些嘗試和做法表示我的反對意見，這些做法試圖在一片完全不同的土地上探求正義的起源，即在怨恨的土地上。假如心理學家有興趣親自從近處對怨恨做一番研究，那就先在他們的耳邊說：這株植物目前在無政府主義者和反猶太主義者[64]當中生長得最爲討喜，當然像以前一樣，它總是在陰暗處長得茂盛，就好像紫羅蘭，只是香氣不

---

64 無政府主義者和反猶太主義者：歐根・杜林（參隨後的註腳）曾經稱自己爲反猶太主義的眞正創始人。——Pütz 版注

同。相同的事物中必然總是發展出相同的事物，所以，看見在這些圈子裡重新出現以前經常發生的相同企圖，是不足爲奇的——參前文第三十頁，[65]這種企圖就是在**正義**的名義下將復仇神聖化，就好像正義本質上只是受傷感情的一種延續，並且由於有了復仇，**被動反應式**（reaktiv）的情緒衝動就會在事後受到完全普遍的重視。對於後面這種情況，我幾乎沒有異議；我甚至覺得，在相關的整個生物學問題上（從這個方面來說，那些衝動情緒的價值迄今爲止是被低估了的），這乃是一項**功績**。我想單獨強調指出的一點是，正是這種怨恨精神本身滋生出了科學公平性的新層面（它將有利於仇恨、嫉妒、忌恨、猜疑、敵意、復仇等）。因爲一旦涉及另外一組的情緒衝動時，這種「科學的公平性」就會立即中斷，然後換上滿懷敵意與偏見的腔調。在我看來，另外一組的情緒衝動所具有的生物學價值比這種被動反應式的情緒衝動要高很多，因而它們理應得到**科學的**評價和稱讚——也就是那些眞正**積極主動**（aktiv）的情緒衝動，如統治欲、占有欲等諸如此類（參見杜林[66]的《生命的價值》、《哲

---

65 原文如此，而根據 Pütz 版給出的頁碼，應該指的是本書第一章第十四節的後半部分。——譯注

66 杜林：歐根・杜林（Eugen Karl Dühring），一八三三—一九二一，德國哲學家和國民經濟學家。受孔德（A. Comte〔譯按〕一七九八—一八五七，法國哲學家）的影響，主張一種具有機械主義基本特徵的樂觀主義哲學，並且從目的論角度，即從假定的目的出發對生物體的所有現象進行解釋，甚至包括道德和精神。他的主要著作除了尼采這裡提到的《生命的價值》（*Werth des Lebens*），一八六七年和《哲學教程》（*Cursus der*

[310]

學教程》），從根本而言，就是他的所有著作）。針對這種傾向我大體上就講這麼多：但是杜林有一句話我們需要單獨提出來，那就是要在被動反應式情感的土地上尋找正義的起源，關於這句話，人們必須出於對眞理的熱愛採取截然相反的態度，用另一句話來駁斥他：正義精神所占領的**最後**一塊土地，才是被動反應式的情感！如果眞的出現了正義的人甚至對傷害他的人也保持了正義的態度的情況（不僅僅是冰冷、克制、疏遠、無所謂的態度：正義始終是一種**積極**的行爲），如果在突然遭到人身傷害、諷刺、懷疑的情況下，正義的目光，**審判**的目光所具有的高貴、清澈、深邃、溫和的客觀性依然不會因此變得渾濁的話，那麼，那將是塵世間一件最完美的傑作，這甚至是聰明的人也不應奢望的東西，人們無論如何也不應該**輕信**它的存在。普遍的情況一定是這樣的；即便是最正直的人們，只要少量的攻擊、惡意與質

Philosophie），一八七五年之外，還有《自然辯證法》（*Natürliche Dialektik*），一八六五年；《國民經濟學與社會主義批判史》（*Kritische Geschichte der Nationalökonomie und des Sozialismus*），一八七一年；《現實哲學》（*Wirklichkeitsphilosophie*），一八七八年；《透過完滿替代宗教與透過現代各民族精神排除一切猶太教因素》（*Ersatz der Religion durch Vollkommenes und die Ausscheidung allen Judentums durch den modernen Völkergeist*），一八八三年。在他的自傳中（一八八二年），他公開宣稱自己是反猶太主義的創始人。杜林最著名的對手就是恩格斯及其撰寫的《反杜林論》（*Anti-Dühring*），一八七八年。（〔譯按〕本節開頭所講的，從怨恨基礎上解釋正義起源的嘗試，指的就是杜林。）——Pütz 版注

[311]

疑就足以讓他們的雙眼只盯著鮮血，而**罔顧**了公平性。積極主動的、具有進攻性和侵犯性的人總是比被動反應的人要大大接近正義；對他而言，完全沒有必要像被動反應的人所做的或必須做的那樣，錯誤地、先入爲主地評價他的客體。所以，事實上，作爲更強壯、更勇敢、更高貴的人，進攻型的人在任何時代都具有**更自由**的目光，也**更加心安理得和問心無愧**：與此相反，人們已經猜到了，發明了使人不安的「良知譴責」的人究竟是誰？正是心懷怨恨的人！最後，讓我們回顧一下歷史：迄今爲止，法律的全部應用以及對法的眞正的需求究竟是在塵世間哪個範圍內通行起來的呢？是在被動反應的人們那裡嗎？根本不是！確切地說，是在積極者、強壯者、自發者和進攻者那裡。從歷史的角度看——我這樣說也許會讓那位所謂的鼓吹家[67]感到惱怒（他曾經親口承認說：「復仇學說猶如一根正義的紅線貫穿於我的一切工作和努力之中。」）。塵世的法律展現的正是**反對**那些被動反應式感情的鬥爭，展現的是主動的和進攻性的力量與上述感情的戰爭，這些力量將它們的一部分優勢應用在了遏制被動反應式激情的過度放縱上，並且強迫其達到和解。凡是在伸張正義和維護正義的地

67 所謂的鼓吹家：指杜林。後面的引文出自他的自傳《事情、生活與仇敵》（*Sache, Leben und Feinde*），卡爾斯魯厄與萊比錫一八八二年出版，第二八三頁（〔譯按〕Pütz 版注則認爲是二九三頁）。（該書係尼采生前藏書）——KSA 版注

方，人們都可以看到，一個較強大的力量在涉及從屬它的較弱小力量時（無論它們是團體還是個人），都會想方設法地打消弱小力量當中出現的荒謬的怨恨怒氣，較強力量或是從復仇者的手中抽走怨恨的對象，或者用打擊和平與秩序的敵人的戰鬥來代替復仇，或是發明、建議、甚至在必要的情況下強迫其接受補償與調解，或者是將損失的某些等價物提升到標準的高度，以使怨恨從此最終只能以此爲導向。而最高權威在針對占據優勢的反向情感與事後遺留的陰影情感（Gegen- und Nachgefühle）時採取並加以貫徹的最關鍵步驟，只要最高權威在某種程度上足夠強大，它總會這樣做——就是**立法**，透過律令式的聲明告訴人們，哪些在它的眼中是允許的、合法的，哪些是被禁止的、非法的；在立法之後，它把個人或者整個團體的侵犯性與專橫性行爲都當作對法律的褻瀆，當作對最高權威本身的反抗來處理，這樣，它就使其下屬的情感從其周圍違法行爲造成的損失上轉移開，並且從此實現了與復仇欲望所希求的完全相反的目的，因爲復仇只重視與承認受害者的觀點。從此以後，眼睛被規訓學會了對行爲做出愈來愈**客觀冷靜**的評價，即使是受害者的眼睛也是如此（雖然如前所述，其實到最後才能實現這點）。與此相應的是，從立法之後才存在「合法」和「非法」的概念（而不像杜林宣稱的那樣，從傷害行爲發生之時開始算起）。單純談論合法與非法概念**本身**，沒有任何意義；如果生命在**本質上**，即在它的基本效用中就是以傷害、強暴、剝削、毀滅等方式發揮作用，並且沒有這些特性就無法設想生命的話，那麼，傷害、強暴、剝削、毀滅等行爲**從其自身而言**，自然就沒有任何「非法的」問題。人們甚至還必須承認一些更讓人

[312]

疑慮的事情：從最高的生物學立場來看，法律狀態始終可能只是一種**特殊狀態**，它是對以權力爲目標的眞正的生命意志的局部限制，是服從於後者的總體目的的一項具體手段；也就是說，法律狀態是爲了創造**更大的**權力單位而採取的手段。如果把法律秩序設想爲獨立的和普遍的，不是把它當作是在錯綜複雜的權力整體中使用的鬥爭手段，而是把它視爲**反對**一切鬥爭的手段，或者按照杜林這個共產主義者的一貫論調，任何意志都必須將其他任何意志視若等同的話，那麼這樣的法律秩序或許是一種**敵視生命**的原則，是對人類的毀滅和消解，是人類變得疲憊衰落的徵兆，是一條通往虛無的隱祕路徑。[68]

十二

在這裡，我還要對刑罰的起源與目的發表自己的意見——這是兩個有區別或應該有區別的問題，遺憾的是，人們習慣把它們混爲一談。在這種情況下，迄今爲止的道德譜系學家們是怎樣對待這個問題的呢？他們的一貫做法是天眞幼稚的，他們費盡心力在刑罰中找出了某

---

68 是人類變得疲憊（……）隱祕路徑：供初版用的手寫付印稿上此處寫作：是一條通向虛無主義的隱祕路徑。——KSA版注

個「目的」，比如說報復或者恐嚇，然後輕易地把這個目的置於事情的開端，把它當作刑罰的 **causa fiendi**[69]，然後就大功告成了。但是，「法律中蘊含的目的」應當是最後才應用在法律發生史上的東西：確切地說，對於所有類型的歷史學而言，最重要的都莫過於那個經過不懈努力而獲得的，而且確實也理應經過努力獲得的定律，[70]即一個事物的成因問題與該事物的最終用途、該事物的實際應用及其在某個目的體系中的定位問題之間有著天壤之別；某些現存的事物，某些透過某種方式形成的事物，總會一再地被某個在它之上的力量用新的觀點重新加以解釋，被重新徵用，並且爲了某個新的用途而改頭換面；有機世界中所發生的一切事情，都是**征服和主宰**；而所有征服和主宰都是重新解釋和調整，之前所有這方面的「意義」和「目的」都必須被遮蔽起來或者被徹底抹殺。即使有人非常清楚地理解某一生理器官（或者也瞭解某個法律機構、某個社會習俗、某個政治慣例、某個藝術或宗教禮儀上的形式）的**用途**，但他對有關事物的起源卻依然一無所知；不管這一說法在老派的人聽來是

---

69 causa fiendi：拉丁文，「生成因，起因」之意；是與目的因（causa finalis）視角相對的譜系學視角。——Pütz 版注

70 在這裡，我還要對刑法的起源與目的（……）努力獲得的定律：供初版用的手寫付印稿第一稿：「在每一種類型的歷史學中都會逐漸形成一種觀點，該觀點就其自身而言與那種理智的正義極端背道而馳；這也許是我們面對人類理智的慣性所取得的最重大勝利。」——KSA 版注

多麼不舒服、多麼不悅耳——因爲自古以來人們就相信，某一事物、形式或機構的成因就存在於這一事物、形式或機構可以證實的目的與用途之中，人們相信，眼睛就是爲觀察而生的，手就是爲把握而長的。所以人們設想，刑罰就是爲了懲罰而發明的。但是，一切目的和一切有用性都不過**標誌著**，某種權力意志[71]已經成爲弱小力量的主宰，並且根據自身需要在弱小力量的身上打上了某種功能之意義的烙印；如此說來，一個事物、一個機構、一種習俗的全部歷史，可能就是一條充滿重新詮釋和調整的不間斷的符號鏈條，但這些詮釋和調整的原因本身並沒有相互聯繫的必要，相反，它們或許只是偶然形成的相互連結和相互接替。因此，一個事物、一種習俗、一個機構的「發展」，並不是朝向某個目標的前進過程（progressus），更不是一個邏輯的、用時最短的、力量與成本消耗最少而實現的前進過程；而是在該事物、習俗或機構上所發生的各個征服過程而組成的序列，這些過程或深或淺，或相互依賴、或相互獨立，其中還包括每個過程中都出現的阻力，以自衛和被動反擊爲目的的改變形式的企圖，以及成功的反擊行動的結果。[72]形式是多變的，而「意義」的可變

71 權力意志：參見 Pütz 版編者說明第三部分「源自本能壓抑的罪欠意識」。——Pütz 版注

72 反擊行動的結果：其後被刪去一段文字：「從事物的角度來看，事物是從其自發的進攻、侵犯與努力行爲發展而來的。作爲一定程度的有組織的力量，從其自身來看，不管事物多麼弱小，它都必須由內向外運動，以

[315]

性更大，甚至在每個單獨的有機體內部也不例外；伴隨著總體在本質上的成長，其內部各器官的「意義」也在發生位移——也許部分器官的消亡和數量的減少（比如透過消除中間環節），可能就是整體完善與力量增長的徵兆。我要說的是：部分器官變得**無用**、萎縮、退化、意義與合目的性的喪失。簡言之，就是死亡，也屬於眞正的前進過程的條件，該過程總是表現爲嚮往**更強大權力**的意志和途徑，並且總是以額外犧牲無數弱小力量而得以實現的。甚至某種「進步」的偉大程度也是按照爲該進步必須犧牲的總量來測算的；全體人類，爲了某個**更強大**人種的興旺而做出犧牲——這**或許**是一種進步；我特別強調這種史學方法的主要論點，主要是因爲它在本質上與目前占統治地位的本能和時尚背道而馳，通行的時尚寧願相信一切事件絕對的偶然性、機械的無意義性，也不願承認在一切事件中均有發生的**權力意志**的理論。現代民主強烈厭惡一切具有統治性和意欲具有統治性的東西，這種現代的**權力否定主義**[73]（我爲一件壞事發明了一個壞詞），業已逐漸進入精神領域，最高的精神領域，披上了精神的外衣，以至於它也逐步地滲透，並且**被允許**滲透到最嚴謹、似乎最客觀的科學

便能夠在『外部』證明自己和豐富自己，以便能夠將外部融入其自身，並且在外部烙上它的法則、它的意義。自我——」（供初版用的手寫付印稿。）——KSA 版注

73 權力否定主義（Misarchismus）：尼采創造的新詞：對於權力的厭惡，對於統治的仇恨。——Pütz 版注

中；在我看來，這一否定主義已經主宰了整個生理學和生命學說，很顯然，這給生理學和生命學說造成了很大損失，因爲這一否定主義將上述學說中的一個基本概念，即眞正的**主動性**，彷彿變魔術一般弄消失了。與此相反，人們在那種民主的厭惡感的壓力下，特別重視「適應」一詞，這乃是一種二流的主動性，一種單純的被動反應性，有人甚至把生命本身定義爲一種對外在環境的愈來愈合乎目的的內在適應（赫伯特．史賓塞[74]）。這樣一來，生命的本質，它的**權力意志**，就被曲解了；而自發的、進攻性的、侵犯性的、具有重新解釋、重新調整和塑造能力的那些力量，它們本質上的優先性也被忽視了，事實上，這些力量發揮效用之後才輪到「適應」；至於有機體內部的最高級官能，它們乃是生命意志積極的和定型性的體現，甚至連這些官能所具有的主導作用也被否定了。人們還記得赫胥黎[75]批評史賓塞的話，說他是「行政虛無主義」。但現在所涉及的問題要比「行政問題」更重要。

[316]

74 赫伯特．史賓塞：參見本書第一章第三節相關註腳。——Pütz 版注

75 赫胥黎（Thomas Henry Huxley）：一八二五—一八九五，英國生物學家，達爾文主義的擁護者與傳播者。——Pütz 版注

赫胥黎：所言出處不明。〔譯按〕參 Huxley: “Administrative Nihilism”，發表於一八七一年十一月一日的《雙周論壇》（*Fort nightly Review*），第十六期，第五二五—五四三頁。——KSA 版注

十三

讓我們回到正題，即回到刑罰這個問題上。關於刑罰，人們必須區分它的兩種不同特性：一方面是刑罰的**相對持久性**，具體表現爲習俗、儀式、「戲劇性的場面」、一系列嚴格且煩瑣的法律程序；另一方面是它的**流動變化性**，具體表現爲意義、目的，以及與法律程序的實施相聯繫的期待。根據之前闡明的史學方法論的主要論點，我們以此類推，在這裡可以順利地設定一個前提，即該程序本身是比它在刑罰方面的應用更爲古老、更爲早期的東西，而後者是**被穿鑿附會地加進**並解釋進（早已存在的，但在另一個意義上普遍使用的）程序的。簡言之，情況**並非**像我們那些天眞的道德與法律譜系學家們迄今所假定的那樣，他們全都設想程序的**發明**是以刑罰爲目的，這就好像很久以前有人以爲，手的發明就是爲了抓東西。至於刑罰的另一個方面，就是它的流動變化性，即它的「意義」，事實上，「刑罰」這一概念在文化的某個非常晚的階段（比如今天的歐洲），根本不再表現出一個含義，而是「諸多意義」的合成物；刑罰迄今爲止的歷史，也就是體現各種不同目的的刑罰的使用史，最終將結晶爲一種難以溶解、難以分析的單位。還必須強調的是，它根本**不可能被定義**。（現在已經不可能準確說出，刑罰究竟是爲了什麼，所有以符號形式概括整個過程的概念都無法定義；可以加以定義的東西，只能是沒有歷史的東西。）與此相反，在更早期階段，「諸多意義」的合成物還呈現出更容易分解和更容易發生置換的態勢；人們還可以感知到，那時合成物中的各個元素是在怎樣的各個具體情況下，改變其化合價並且進行分子重組的；其結果就是，時而這個元素，時而那個元素，在損害其餘元素的情況下凸現出來，並居於主導地位。也許會有某個元素（例如恐嚇的目的）似乎會揚棄所有剩餘元素。為了使讀者至少能夠瞭解，刑罰的「意義」是多麼不確定、多麼次要、多麼偶然，而同一個程序又是如何被本質上完全不同的意圖所利用、解釋和調整的，我在這裡列出一個我從某個相對較小和較為偶然的資料中總結出來的提綱：透過刑罰來祛除傷害，阻止進一步的傷害行動；透過刑罰來以某種形式（甚至是以感情補償的方式）向受害者賠償損失；透過刑罰將破壞平衡的情況隔離起來，以防止該情況的擴大化；透過刑罰來使人畏懼那些決定和實施刑罰的人。透過刑罰來抵消犯罪者之前所享受的好處（比如讓罪犯去礦山做苦役）；透過刑罰來淘汰蛻化分子（也許種族的某支旁系會被整個淘汰掉，例如某些中國法律[76]就是如此規定的：刑罰被當作維持種族純潔或是保證某種社會類型的手段）。刑罰是一種節日歡慶，也就是對終於被打倒的敵人實行強暴和嘲弄。刑罰是一種強制記憶，無論是對於遭受懲罰的人（即對他實行所

76 中國法律：參 J. Kohler 的著作《中國刑法——為建立全球刑法通史而作》（*Das chinesische Strafrecht. Ein Beitrag zur Universalgeschichte des Strafrechts*），一八八六年出版於維爾茨堡。（尼采生前藏書。）——Pütz 版注

謂的「改造」），還是對於刑罰的目擊者而言，均是如此。刑罰是執政者要求犯人支付的一種酬金，保護肇事者免受過激的報復。如果強大的種族堅持復仇的自然狀態，[77]並要求把它當作自己的特權的話，那麼，刑罰就是與復仇的自然狀態的一種妥協。刑罰是對破壞和平、法律、秩序和權威的敵人的宣戰和戰爭規則，人們認爲，這個敵人對公共社團構成了威脅，他背棄了作爲社團前提的契約，他是一個逆賊、叛徒和破壞和平的人，人們會用各種戰爭手段同其作鬥爭。

十四

這個清單肯定不全面；很顯然，刑罰已經被各種各樣的用途弄得不堪重負。因此人們就更有理由從中刪去一個**純屬臆想**的用途，儘管在普通民眾的意識中，這是刑罰最根本的用途。由於種種原因，如今人們對於刑罰的信念已經動搖了，但它恰恰總能在這一臆想的用途上找到最有力的支持。人們認爲，刑罰應當具有喚醒犯罪者的**罪欠感**的價值，人們試圖在

---

77 自然狀態：這是近代國家理論使用的概念，用來描述個人在國家成立之前所處的法律上的不穩定狀態。尼采在這裡將尚未受到國家中央權力約束的強者的鬥爭理解爲積極主動的復仇，以區別於怨恨群體的純粹被動反應式的復仇。——Pütz 版注

刑罰中尋找那種能引起靈魂反應的眞正手段，他們把這種靈魂的被動反應稱爲「良知譴責」（schlechtes Gewissen）和「內疚」（Gewissensbiss）。然而，這種臆測直到今天仍在歪曲現實、曲解心理學。那麼在人類最漫長的歷史中，即人類史前時期，它又造成了多麼壞的影響啊！那些罪犯和囚徒正是最爲缺乏眞正的內疚，監獄、苦役營**並不是**「內疚」這種「齧人良知」的蛀蟲喜歡的孳生地，所有正直嚴謹的觀察家都同意這一看法，只是他們在很多情況下都是極不情願、非常難受地說出這個判斷的。總的說來，懲罰會使人堅強和冷酷；使人精力集中；加大了人的異化[78]感受；增強了人的反抗能力。如果出現了這樣的情況：刑罰損耗精力，引發可悲的敬畏（Prostration）和自卑，那麼這樣的結果無疑比刑罰的一般效果，比那種以枯燥、陰沉的嚴厲爲特徵的效果更令人失望。但是，如果我們思考一下人類史前時期的數千年，就會毫不猶豫地斷定，正是刑罰最爲有效地**阻止了**罪欠感的發展——至少從懲罰施暴的犧牲者的角度來看是這樣的。因此，我們不可以輕視，正是罪犯在審判與行刑程序上的經歷在一定程度上阻礙了他對自己的行爲和行動方式感到**由衷**的羞恥，因爲他在正義事業中正看到了同樣的勾當，而這些行爲卻被認爲是善的，讓人心安理得地去做，比如，刺探、陰謀、收買、設陷、員警和檢察官那一整套狡詐精細的工作技巧，更不用說那徹頭徹尾

[319]

78 異化：這裡指的並不是馬克思意義上的異化，而是一種心理學上的判定。——Pütz 版注

的、連情理都不能容的搶劫、施暴、辱罵、監禁、拷打、謀殺，這一切都在刑罰的不同方式中得到了體現，但卻從未受到法官的譴責和判決，而是具有了一定的意義和用途。而「良知譴責」，它是我們塵世花園中最神祕、最有趣的植物，並不是從上述土地上生長起來的。事實上，法官們和執法者在一段極其漫長的時間裡**根本就沒有**意識到他們在與「罪欠者」打交道，而是覺得自己是在和一個損失製造者打交道，是在和一個毫無責任感可言的災難碎片打交道。而將要受到懲罰的人也覺得刑罰像一個災難碎片，這時的他感覺不到其他的「內在痛苦」，而只是覺得這就像是一個無法預料的突發事件，一場突如其來的可怕的自然災害，就像是一塊從天而降的岩石突然把他砸得粉身碎骨，他再也無法反抗了。

十五

有一天下午，誰也不知道，到底是哪個惱人的回憶讓史賓諾莎突然探究起一個問題，即在他本人身上究竟還保留了多少那種著名的 morsus conscientiae，[79] 然後他不得不尷尬地

---

79 morsus conscientiae：拉丁文，「內疚」。參見史賓諾莎《倫理學》第三部分中的「情緒的界說」的第十六、十七與二十七條。（〔譯按〕原文本寫作 conscientiae morsus，賀麟先生譯本譯作「惋惜」。）——Pütz 版注

承認（這令他的詮釋者們非常惱火，他們正一本正經地努力歪曲著他在這裡的原意，比如庫諾・菲舍爾[80]）——在此之前，史賓諾莎曾把善與惡統統歸結於人類的幻想，並且針對那些褻瀆者的言論義憤地捍衛他的「自由的」上帝的尊嚴，那些褻瀆者竟然說上帝的一切行爲皆 sub ratione boni[81]（「這就意味著上帝受命運支配，則關於神的看法實沒有比這更不通的了」）。[82]在史賓諾莎看來，世界業已返回到良知譴責被發明之前的那種純眞無邪的狀況中：而 morsus conscientiae 卻因此變成了什麼呢？他最終自言自語道：「會變成 gaudium

---

80 庫諾・菲舍爾（Kuno Fischer〔譯按〕一八二四—一九〇七，德國哲學家兼哲學史專家，其關於康德的專著爲新康德主義奠定了基礎）：尼采關於史賓諾莎的介紹即出自菲舍爾的著作，參 Kuno Fischer，《近代哲學史》第一卷第二章「笛卡兒學派、古林克斯、馬勒伯朗士、史賓諾莎」（Geschichte der neuern Philosophie I, 2, Descartes' Schule. Geulincx. Malebranche. Baruch Spinoza），第二版完全修訂版，一八六五年海德堡出版。一八八一年七月，尼采讓歐維貝克將此書寄到了希爾斯—馬里亞村（信中簡稱該書爲「菲舍爾」）。——KSA 版注

81 sub ratione boni：拉丁文，「志在爲善」；請對比史賓諾莎的另一句子 sub specie aeternitatis（「志在永恆」），參見《倫理學》第五部分，命題三十六。（〔譯按〕此處「志在爲善」的文字其實也來自史賓諾莎的《倫理學》第一部分，命題三十三，附釋二。）——Pütz 版注

82 「這就意味著……更不通的了」：史賓諾莎的《倫理學》第一部分，命題三十三，附釋二。——Pütz 版注

的反面，[83]那是一種伴隨一件在過去意外發生的事物的意象而引起的一種痛苦。」（《倫理學》第三部分命題十八的附釋一、二。）數千年來，受到懲罰的肇事者們對於他們的「劣跡」的感覺與史賓諾莎的看法**完全一樣**：他們都覺得，「這次的事情出乎預料地敗露了」，**而不是**「我眞不應該這麼做」。他們接受懲罰的支配，就像遭遇了疾病、不幸或死亡時一樣，帶著那種堅定無畏的宿命觀，不加任何反抗。正是因爲有了這一宿命觀，所以直到今天俄國人在生命實踐中仍然比我們西方人更具優勢。如果在懲罰中人們對其行動進行了某種批判的話，那其實就是人們的機心巧詐在對行動展開批判。毫無疑問，我們首先必須在這種機心巧詐的深化中，尋找刑罰的眞正效用，還應該在記憶的延長化中尋找，在某種決定今後更加謹愼、更抱疑忌、更加詭祕地行事的意志中尋找，在意識到人在很多方面最終而言都是脆弱的洞見中尋找，在自我判斷的某種改善中尋找。總而言之，刑罰對人和動物所起的作用就是增加恐懼、深化機心巧詐和控制欲望：因此，刑罰使人變得馴服，而不是變得「更好」。人們甚至有更多的理由宣稱，其實達到的效果恰恰是「好」的反面。（「吃一塹，長一智」

---

83 gaudium 的反面：gaudium，拉丁文，「欣慰、快樂」。——尼采在這裡給出的章節與翻譯並不相符，他實際上是把《倫理學》第三部分命題十八的附釋二的最後一句話與關於 morsus conscientiae 的「情緒界說」第十七湊合在了一起。——Pütz 版注

俗語是這樣說的：在吃虧讓人變得聰明的同時，它也會讓人變壞。幸運的是，吃虧也經常讓人變得夠蠢。）

十六

在這裡，我決定不再兜圈子，而是初步對「良知譴責」之起源提出我自己的假設，進行臨時性的闡述。要表達這一假設其實並不容易，需要經過長時間的冥思、關注與斟酌。我認爲「良知譴責」是一種重病，在人所經歷過的所有變革中，那場最深刻的變革帶給人的壓力必然使其罹患此症；這場變革使人最終發現自己已然陷入社會與和平的禁錮之中。這與水生動物的情況肯定完全一致。當水生動物被迫做出抉擇，要麼成爲陸地動物，要麼種族滅絕的時候，於是牠們這些成功地適應了蠻荒生活、戰爭環境、漫遊狀態、冒險生涯的半野獸們突然發現，牠們的所有本能一下子就貶值和「被擱置」了。牠們從這時起就必須用腳走路，並且「自己馱著自己」，而在此之前牠們的身體一直是由水來承載的：一個可怕的負擔壓在了牠們身上。牠們感到自己在最簡單的事情上都是遲鈍笨拙的，在這個嶄新且陌生的世界裡，牠們舊日的嚮導，那種善於調節的、下意識的、可靠的本能已經不復存在，牠們不得不局限於思考、推斷、計算、對原因與效果進行聯想，這些可憐的生物，牠們不得不局限於牠們的「意識」，局限於牠們身上最貧乏、最易犯錯的器官！我相信，在地球上還從未有過如此困苦的感覺和如此令人身心俱疲的不快，而與此同時，那些過去的本能並未突然間中止提出自己的要求！只不過，要順從這些本能的意願則是十分困難和幾乎不可能的。牠們在關鍵的事情上必須給自己尋求新的、暗地裡的滿足。一切不向外在傾瀉的本能都**轉向內在**，我稱其爲人的**內在化**。於是，在人的身上才滋生出後來稱之爲人的「靈魂」的東西。整個內在世界本來就如同夾在兩張皮之間那樣薄，在人向外在的傾瀉**受到阻礙**之時，它就向四面八方伸展與生長，從而具有了深度、廣度和高度。那些可怕的、被國家機構用來對付古老的自由本能的堡壘——刑罰，乃是這些堡壘中最主要的部分，使得野蠻的、自由的與散漫的人的所有那些本能都趨向倒退，轉而**反對人自己**。仇恨、殘忍、迫害欲、攻擊欲、獵奇欲、破壞欲，所有這一切都轉而反對這些本能的擁有者，這就是「良知譴責」的起源。由於缺少外在的敵人和反抗，而且自己也被束縛在習俗那一片壓抑的狹窄空間和規矩律條中，人開始不耐煩地摧殘自己、迫害自己、啃噬自己、嚇唬自己、虐待自己，就好像一隻人們希望「馴服」的野獸，猛烈撞擊著籠子欄杆，把自己撞得遍體鱗傷。這個一無所有的傢伙，這個因懷念自己的荒漠家園而備受折磨的傢伙，他必須在自己身上創造出冒險和刑房，創造出一片動盪不安且危機四伏的荒野；於是，這個傻瓜，這個充滿渴望和絕望的囚徒發明了「良知譴責」。然而，「良知譴責」也帶來了最嚴重、最可怕的疾病，人類至今仍未痊癒，這就是人因爲他人而痛苦、人因爲**自己**而痛苦。這是粗暴地與野獸的過去決裂的結果，是突然躍入新的環境和生存條件的結果，也是向古老的本能宣戰的結果，即向一直以來構成了人的力量、樂趣和威嚴之基礎的那些本能宣戰的結果。我們還應該立即補充一點，在另一方面，伴隨著一個動物靈魂轉向了自身，採取了反對自己的立場，塵世間就出現了一些嶄新的、深邃的、前所未聞的、神祕莫測的、充滿矛盾而且**前途無量**的東西，從而使地球的面貌也因此發生了根本性的變化。事實上，這裡還必須有神靈作爲觀眾來欣賞這齣戲劇，而由此開場的戲劇，其結局還根本無法預料，這場戲太過精彩、太過神奇、也太過荒謬矛盾，它不可以在某個可笑的星辰上微不足道、毫無反響地上演！從此以後，人也成爲了最出乎意料且又最具刺激性的擲骰子遊戲中的一種，這些遊戲乃是赫拉克利特的「大孩子」[84]所玩耍的把戲，無論這孩子叫宙斯還是叫偶然，人爲自己製造了一種興趣、一種緊張、一種期待，甚至幾乎是一種信心，就

---

84 赫拉克利特的「大孩子」：赫拉克利特（Heraklit），約西元前五四四—四八三，前蘇格拉底時代的古希臘哲人。——尼采此處引用的是赫拉克利特的第五十二個斷片（出自 Hermann Diels 與 Walter Kranz 編輯的《前蘇格拉底哲人輯佚》）：「人的時運乃是一個玩耍的孩子，他隨意放置西洋棋子：孩子統治一切！」（〔譯按〕此斷片的德文翻譯爲「die Lebenszeit ist ein Knabe, der spielt, hin und her die Brettsteine setzt: Knabenregiment!」而英文的相關翻譯則是「Eternity is a child playing draughts, the kingly power is a child's」，即「永恆乃是一個玩跳棋的孩子；孩子掌握著王權」。兩個翻譯對應的都是希臘文中的 Aion 概念，即時間、永恆或是神性的擬人化。）——Pütz 版注

好像用這種遊戲可以爲自己預示和準備某些東西一樣，就好像人不是目的，[85]而只是一條道路、一個突發事件、一座橋梁、一個偉大的承諾。

十七

關於良知譴責起源的假設，首先有這樣一個前提：那種變革並不是漸進的、自願的，也並不表現爲一個適應了新條件的有機體的生長，而是一種斷裂、一次跳躍、一種強制、一種不可抗拒的厄運，既無法與之抗爭，也根本無法怨恨於斯。其次，一直無拘無束的、沒有定型的民眾被塞進某個固定的形式之中，此事乃是因爲某種暴力行爲而發軔，也只能因爲純粹的暴力行爲而被引向結束，所以，最早的「國家」就是作爲一種可怕的暴政，一架肆無忌憚、殘酷碾壓的機器而出現並發展的，直到它最終將民眾和半野獸們身上的相關原始材料徹底地揉捏和馴服，並且將其**塑造定型**。我使用了「國家」這個字眼，我的所指在這裡是不言而喻的——一群金髮野獸，[86]一個征服者和主人之種族，他們爲戰爭而組織起來，並且他們

85 人不是目的：參見尼采《查拉圖斯特拉如是說》第三卷中「論新舊標牌」的第三節。——Pütz 版注

86 金髮野獸：參見本書第一章的第十一節。——譯注

有力量進行組織，他們毫無顧忌地將魔爪伸向那些在數量上或許占有優勢，然而卻沒有組織形態、四處遊蕩的種族。「國家」就是這樣在塵世間興起的：我認爲，國家開始於「契約」的狂熱幻想[87]已經得到克服。如果有人能夠發號施令，如果有人天生就是「主人」，如果有人在行動上和舉止上表現強橫，這樣的人要契約何用！這樣的人是無法預測的，他們的出現就像命運一樣，不需要任何原因、不需要任何理性、不需要任何顧忌、不需要任何藉口；他們的到來如同閃電一般，太過可怕、太過突然、太過令人信服、太過「不同尋常」，甚至於都無法去恨他們。他們的活動就是本能地創造形式，本能地強行推進形式，他們是最漫不經心、最沒有相關意識的藝術家；在他們出現的地方，很快就會有新事物出現，即一個**活生生**的統治結構，這個結構中的各個部分與功能既相互區分又彼此關聯，任何東西都必須首先被鑲嵌上一種在整體層面上的「意義」，否則就根本無法找到自己的位子。這些天生的組織者們，他們不知道，什麼是罪欠、什麼是責任、什麼是顧忌；驅使他們的，是那種可怕的藝術家的個人主義，這種個人主義有著鐵石般堅定的目光，它已經提前預知，它將在自己的「作

87 國家開始於「契約」的狂熱幻想：暗指霍布斯、洛克（〔譯按〕John Locke，一六三二－一七〇四，英國哲學家）、普芬道夫（〔譯按〕Samuel Freiherr von Pufendorf，一六三二－一六九四，德國法學家及歷史學家）、康德，尤其是盧梭（《社會契約論》，一七六二年）爲代表的近代國家理論。——Pütz 版注

品」中獲得永恆的證明，這就如同母親在孩子的身上獲得證明一樣。「良知譴責」當然不是從**這些人**的身上滋生出來的，這點從一開始就是不言自明的。但是，假如**沒有他們**，也就不會生長出這株醜陋的植物，假如沒有他們的鐵錘打壓和藝術家的暴力手段，也就不會有如此大量的自由被排擠出這個世界了，或者說至少是被趕出了人們的視野，變得**不易覺察**了，而這樣也就不會有「良知譴責」的存在了。我們已經明白，這種被強制潛匿的**自由本能**，它受到了遏制，變得不再重要，被囚禁在了內心深處，並且最終只有向其自身發洩和釋放：而這個，也只有這個才是**良知譴責**的起源。

十八

這整個現象從一開始就是醜陋和痛苦的，但人們需要避免因此就蔑視它。從根本上而言，它甚至是這樣一種積極力量，該力量在那些暴力的藝術家和組織者那裡產生了更出色的作用，並且建立了國家，[88]但它在這裡卻是內向的、是更藐小、更狹隘的、是倒退的，或

---

88 並且建立了國家：供初版用的手寫付印稿上此處原寫作：「但是被轉向了外部」。——KSA 版注

者用歌德的話說，「在胸中的迷宮裡」，[89]它爲自己創造了良知譴責，建立了否定的理念，它就是那種**自由的本能**（用我自己的話說，就是權力意志）。只是這一力量的本質就是要塑造形式與施加暴力，而在這裡，供其施展和發洩的材料正是人自己，是人全部的、動物性的、古老的自我，**與之不同的是**那種更偉大、更引人矚目的現象，[90]在那裡供發洩的材料則是**他人**，是**其他的**人們。這種隱祕的自我強姦，這種藝術家的殘酷，它帶著濃厚的興趣把自己當成了一種沉重的、執拗的、飽受痛苦的材料，試圖賦予自己某種形式，並且給自己烙上某種意志、某種批判、某種矛盾、某種蔑視和某種否定的印記，這是一個甘願分裂自己的靈魂所從事的那種陰森的工作，這一工作既可怕又令人愉快。這個靈魂因爲以製造痛苦爲樂，所以才會給自己製造痛苦。所有這種**主動的**「良知譴責」——人們已經猜到了，乃是理想事件與臆測事件的眞正母體，它同時也孕育出大量新奇陌生的美麗和肯定，或許美本身也是在此時才誕生。假如美的對立面本身不先自己意識到自身的存在，假如醜不先對自己說「我是醜的」，那麼，什麼才是「美」呢？這一暗示至少有助於解謎，有助於解釋諸如**無私**、**自我否定**、**自我犧牲**這些充滿矛盾的概念在何種程度上能夠暗示一種理想、一種美；人

[326]

89 在胸中的迷宮裡：參見歌德的詩歌《對月》（*An den Mond*）。——KSA 版注

90 更偉大、更引人矚目的現象：當是指前一節所談到的「國家」。——譯注

們將來也就會明白一個問題，關於這一點我並不懷疑無私的人、否定自我的人、犧牲自我的人，他們所感受到的**樂趣**從一開始就是一個什麼樣子，那是一種殘酷的樂趣。關於「無私」這種**道德**價值的起源以及該價值所滋生之土壤的界定，我暫時就講這些，正是因爲有了良知譴責，有了自我折磨與虐待的意志，無私的**價值**才有了前提條件。

十九

毫無疑問，良知譴責是一種病，但是，它又是一種如同妊娠的疾病。現在讓我們來尋找一下這種疾病得以達到最可怕、也最高雅的程度的條件，我們將會看到，究竟是什麼促成了良知譴責的問世。此事說來話長，首先我們必須回顧一下之前的一個觀點。債務人與債權人之間的私法關係長期以來都是人們談論的話題，現在它再一次以一種引起歷史性關注和思考的方式，被解釋爲一種我們現代人或許最無法理解的關係——即**當代人與其祖先**的關係。在原始部族內部——我們說的是遠古時代，每一代人都承認，他們對於前代人，尤其是最早的部族建立者負有一種法律責任（這絕不是一種單純的情感聯繫，人們甚至有理由否認在人類最漫長的歷史中有過這種情感聯繫的存在）。這時的人們堅信，整個部族完全是因爲祖先的犧牲與功績才**得以存續**的，因此人們應當用犧牲和功績來**償還**祖先；人們甚至進而承認這是一種仍在持續增長的**債務**，因爲祖先們將作爲強大的幽靈繼續存在，他們會不斷用他們的力量向部族提供新的優惠和新的預付款項。這是無償的嗎？但是，對於那些殘酷的、「靈魂貧困的」時代來說，並不存在什麼所謂的「無償」。人們能夠償還給祖先什麼呢？用祭品（剛開始出於最簡單粗暴的理解，供奉食品）、用節慶、用神龕、用儀禮，而最主要的是用服從，因爲所有習俗既是祖先的傑作，也是祖先的規章和命令，人們能否讓祖先滿意？這個疑問不僅遺留至今，而且還在不斷增大。隨著時間的推移，這一疑問還迫使人們清償整批的債務，用某種巨額的代價向「債權人」還債（比如，臭名昭著的供奉頭生子，[91]不管怎樣都要有鮮血，要有人血）。按照這種邏輯，對祖先及其力量的畏懼，以及對於祖先抱有的負債意識，就必然隨著種族本身權勢的增加而增加，種族本身愈是獲勝、愈是獨立、愈是受人尊敬和讓人畏懼，這種畏懼和意識就愈多。相反的情況卻從未有過！種族每向停滯多邁進一步，每一次不幸的偶然事件，每一個退化和即將解體的徵兆，都會**減少**對其開創者鬼魂的畏懼，降低對其祖先的才智、預見和影響力的想像與評價。如果人們仔細思考這種粗淺的邏輯，就會發現其最終結果無非是：不斷增長的畏懼最終必將把**最強大**種族的祖先幻想爲一個巨人，並把他們推回到一種陰森可怖的、不可思議的、充滿神性的幽暗境地；祖先最後不可避免地變成了一個**神**。這或許就是諸神的起源，也就是說，神起源於**畏懼**！如果有人認爲

91 供奉頭生子：參本章第三節。——譯注

有必要補充一句：「神也源於虔敬」的話，那麼，他將會看到，這一點很難為人類最漫長的早期，即人類的遠古時期所證實。它更不會被人類的**中間時期**所證明，高貴的種族正是在這一時期形成的；這時的他們在事實上已經連本帶利地將他們從其創始者、他們的祖先（英雄、諸神）那裡借到的所有品質全部還清了，在此期間，這些品質已經明顯為他們所擁有，那就是**高貴的**品質。我們在後面將會看到諸神的貴族化和高尚化（這當然絕對不是「神聖化」）：但是現在，就讓我們先結束罪欠意識發展的整個過程吧！

二十

歷史教誨我們，人欠著神靈的債，這種意識在「部族」這種血緣組織形式衰落以後，並沒有消失；正如人類從種族的貴族那裡繼承了「好與壞」的概念（還包括他們喜歡劃分等級的基本心理傾向）一樣，人類也以同樣方式繼承了種族和部落的神靈觀，並且同時也繼承了債務尚未付清的壓力和清償債務的願望。（而這一轉變是由廣大的奴隸和附庸種族完成的，無論是因為被迫，還是由於屈服，或者出於生物擬態[92]的考慮，他們適應了其主人們

---

92 生物擬態（mimicry）：指弱小動物在顏色和形體上模仿較強大的或透過其他方式得到保護的動物，或者與其

的神靈崇拜，這種遺產從他們那裡流向了四面八方。）這種面對神靈的罪欠感，數千年來一直持續不斷地發展，並且與塵世間的神靈概念以及人對神靈的感情一起保持著同比例的增長，從而達到了高峰。（種族之間的鬥爭、勝利、相互和解、相互融合的全部歷史，以及在每一次大的種族融合中各個民族元素最終確定等級秩序之前所發生的一切事情，[93]全都反映在諸神那雜亂無章的譜系之中，反映在有關他們的鬥爭、勝利與和解的傳說之中；向著世界性帝國的前進道路，也總是向著世界性神靈的前進道路，而專制政體及其獨立不羈的貴族所進行的征服活動，又總是爲某種一神教[94]開闢了道路。）基督教的上帝乃是迄今爲止所達到的最高神靈，所以他的出現當然也使塵世間的罪欠感達到了最大値。假設我們逐漸進入了**逆向的**運動之中，那麼，我們就可以毫不猶豫地從不可阻擋的基督教信仰的衰退中得出結論：現在人類的罪欠感也已經明顯減弱了；人們不可否認這樣一種前景：無神論全面和最終

環境保持一致。——Pütz 版注

93 以及在每一次大的種族融合中（……）所發生的一切事情：供初版用的手寫付印稿上此處寫作：以及在每一次大的民族融合中各個民族元素最終確定等級秩序的全部事實。——KSA 版注

94 一神教：指只有唯一一個神靈的宗教觀（例如猶太教、基督教、伊斯蘭教），它與以國家爲特徵的高等文明發展階段有著密切關聯；一神教造成了部落和早期高等文明的多神教宗教觀的解體。——Pütz 版注

的勝利或許會把人類從其對祖先、對 causa prima[95] 的全部負債感情中解脫出來。無神論和某種形式的**第二次無辜**是相輔相成的。

二十一

關於「罪欠」、「義務」等概念與宗教前提之間的關聯，暫且粗略地就講這些。此前我故意不提這些概念原本的道德化問題（即將這些概念重新推回良知領域，或者確切地說，將**良知譴責**的概念與神的概念纏繞在一起），而且我在上一節結尾處的話語甚至會給人留下這樣的印象，即這種道德化似乎根本不存在；因此，在這些概念的前提，即對我們的「債權人」——上帝的信仰崩潰以後，這些概念似乎也必然走到了盡頭。然而可怕的是，事實並不與此相符。隨著罪欠、義務等概念的道德化，隨著這些概念被推回**良知譴責的**領域，確實產生過企圖**逆轉**上述發展方向，至少是讓它停頓下來的嘗試：現在正是**應當**悲觀地放棄那種希望一勞永逸地清償債務的願景，現在**應當**讓人們的目光狠狠地撞在毫無希望可言的現實

---

95 causa prima：拉丁文，即第一原因。在湯瑪斯．阿奎那的哲學觀念中，上帝作為創世者乃是第一原因，同時也是他自己的第一原因（即 causa sui，自因）。——Pütz 版注

[331]

鐵壁上，然後絕望地彈回，現在還應當使「罪欠」、「義務」等概念翻轉回去，那麼針對的到底是**誰**呢？毫無疑問，首先針對的是「債務人」，在他的身上，「良知譴責」已經扎根，深入肌體，不斷擴展，並且像息肉一樣延展向一切廣度和深度，最終他會產生債務根本無法解決的思想，隨之也會產生償還行爲根本無濟於事，根本不可能實現全部還清的想法（即「**永恆的懲罰**」的思想），不過，矛頭最終甚至指向了「債權人」，人們在這時會聯想到人的 causa prima、聯想到人類種族的起源、聯想到人類的祖先（「亞當」、「原罪」、「非自由意志」），他們從此受到了詛咒；或者還會聯想到自然，它曾經孕育了人類，所以從此以後惡的原則也被安放在裡面（「自然的妖魔化」）；或者甚至聯想到人生存在本身，它已經變得**毫無價值**可言（虛無主義式的脫離存在，渴望進入虛無，或者說渴望進入存在的對立面，即別樣的存在、佛教或其他類似情況）。最後，我們面前突然出現了那個既自相矛盾又令人害怕的出路，而飽受折磨的人類終於找到了暫時的寬慰，那就是**基督教**的天才之作：上帝爲了人的債務而犧牲自己，上帝讓自己償還自己，唯有上帝能夠償還人本身無法償還的債務。債權人爲了債務人而犧牲自己，這是出於**愛**（人們應該相信嗎？），是出於對他的債務人的愛！

二十二

人們或許已經猜到，伴隨著這一切以及在這一切**之中**究竟發生了什麼？就是那種自我虐待的意志，那種反向的殘酷，它來自於那個被內在化的、被驅趕回自身的動物人，那個爲了馴服的目的而被禁錮在「國家」中的人，他有著製造痛苦的欲望，而在發洩該種欲望的**更爲自然**的途徑遭到堵塞之後，他發明了良知譴責，爲的是給自己製造痛苦，這個懷著良知譴責的人將宗教的假定前提緊緊抓在手中，爲的是使人的自我折磨恐怖到無以復加的程度。人欠著**上帝**的債，這一想法已經變成了他的刑具。他在「上帝」身上抓住了最終與他身上眞正的、不可消除的動物本能相對立的東西，並且把這些動物本能解釋爲欠上帝的債務（看作是對「主」、對「聖父」、對人類始祖和世界起源的敵視、抗拒和反叛），他將自己置身於「上帝」和「魔鬼」的對立之中，他否定自己、否定自己本質的天性、自然性和眞實性，但卻對由自己派生出來的東西加以肯定，將其當作一種存在的、生動的、眞實的東西，當作上帝、當作上帝的神聖之處、當作上帝的審判、當作上帝的、當作彼岸、當作永恆、當作無休止的折磨、當作地獄、當作永無止境的懲罰和罪欠。這是發生在殘酷心靈中的一種絕無僅有的意志錯亂；人的**意志**，認爲自己的罪欠和卑鄙甚至到了不可救贖的地步；他的意志設想人理應受到懲罰，而懲罰絕不足以與其罪欠等價；他的意志力圖用懲罰與罪欠的問題來汙染和毒化事物最基本的原因，以便一勞永逸地切斷他的出路，防止他走出這一「固定觀念」[96]的迷宮；這種**意志**企圖建立一種理念，那就是「神聖的上帝」的理念，爲的是確證人在上帝面前一文不值。哦，人啊！就是瘋癲而又可恥的野獸！他們的**野獸行徑**一旦稍稍受到阻止，各種稀奇古怪的想法就會紛至遝來，他們的反常、他們的荒唐和他們的**獸性思想**也會立即發作出來！所有這一切都極其有趣，不過也具有一種黑色的、陰暗的、讓人神經疲憊的哀傷，以至於人們不得不強行禁止自己，不要對這些深淵注視太久。毫無疑問，這是一種病，是迄今還在摧殘人類的最可怕的疾病，如果還有誰能夠聽見（然而今天的人們對此已經不屑一顧！），在這個充滿了折磨與荒謬的黑夜，**愛**的呼喊，那種最令人渴求的陶醉的呼叫，那種在愛中尋求拯救的呼喊是如何響起的話，那麼他會被一種不可克服的恐懼所控制，然後轉身離去。人身上竟有如此之多可怕的東西！地球成爲瘋人院已經太久了！

二十三

這一切已經足以永久性地說明「神聖上帝」的來源。有關諸神的設想**本身**並不必然會導

96 固定觀念：參見本書第一章第二節和第六節。——譯注

致這種幻想的拙劣化，然而，在歷史上，我們總是不允許自己淡忘這一拙劣的幻想，哪怕是片刻也不行。近幾千年來歐洲人已經將這種自戕自辱發展到了登峰造極的地步，但事實上存在著很多比這個**更爲高貴**的方式，可以用來幻想諸神的故事。幸運的是，只要人們瞥一眼**希臘的諸神**，都會確信這一點。希臘諸神乃是高貴而又驕橫的人類的反映，這些人內心深處的**野獸**也感覺自己被神聖化了，而**不再**是自我撕咬、自我摧殘了！希臘人在漫長的時間裡一直利用他們的諸神，就是爲了能夠遠離「良知譴責」，爲了能夠讓自己的自由靈魂保持快樂：也就是說，用一種與基督教相反的理解去利用他的神。這些出類拔萃、英勇無比的天眞的傢伙，他們在這方面走得**太遠**了；一個不亞於荷馬史詩中的宙斯的權威會不時地告知他們，他們的行事過於輕率。有一次，在談到一個**非常惡劣**的事件，即埃癸斯托斯事件[97]時，宙斯這樣說道：

97 埃癸斯托斯（Ägisthos）：古希臘神話中堤厄斯忒斯（Thyestes）與其女菲洛庇婭（Pelopeia）所生的兒子，殺死了自己的養父阿特柔斯（Atreus），奪取了邁錫尼（Mykene）的王位。後被阿伽門農驅逐，他又勾引了阿伽門農的妻子克呂泰涅斯特拉（Klytämnestra），謀殺了阿伽門農，後被阿伽門農的兒子俄瑞斯忒斯（Orest）殺死。下面的引文出自荷馬史詩《奧德賽》（卷一，行三十二—三十四）。——Pütz 版注眞是奇怪，這些凡人總喜歡埋怨天神！
說什麼災禍都是我們降下的；然而，
他們卻是由於糊塗，也由於違抗命運，才製造了自己的不幸。

然而，人們在這裡也同時聽到和看到，這位奧林匹亞山上的旁觀者和法官並沒有因此怨恨他們，也沒有把他們想得很壞；他在看到凡人胡作非爲時，也只是在想，「他們可眞**愚蠢**！」「愚蠢」、「無知」，還有少許「精神錯亂」，這些就是希臘人在其最強大、最勇猛的年代裡所**認可**的導致許多禍患和災難的原因——愚蠢，而**不是**罪！你們明白了嗎？不過，這裡的精神錯亂的確是個問題，「精神錯亂是如何發生的呢？我們出身高貴、生活幸福、教育良好、地位顯赫、品位高雅、品德高尚，我們的大腦是怎麼患上這一毛病的呢？」數百年來，高貴的希臘人每當遇到他們中的一員用其無法理解的殘暴和惡行來玷汙自己的時候，他們總會提出這樣的問題。最後，他們會搖著頭說：「他肯定是受了某個**神**的迷惑。」這是**典型的**希臘式的遁辭。在當時，諸神就是透過這種方式在一定程度上爲人，甚至爲人的惡劣行徑作辯護，諸神變成了惡的原因，在那個時候，諸神不會親身去承擔刑罰，而是承擔罪欠，這樣當然**更高貴**。

[335]

二十四

可能有人會注意到，我是用三個懸而未決的疑問來結束這一章的。有人或許會問我：「這裡究竟是確立了一種理想，還是毀滅了一種理想呢？」但是，你們究竟有沒有徹底地問過自己，在塵世間建立任何一個理想需要付出多大的代價？人們又被迫歪曲和誤解了多少事實、神聖化了多少謊言、攪亂了多少良知、又犧牲了多少「神靈」？為了建立一個神聖物，**就必定要毀滅另一個神聖物**，這是一個規律——誰能向我說出這個規律失靈的情況！我們現代人，我們是數千年的良知解剖和自我虐待[98]的繼承者；我們在這方面練習得最久，或許我們還展現了一定的藝術才能，不管怎麼說，我們在這個問題上有著嫻熟的技巧和挑剔的口味。人們用「邪惡的目光」來觀察自己的天然嗜好的時間太過久遠，以至於天然的嗜好最終與「良知譴責」緊密結合在一起。從相反的角度進行嘗試，**從其自身來看**是可能的；但是，誰有足夠強大的力量去做這件事？這就是說把**非天然的**嗜好，所有那些嚮往彼岸世界、向著

98 良知解剖和自我虐待（Gewissens-Vivisektion und Selbst-Thierquälerei）：此處解剖指的是在動物身上進行的活體解剖。活著的人透過基督教的奴隸道德將其自然形成的良知、他的動物性和他的本能欲求像「做手術一樣」摘除了，並且以此折磨著人類高貴的、野獸般的天性。——Pütz 版注

違背感官知覺、向著違背本能、違背自然、違背動物本能的希望和抱負，一語概之，就是將迄今爲止所有那些敵視生命、詆毀塵世的理想與良知譴責緊密地結合在一起。今天，**這樣的**期望和要求又可以寄託在誰的身上呢？這一點也許恰恰會遭到那些**善良的**人們的反對；順理成章的還有那些安逸的、缺乏鬥志的、虛榮的、狂熱的、疲憊的人們；如果我們讓人們注意到他們對待自身的嚴厲程度以及所達到的高度，那麼又有什麼能夠比這樣做更具侮辱性、能夠更徹底地把人分離開來？從另一方面來說，當我們和其他所有人一樣行事，並且與他們「一同放縱」，那麼，他們對我們又會變得多麼和藹友善！爲了實現這個目標，就需要一些正在這個時代不可能存在的**另一種**傑出人物，這些人物，他們受到戰爭和勝利的激勵，他們將征服、冒險、危險，甚至是痛苦都變成了自身的需求；爲了實現這個目標，就需要習慣凜冽的高山空氣、冬日裡的漫遊和各式各樣的冰雪和山巒，同時還需要一種崇高的惡毒，一種在人類身上所剩不多的最自信的認識勇氣，而這勇氣乃是非常健康的一種表現，因爲人們已經太過卑微而且疾病纏身，所以恰恰需要這種**偉大的健康**！如今的人們還能有這樣的健康嗎？但是，在未來的某個時候，在一個比我們這個腐朽的、自我懷疑的現代更加強大的時代，那個人一定會來到，那是心懷偉大的愛和蔑視的**救世**之人，他就是創造精神，他那逼人的力量讓他一再遠離一切的偏遠與彼岸，然而他的孤獨卻被民眾誤解爲**逃避**現實。而事實上，他的孤獨只是意味著他在**投身**現實、**埋頭**現實、**深入**現實，而其目的則是爲了，如果將來有一天他重新回到公眾視野的話，他能夠從中找到拯救現實的方法並且把它帶回家；也就

[336]

是把現實從迄今爲止的那些理想所加諸它的詛咒中拯救出來。這個未來的人，他同時也會把我們從先前的理想中拯救出來，把我們從**這些理想所派生的東西**中拯救出來，把我們從無限的憎惡中、從虛無意志中、從虛無主義中解救出來。他是正午的鐘聲[99]和偉大決定的鐘聲，他將讓意志重新變得自由，讓地球重新擁有自己的目標，讓人重新獲得希望。他是反基督主義者和反虛無主義者，[100]他是擊敗上帝和虛無的勝利者，**他總有一天會來到**。[101]

二十五

可是我還在說什麼呢？夠了！夠了！我在這裡應當做的只有一件事，那就是沉默。否則，我就是侵犯了專屬於某個人的權利，這個人比我更年輕、更「代表未來」，也更強大。這權力只屬於**查拉圖斯特拉**，不信神的**查拉圖斯特拉**。

---

99 正午的鐘聲：參本書前言的第一節。——Pütz 版注

100 反基督主義者和反虛無主義者：在這裡，尼采再次用簡練的文筆清晰地表達出自己的觀點，那就是這個備受期待的新人類不僅要克服基督教及其道德，同時也要克服悲觀主義的與虛無主義的現代性。——Pütz 版注

101 帶回家（……）他總有一天會來到：供初版用的手寫付印稿上寫作：「他將成爲拯救現實的方法（……）這個未來的人，他將把我們從先前的理想中拯救出來，擊敗上帝的勝利者總有一天會來到。」後來又增加了第二十五節。——KSA 版注

第三章　禁欲主義理念意味著什麼？

無憂無慮、樂於嘲諷、剛強有力——這就是智慧對我們的期望；智慧是個女人，她永遠只愛一個武士。

——《查拉圖斯特拉如是說》[1]

一[2]

禁欲主義的理念意味著什麼呢？在藝術家看來是無所意味或者意味太多；在哲人和學者們看來，禁欲主義理念就好像是直覺和本能一類的東西，能夠幫人覺察到高級精神活動所需的最有利條件；在女人看來，禁欲主義理念充其量不過是**又**一種可愛的誘惑，是漂亮肉體上的少許 morbidezza，[3]是一隻漂亮而且胖乎乎的動物的柔嫩可愛之處；在生理上遭遇不幸的人和無法正常發揮生理功能的人看來（在**大多數**終有一死的凡人看來），禁欲主義理念意味

1 無憂、嘲諷（……）：參尼采《查拉圖斯特拉如是說》第一卷，「論閱讀和寫作」。——Pütz 版注

2 本節是後來加進去的，在供初版用的手寫付印稿上，第二節原本是第三章的開始。——KSA 版注

3 morbidezza：義大利語，柔弱、虛弱。（〔譯按〕此處解釋似乎有誤，該詞原是繪畫術語，當是「柔美、細膩」之意。）——Pütz 版注

著一種嘗試，可以讓他們感覺自己對於這個世界來說「太過優秀」，是他們自我放縱的一種神聖形式，是他們與慢性痛苦和無聊進行鬥爭的主要武器；在祭司們看來，[4]禁欲主義理念乃是他們的眞正信仰，是他們行使權力的最好工具，是他們追求權力的「最高」許可證；最後，在聖徒們看來，禁欲主義理念是他們冬眠的藉口，是他們 novissima gloriae cupido，[5]是他們在虛無（「上帝」）中的安息，是他們精神錯亂的形式。禁欲主義的理念對於人來說竟然有如此多的意義，這裡表現出的乃是人類意志的基本事實，即他的 horror vacui。[6]**人需要一個目標**——人寧可希望**虛無**，也不願**空無**希望。聽清楚我說的話了嗎？已經聽懂了嗎？「**完全沒有！我的先生！**」那麼，還是讓我們從頭開始吧！

二

禁欲主義的理念意味著什麼？我還是舉一個例子，因爲經常有人問我這樣的問題，一個

4　在祭司們看來：參本書第一章第六節。——譯注

5　novissima gloriae cupido：拉丁文，對於榮耀的最後渴求。——Pütz 版注

6　horror vacui：拉丁文，對於空虛的恐懼；在亞里斯多德的術語中，該詞表示的乃是人類天性中對於空曠空間的反感。——Pütz 版注

[340]

像理查．華格納[7]這樣的藝術家在其晚年竟然尊崇起貞潔禁欲，這意味著什麼呢？當然，從某種意義上來說，華格納一貫如此；但是直到其生命的最後時期，他才從禁欲主義的意義上去做這件事情。這種「意義」上的變化，這種意義上急劇的突變意味著什麼呢？因爲這次突

---

7 理查．華格納（Richard Wagner）：一八一三—一八八三，德國樂隊指揮、作曲家及文學家；從《漂泊的荷蘭人》開始，他致力於創作具有德國特色的「樂劇」（Musikdrama），此前的義大利與法國式的歌劇形式會對詠歎調和宣敘調進行嚴格區分，而華格納則讓臺詞以吟誦的方式表現出來，並且與以主導動機爲通譜形式的音樂共同形成一個「樂劇」的整體，從而瓦解了傳統的歌劇形式。

尼采與華格納訂交於一八六八年。在他的《悲劇的誕生：源於音樂的靈魂》中，尼采認爲古希臘的悲劇是由爲崇拜酒神狄俄尼索斯而進行的狄俄尼索斯式的合唱歌舞發展而來。而自從蘇格拉底開啓了啓蒙進程之後，尼采認爲藝術一直在衰落，他相信，他在華格納的作品中找到了一種從音樂精神中誕生的悲劇的革新。

而在《不合時宜的沉思》的第四篇（一八七五／一八七六）中，儘管尼采依然對華格納的音樂給出了極高的評價，但他還是批評了華格納的創作能力以及華格納試圖成爲未來文化先驅的訴求。兩人的友誼終結於一八七六年，就在華格納在拜羅伊特實現了他的音樂節計畫之後。在尼采後期的作品裡，他將華格納的作品分析並批判爲文化頹廢的表現。在《華格納事件》與《尼采反華格納》（均發表於一八八八年）中，尼采繼續對他在《道德的譜系》中所發表過的針對華格納的論斷進行論證，例如華格納在歌劇《帕西法爾》中很明顯在向基督教靠攏（參見本章第三節）。——Pütz 版注

變是這樣的，華格納徑直跳到了自己的對立面去。一個藝術家突然跳到了自己的對立面，這意味著什麼呢？假如我們要在這個問題上稍作停留的話，那麼，我們馬上就會回憶起那段時光，那或許是華格納一生最美好、最強盛、最樂觀、**最勇敢**的時光。那時候，華格納在其內心深處反覆構思《路德的婚禮》。有誰知道：究竟是由於哪些偶然的原因使得我們今天欣賞到的不是這齣婚禮音樂，而是《工匠歌手》[8]呢？而在後者中又或許有幾多前者的旋律在繼

8 《路德的婚禮》（……）《工匠歌手》：華格納的歌劇《紐倫堡的工匠歌手》（〔譯按〕*Meistersinger von Nürnberg*，簡稱《工匠歌手》，國內也常譯爲《名歌手》。工匠歌曲或工匠詩歌乃是十四—十六世紀流行於德國的市民歌曲，歌手都是手工業工人，有專門的工匠歌曲學校和比賽。既能寫詞譜曲又在比賽中獲得優勝者，被冠以「工匠歌手」的美稱。）於一八六八年六月二十一日在漢斯·馮·彪羅（〔譯按〕Hans von Bülow，一八三〇—一八九四，德國鋼琴家和指揮家）的領導下於慕尼黑首次公演。在此之後，準確地說是在當年的八月十九日和二十二日，華格納記錄下了他要創作一部名爲《路德的婚禮》（*Luthers Hochzeit*）的話劇的一些想法。創作取材於當年的奧斯定會修士（Augustinermönch）及宗教改革者馬丁·路德（一四八三—一五四六）與熙篤會修女（Zisterziensernonne）卡塔琳娜·馮·博拉（〔譯按〕Katharina von Bora，一四九九—一五五二，路德的妻子，原爲修女，後還俗。）於一五二五年締結的婚姻。在他的宣傳小冊子《論婚姻生活》（*Vom ehlichen Leben,* 1522）中，馬丁·路德提出，對於教士、修士與修女們而言，只要他們那自然的、由上帝賜予的性能力沒有因爲自然的限制或人爲的影響而受到損害的話，那麼他

續奏響？但是，毋庸置疑的是，在《路德的婚禮》中應當也頌揚了貞潔。不過同時也讚美了性欲；我認爲，這樣做才是正確的，這樣也就是「華格納式的風格」。因爲在貞潔與性欲之間並不存在必然的對立；每一樁美好的婚姻，每一份眞摯的愛情，都超越了這種對立。在我看來，華格納本可以做一件好事，利用一部優美果敢的路德喜劇，讓他的德國同胞再次把這件**令人愉悅**的事實記在心上，因爲不論過去還是現在，一直都有許多德國人在汙蔑中傷性欲；而路德最大的功績，或許莫過於他敢於承認他的**性欲**（當時的人們十分委婉地把性欲稱爲「福音新教的自由」）。甚至就是在貞潔與性欲眞的存在對立的情況下，這種對立也還遠遠不需要達到悲劇的地步。至少所有教養良好、心情愉快的凡人可能都會同意這種看法，他們不會同意把他們在「動物與天使」之間不穩定的平衡隨隨便便算作是反對生存（Dasein）

[341]

們所立下的關於保持貞潔和永不結婚的誓言是應當受到指責的。《路德的婚禮》的主題與構思與《工匠歌手》之間頗有一些相似之處，尤其是體現在後者的第三幕中，即由民眾表演的類似於合唱讚美詩的歌曲《醒來吧，天快亮了》（*Wach auf, es nahet gen den Tag*），該歌曲是爲了向漢斯．薩克斯致敬（〔譯按〕Hans Sachs，一四九四—一五七六，德國詩人，工匠詩歌的傑出代表，宗教改革的支持者）。在樂劇《工匠歌手》中，漢斯．薩克斯成爲了保守反動的工匠歌手與以年輕的法蘭克騎士瓦爾特．馮．施托爾青格（Walther von Stolzing）爲代表的進步藝術之間的調解人。——Pütz 版注的理由——他們中最傑出與最敏銳的人物，如歌德、哈菲茲，[9]甚至在這種不平衡中又看到了一種生命的魅力。正是這樣的「矛盾」引誘著人們去生存；而在另一方面，不言而喻，如果有一天讓不幸的豬去尊崇貞潔——確實有這樣的豬！它們只會在其中看到並且崇拜自己的反面，不幸的豬的反面。啊，它們又是用怎樣可悲的咕嚕聲和熱情去做這件事呀！人們可以設想一下，那種痛苦而又無謂的對立，毫無疑問，理查．華格納在其晚年就是想把這樣的對立塞進樂曲，搬上舞臺。人們或許可以問一句，**這是爲什麼呢**？因爲這些豬與他、與我們有什麼相干呢？

三

這裡自然不能回避另外一個問題，那個男性的（啊，實際上是如此非男性化的）「鄉下的天眞漢」與華格納到底有什麼相干，也就是那個可憐鬼，那個質樸少年帕西法爾，[10]那個

9 哈菲茲（Hafis）：即沙姆斯．奧丁．穆罕默德（Schams od-Din Mohammed），一三二〇—一三八九（〔譯按〕有辭書認爲是一三二五—一三九〇，也有認爲是一三二〇—一三八八），波斯抒情詩人。——Pütz 版注

10 帕西法爾（Parsifal）：係理查．華格納同名的晚年作品中的主人公。該劇最早創作於一八五七年，但直到一八八二年才完成，是華格納根據沃爾夫拉姆．馮．埃申巴赫（Wolfram von Eschenbach），約

最後被華格納用頗爲難堪的手段變成了天主教徒的人，他是怎麼做到的？他是**很認眞地**如此設想帕西法爾的嗎？因爲有人可能已經嘗試過從相反的角度去猜測，甚至是去盼望，盼望華格納式的帕西法爾是輕鬆愉悅的，就好像音樂的終曲和悲劇之後的羊人劇，[11]悲劇家華格納

一一七〇—一二二〇，德國中世紀宮廷史詩的最重要代表）的騎士教育小說《帕齊法爾》（〔譯按〕Parzival，約一二一〇年，是德國文學史上第一部成長教育小說）改編而成的「舞臺祭典型音樂節慶劇」（Bühnenweihfestspiel）。帕西法爾，是一個無知的傻瓜，他透過愛的同情力量拯救了之前因受到孔德麗（Kundry）誘惑而受傷的禁欲的和基督教的聖杯騎士之王安福塔斯（Amfortas），而背後指使孔德麗的人則是邪惡的魔法師克林索爾（Klingsor）。在這裡，華格納將叔本華的同情學說與基督教的愛之教義融合在一起。如果說叔本華關於揚棄個人發展的觀點早已爲華格納的歌劇「指環四部曲」中的《諸神的黃昏》（*Götterdämmerung*, 1869-1874）以及《特里斯坦與伊索爾德》（*Tristan und Isolde*, 1859）中的情死（Liebestod）提供了思想基礎的話，那麼基督教的聖杯和拯救母題則可以追溯到《羅恩格林》（Lohengrin, 1848）與《唐豪森》（Tannhuser, 1845）時期——但是與尼采的觀點相反的是，有人認爲，《帕西法爾》這部華格納最後的作品實際上是在與其之前的作品決裂。——Pütz 版注

11 羊人劇（Satyrdrama）：在古希臘狄俄尼索斯崇拜祭典中，在酒神頌歌（Dithyramben）與場景式的神祕宗教儀式（悲劇）之後，會有一個羊人劇（〔譯按〕國內又譯爲薩堤爾劇，即酒神的跟班薩堤爾，是半人半羊的淫蕩小神），喜劇就是由此發展而來。——Pütz 版注

則希望借此用一種對他而言恰當而且隆重的方式來和我們、也和他自己、和**悲劇的**所有一切做個告別，即毫無節制地對悲劇性進行最高程度的、也最具嘲弄態度的戲仿，這戲仿同時也針對以往塵世間一切可怕的嚴肅與悲慘，針對反自然的禁欲主義理想中的那個終於被人們克服了的**最粗暴**的形式。我說過，如果眞的這樣做，對於一位偉大的悲劇家而言那將是隆重莊嚴的；與所有藝術家一樣，一個偉大的悲劇家只有學會了**俯視**他自己和他的藝術以後、只有當他學會了**嘲笑**他自己以後，才能達到他的偉大的最後頂點。華格納的《帕西法爾》是否意味著他對自己的祕密的蔑視和嘲笑呢？是否意味著他成功地獲得了最後的和最高的藝術家自由，並且到達了藝術家的彼岸呢？我說過，人們希望是這樣，因爲一個**嚴肅認眞**的帕西法爾又會是個什麼樣子呢？人們是否眞的有必要（就像以前有人對我做過的那樣）把他看成是「某種針對認識、精神和性欲的瘋狂的仇恨所誕下的畸形產物」嗎？看成是同時針對感官與精神的仇恨詛咒嗎？看成是他對信仰的背叛，看成是他對那些基督教的病態理想和蒙昧主義理想的回歸嗎？最後甚至可以看成是一個藝術家本人的自我否定和自我取消嗎？也就是一位迄今爲止一直都在用他意志的全部力量去追求完全相反的東西，即讓他的藝術達到**最高的精神化與情欲化**（不僅僅是他的藝術，也包括他的生活）的藝術家，他在自我否定和自我取消

[342]

嗎？我們記得，華格納當年是多麼熱情地追隨哲人費爾巴哈[12]的腳步：費爾巴哈所說的「健康的性欲」，[13]這在三十年代與四十年代許多與華格納同輩的德國人（他們自稱爲「**青年**德意志人」[14]）聽起來就像是拯救世界的語言。他最終**改變觀念**了嗎？因爲至少他最後看起來似乎有**改弦易轍**的意願，而且不僅僅是從舞臺上用帕西法爾的長號[15]向觀眾鼓吹；在他晚年

---

12 費爾巴哈：路德維希・費爾巴哈（Ludwig Feuerbach），一八〇四—一八七二，德國哲學家，具有唯物主義與無神論基本思想的所謂的黑格爾左派。華格納從一八四九年開始接觸費爾巴哈的著作，他在自傳中提到了費爾巴哈的《論死與不朽》（*Tod und Unsterblichkeit*, 一八三〇）和《基督教的本質》（*Das Wesen des Christentums*, 一八四一）；而在《基督教的本質》一書中，費爾巴哈將對上帝的信仰解釋爲人類自我意識的超驗投射。——Pütz 版注

13 健康的性欲：參費爾巴哈，《未來哲學原理》（*Grundsätze der Philosophie der Zukunft*），蘇黎世，一八四三年出版，§31ff。——譯注

14 「青年德意志人」（die "jungen Deutschen"）：在法國一八三〇年七月革命之後，「青年德意志」（junges Deutschland）一詞主要用於稱呼以海涅、伯爾納（〔譯按〕Ludwig Börne，一七八六—一八三七，德國政論家與文學評論家，青年德意志派的主要人物）爲中心的自由革命派作家，尤其是跟蹤迫害這些作家的德國國家機構經常使用該詞。——Pütz 版注

15 帕西法爾的長號：在華格納《帕西法爾》的前奏曲中，長號負責傳達「信仰的母題」。——Pütz 版注

那昏晦、拘謹而又迷惘的重複寫作[16]中，有上百處地方流露出一種隱私的期望和意志，一種膽怯的、不確定的、他自己也不願意承認的意志，那就是眞正地去勸誡大家擁護回歸、皈依、否定、基督教、中世紀，並且去告訴他的信徒們說：「這裡只有虛無！到別的地方去尋找救贖吧！」他甚至還呼喚起了「救世主的血」。[17]

四

讓我就這種十分尷尬的情況發表一下我的看法，**這是一種很典型的情況**，我們最好是把一個藝術家和他的作品遠遠地分開，我們不必像對待他的作品那樣認眞地對待他本人。說到底，他只不過是他的作品的先決條件、母腹、土壤、也可能是作品賴以生長的糞肥，所以在

[343]

16 重複寫作：例如在華格納的論著《英雄氣概與基督教》（*Heldentum und Christentum*, 1881）中對他的另一本論著《宗教與藝術》（〔譯按〕Religion und Kunst, 1880，在華格納創作《帕西法爾》期間寫成）進行解釋與闡發，特別是闡發章節的第二部分。——Pütz 版注

17 「救世主的血」：華格納在《英雄氣概與基督教》中提到了這個詞（參見華格納，《論著與創作全集》〔*Gesammelte Schriften und Dichtungen*〕，第十卷，萊比錫，一九〇七年第四版，第二八〇—二八五頁）——Pütz 版注

絕大多數情況下，要想欣賞藝術作品，就必須把藝術家當作某種必須忘掉的東西。深究一部作品的**來歷**乃是那些精神意義上的生理學家和解剖學家們的事，和審美的人、和藝術家毫無關係，而且永無關係！在《帕西法爾》的創作者與導演身上保留了一種深入的、徹底的、甚至是可怕的、向著中世紀式的靈魂分裂過渡和墮落的傾向，保留了一種惡意地遠離精神的一切高度、嚴肅和規範[18]的傾向，以及一種智力上的**性變態**（請容許我使用這個詞），就好像一個懷孕的婦女很難避免妊娠期的嘔吐和怪癖：所以，如前所述，爲了享受嬰兒帶來的快樂，我們就必須**遺忘**這些。我們應當提防一種錯誤觀念，這也是一個藝術家自己很容易陷入的誤區，按照英國人的話說，這是由於心理學上的 contiguity；[19]似乎藝術家本人**就是**他所能展現、所能構思、所能表達的東西。而事實上，**如果**他眞是如此，那他就絕對不會去表現、去構思、去表達這些東西；假如荷馬就是阿喀琉斯，而歌德就是浮士德的話，那麼荷馬

---

18 一種惡意地（……）規範：供初版用的手寫付印稿上寫作：「毫無顧忌地遠離精神的一切光亮和美妙」。——KSA 版注

19 contiguity：英語，「相鄰聯想」，即想像或概念之間在空間或時間上的接觸、接近；這是英國經驗主義聯想主義心理學的一大聯結原則。參本書第一章第一節的註腳「一種盲目和偶然的觀念網絡和觀念機制」。——Pütz 版注

和歌德就不會去塑造阿喀琉斯和浮士德了。[20] 一個完美全面的藝術家永遠總是與「眞實」、與現實相分離的；不過我們也可以理解，藝術家有時也會對他內心最深處的這種永恆的「失眞」和虛假感到厭倦，甚至絕望，所以他接下來就有可能會嘗試著做一些對於他來說最犯禁的事，那就是向眞實挺進，去**變得**眞實。結果如何呢？我們可以猜測到，這就是**典型的藝術家的單純願望**（Velleität）：這就是連老邁的華格納都迷戀的單純願望，他為此不得不承受昂貴而且慘重的代價（他為此失去了他最有價值的朋友）。但是最後還有一點，如果撇開這種單純的願望不談，為了華格納著想，誰又不希望他用另外的方式來與我們以及他的藝術做個告別，不是用某個《帕西法爾》，而是以更成功、更自信、更具華格納風格的方式；誰又不希望在他的整體意志中能少些故弄玄虛、少些模棱兩可、少些叔本華的影響、少些虛無主義呢？

20 假如荷馬就是（……）不會去塑造阿喀琉斯和浮士德了：參《人性的、太人性的》（上卷）的格言二一一「阿喀琉斯與荷馬」。——KSA 版注

五

那麼禁欲主義理想究竟意味著什麼呢？如果是對於一位藝術家來說的話，我們可以徑直理解爲：**毫無意味**！或者意味太多，其實也等於毫無意味！那我們就先忽略藝術家，這些藝術家[21]反正長期以來就因無法獨立於世界和無法**反抗**世界而使得他們的價值觀及其轉變**本身**難以得到重視！不論在什麼年代，它們都是某種道德、某種哲學或某種宗教的僕從；而且很遺憾，除此以外，他們還經常像宮廷弄臣一樣對他們的支持者和資助者曲意逢迎，並且像個善於察言觀色的佞臣一樣在新舊暴力面前阿諛奉承。至少他們總是需要一個護衛、一個支柱，需要已經確立的權威的保護；藝術家從不代表自己，獨立自主違背他們最內在的本能。所以比如當「時機一成熟」，理查·華格納就把哲人叔本華當作他的保護人、他的護衛。如果沒有叔本華哲學爲其提供的支持，沒有叔本華在七十年代歐洲的**顯赫**聲望與權威，誰又能想像華格納會**有勇氣**尊崇禁欲主義的理想呢？（而且我們尚未考慮到，在**新的**德

21 那我們就先（……）這些藝術家：尼采私人自用本（He）上寫作：「最後，由此又能產生什麼呢！——這些藝術家先生們。」——KSA 版注

意志帝國裡，一個藝術家如果沒有虔誠的思想的乳汁，沒有忠於帝國的思想的乳汁[22]是否能夠存在下去。）我們在這裡遇到了一個更爲嚴峻的問題：如果一個眞正的**哲人**，一個像叔本華那樣有著眞正獨立精神的人，一個目光堅定的男人和騎士，他有自主的勇氣，懂得如何獨立，而不是等著有人來給他保護和來自更高層次的指示，如果這樣的人信奉禁欲主義理想，這又意味著什麼呢？[23]現在讓我們馬上來探討一下叔本華那奇特的、對於有些人而言甚至是迷人的**藝術觀**。因爲很顯然，**首先**是這一藝術觀促使理查·華格納投向叔本華（眾所周知，是詩人赫爾韋格[24]說服了他[25]），這樣一來，也使得華格納的早期和晚期的美學信仰之

22　虔誠的思想的乳汁，忠於帝國的思想的乳汁：此處借用的乃是席勒的詩劇《威廉·退爾》的用語（第四幕，第三場，行二五七四：「虔誠的思想的乳汁」），同時影射一八七一年德意志第二帝國成立之後德國經濟繁榮時期（Gründerjahre）的愛國主義思想。——Pütz 版注

23　我們在這裡遇到了一個更爲嚴峻的問題（……）這又意味著什麼呢？：此部分在尼采私人自用本（He）上被刪去。——KSA 版注

24　赫爾韋格（Georg Herwegh）：一八一五—一八七五，德國抒情詩人；曾在一八四八年參與過巴登起義者的革命運動，之後則與華格納（參加了德累斯頓革命）一樣逃亡去了瑞士。在那裡，一八五四年九月，赫爾韋格將叔本華的著作《作爲意志和表象的世界》贈給了華格納。——Pütz 版注

25　理查·華格納（……）赫爾韋格說服了他：參華格納的自傳《我的一生》（*Mein Leben*），編者爲 Martin

間就出現了全面的理論對立。例如，早期觀點反映在《歌劇與戲劇》[26]之中，而晚期觀點則出現在一八七〇年以後出版的作品[27]之中。也許最令人驚訝的是，華格納從此以後便毫無顧忌地改變了他對**音樂**自身價值與地位的判斷：在此之前，他一直把音樂當作是一種手段、一種媒介、一個「女人」，這個女人需要有一個目的、一個男人，才能夠成長發育——即發展爲戲劇，而這對他已不再重要！華格納突然意識到，運用叔本華的理論和創新，就可以

[346]

Gregor-Dellin，慕尼黑，一九六九年出版，第五二一—五二二頁。而尼采讀到的則是私人印製的三卷本的華格納自傳：第一卷（一八一三—一八四二），第二卷（一八四二—一八五〇），第三卷（一八五〇—一八六二），三個部分分別在一八七〇年、一八七二年和一八七五年印刷於巴塞爾。而第四卷（一八六二—一八六四）則在一八八〇年印刷於拜羅伊特，而尼采應當沒有讀到過這個部分；參編者 Martin Gregor-Dellin 爲其編撰的華格納自傳所撰寫的後記。——KSA 版注

26 《歌劇與戲劇》（*Oper und Drama*）：在這部完成於一八五一年的著作中，華格納提出了他對未來「樂劇」（Musikdrama）的初步構想。參本章第二節〔Pütz 版注〕「理查．華格納」。——Pütz 版注

27 一八七〇年以後出版的作品：如果說華格納在《歌劇與戲劇》中還在反對那種與戲劇分離的、絕對化的音樂的話，那麼從一八七〇年起，他開始主張音樂乃是建構所有戲劇結構的唯一條件。這一轉變正是在叔本華的影響下完成的，在叔本華看來，在所有藝術門類中，音樂最爲突出，因爲它客觀化的不是現象，而是自在自爲的意志。——Pütz 版注

在 majorem musicae gloriam[28] 方面大有可爲——也就是音樂擁有**主權**，或者正如叔本華所理解的那樣：音樂應當與其他所有藝術有所區別，應當是自在自爲的獨立藝術，它不應該像其他藝術那樣只限於反映與摹仿現象，而是應該更多地成爲意志自我表達的語言，它直接來自於「靈魂深處」，是對靈魂深處最自我、最原始、最直接的揭示。這種音樂價值的急劇上升似乎是從叔本華哲學當中發展成熟起來的，而與此相應的是，**那位音樂家**本人也得到了前所未有的驟然增值，他從此成了一道神諭（Orakel），一位祭司，而且不僅僅是祭司，而是「自在」之物的代言人，是彼岸世界的遠程傳聲筒，他成了上帝的心腹發言人，他從此不再僅僅談論音樂，而是開始談論形而上學。所以他終於有一天談起了**禁欲主義的理想**，這又何足爲怪呢？

六

叔本華利用了康德對美學問題的闡述，[29] 儘管叔本華肯定沒有用康德的眼光看問題。

---

28 majorem musicae gloriam：拉丁文，「爲了音樂更高的榮耀」（或「愈顯音樂榮耀」）；這裡尼采套用的乃是 ad majorem Dei gloriam（〔譯按〕天主教耶穌會的信條，即「愈顯主榮」）。——Pütz 版注

29 康德對美學問題的闡述：康德在《判斷力批判》（一七九〇）的「美的分析論」中，他系統地分析了審美判

康德意圖向藝術表達一種尊敬，而他的做法就是在美的那些謂詞（或屬性）當中偏愛那些使認識變得榮耀的謂詞（或屬性），並且將它們放在顯要位置：即非個體性和普遍有效性（Unpersönlichkeit und Allgemeingültigkeit）。我們在這裡姑且不論，這在根本上是不是一個錯誤選擇；我只想強調一點，康德與其他所有哲人一樣，不是從藝術家（創造者）的經驗出發去鎖定美學問題，而是僅僅從「觀察者」的角度出發去思考藝術和美的問題，而且還不知不覺地將「觀察者」本身也塞進了「美」的概念之中。要是那些研究美的哲人們對這樣的「觀察者」有足夠瞭解該多好啊！即瞭解到這樣的「觀察者」乃是一種偉大的、**具有個人色彩**的事實與經驗，乃是在美的領域內最自我的強烈體驗、欲望、驚奇和陶醉的一種集合！但是正如我所擔心的那樣，事實總是與此相反。從一開始，我們就立即從那些哲人那裡獲得了各種定義，這些定義與康德那個著名的關於美的定義一樣，它們都犯了一個根本性錯誤，這錯誤彷彿一條肥大的蛀蟲侵擾著它們，即這些定義都缺乏更爲細緻的自我體驗。康德說：「美就是**無利害心**（ohne Interesse）而且給人愉悅的東西。」無利害心！讓我們把這個定義與另一個定義比較一下，後者是由一位眞正的「觀察者」和藝術家做出的——他就是司

斷的四個契機，而尼采在這裡將引述的乃是第二個契機（「非個體性與普遍有效性」，§6）和第一個契機（「無利害心」，§2）。——Pütz 版注

湯達，[30]司湯達把美稱爲 une promesse de bonheur。[31]可以肯定的是，這種看法恰恰否定和排除了康德在審美狀態中想要單獨強調的東西：le désintéressement。[32]到底誰是正確的，是康德還是司湯達？我們的美學家們當然會往有利於康德一邊的秤盤加砝碼，他們說，美的魔力**甚至**能使人「無利害心」地觀看女人的裸體像，人們也許會對他們的良苦用心忍俊不禁；在這一棘手的問題上，**藝術家們**的經驗倒是「更具利害心的」，而皮格馬利翁[33]無論如何都肯定**不是**一個「不會審美的人」。我們會因此愈加肯定我們的美學家們的無辜和清白，他們的無辜與清白就反映在之前的那些論據裡，比如，康德就慣於帶著鄉村牧師般的純眞來講授觸覺的特性，[34]讓我們把這看作他的榮耀！讓我們回到叔本華這裡，他以完全不同於康

---

30 司湯達（Stendhal）：原名亨利．貝爾（Henri Beyle, 1783-1842），法國作家。——Pütz 版注

31 une promesse de bonheur：法文，「一種對幸福的應許」；參司湯達，《羅馬、那不勒斯和佛羅倫斯》（*Rome, Naples et Florence*），巴黎，一八五四年出版，尼采生前藏書，第三十頁：「La beauté n'est jamais, ce me semble, qu'une promesse de Bonheur」（我認爲，美永遠是一種對幸福的應許）。——KSA 版注

32 le désintéressement：法文，無利害心。——Pütz 版注

33 皮格馬利翁（Pygmalion）：古希臘神話中的人物；賽普勒斯的國王，善雕刻，他愛上了一個由他本人創作的少女雕像。——Pütz 版注

34 康德（……）觸覺的特性：參見康德，《實用人類學》（*Anthropologie in pragmatischer Hinsicht*）中的「論

德的方式接觸藝術，但卻沒有擺脫康德定義的束縛。這是怎麼回事？叔本華用最爲私人的方式，而且從某種對他而言一定是最爲日常的經驗出發，來詮釋「無利害心」這一詞彙。這一情況是非常奇特的。叔本華在談論其他問題時，很少像談論美學沉思的效用[35]時那樣語氣如此堅定。他宣稱，美學沉思的效用恰恰與**性欲上的**「利害心」針鋒相對，它們就像蛇麻腺與樟腦[36]一樣互不相容，他不厭其煩地把**這種**對「意志」的擺脫讚美爲審美狀態的巨大優越性和用途。有人或許已經試著提出過疑問，叔本華關於「意志與表象」的基本構想，即只有透過「表象」才能使人從「意志」中解脫出來的這一思想，難道不是起源於一種性體驗的泛化嗎？（順便提一下，在有關叔本華哲學的所有問題上，都不能忽略一點，即它是一個二十六歲的年輕人的構想；因此，這一哲學體現的既是叔本華的特點，也是生命在那個季節的特點。）比如，如果我們傾聽一下，叔本華爲讚頌審美狀態而寫的無數篇章中最爲清楚明確的

觸覺」（Vom Sinne der Betastung），一七九八年第一版，第四十八頁。——Pütz 版注

35 美學沉思的效用：參叔本華，《作爲意志和表象的世界》，第一卷，第三篇，§34ff。——Pütz 版注

36 蛇麻腺和樟腦：蛇麻腺（Lupulin，〔譯按〕又譯爲忽布素）：啤酒花中的苦味成分，用於啤酒釀造，也可在醫學上用作鎮靜劑；樟腦（Kampher）：提煉自東南亞一帶生長的樟樹樹幹，有消炎和抑制性欲的功效（〔譯按〕此處似乎有誤，中醫上樟腦有促進性欲的作用，而西方也有將樟腦用作興奮劑的歷史，而且從前後邏輯看，蛇麻腺起到鎮靜作用，那麼樟腦應該起相反的興奮作用才對）。——Pütz 版注

一段（《作為意志和表象的世界》第一卷，第二三一頁[37]），我們就可以從中聽出他的語氣，聽出痛苦、幸福、還有感激，而正是感激之情才讓他說出了下面的話：「這就是沒有痛苦的狀態，伊比鳩魯[38]稱之為至善和神的境界；原來我們在這樣的瞬間已擺脫了可恥的意志之驅使，我們為得免於欲求強加給我們的勞役而慶祝安息日，[39]這時伊克西翁的轉火輪[40]停止轉動了」。多麼激烈的言辭！多麼痛苦、漫長、厭煩的景象！而「這樣的瞬間」與「伊克西翁的轉火輪」、「欲求強加給我們的苦役」、「可恥的意志之驅使」之間構成了近乎於病態的時間對照！但是，即使叔本華就他個人的角度而言是百分之百的正確，這對於我們洞見美的本質又有什麼用呢？叔本華曾描述了美的一個效用，即平靜意志（willen-calmirend）的效用，但這也是一種常規的效用嗎？如前所述，從氣質稟賦上看，司湯達的感性並不遜於叔本

37 《作為意志和表象的世界》第一卷，第二三一頁：尼采這裡所採用的文獻及頁碼出自富勞恩施德特（〔譯按〕Julius Frauenstädt，一八一三—一八七九，德國哲學家，與叔本華交好）編輯的版本。——Pütz 版注

38 伊比鳩魯（Epikuros）：西元前三四一—二七一年，古希臘哲人，其哲學核心就是倫理學。——譯注

39 安息日（Sabbat）：參本書第一章第十節的譯注猶太教安息日。——譯注

40 伊克西翁的轉火輪（Rad des Ixion）：在古希臘神話中，伊克西翁因為對人和神都做出了極端的行為而受罰，被綁在一個永遠轉動的輪子上，並且受到復仇女神的永恆折磨。（〔譯按〕另請參考本書第二章第三節的Pütz 版注輪磔之刑。）——Pütz 版注

華，但卻生活得比叔本華更幸福，他提出了美的另一個效用：「美**應許**幸福」。在他看來，**意志（利害心）的興奮**（Erregung des Willens）透過美而成爲事實。有人或許會專門反駁叔本華本人，說他在這裡非常錯誤地把自己看作是康德主義者，而他根本就沒有用康德的方式來理解康德關於美的定義——說美帶給他的愉悅也是因爲一種「利害心」，甚至是出於最強烈、最私人的利害心；那就是飽受折磨的人想要擺脫折磨的利害心。現在讓我們回到最初的那個問題上：「一個哲人信奉禁欲主義的理想，這**意味著**什麼呢？」我們在這裡至少獲得了第一個提示：他欲求**擺脫某種折磨**（Tortur）。

七

我們不要一聽到「折磨」這個詞就擺出陰沉的面孔。恰恰在這種情況下，我們會有足夠的理由期待出現相反的東西、分散注意力的東西，甚至還有某些好笑的東西。我們尤其不能忽略，叔本華在事實上把性（連同性的工具，即女人這個 instrumentum diaboli[41]）當作自

[349]

41 instrumentum diaboli：拉丁文，「惡魔的工具」；參叔本華，《附錄與補遺》（*Parerga und Paralipomena*），第二卷，第二十七章（「論女人」〔Über die Weiber〕）。——Pütz 版注

己的私敵，他**必須**有敵人，爲的是保持愉悅和樂觀；他熱愛暴烈惡毒、充滿怨恨的言語；他出於熱情，爲了發火而發火；假如沒有敵人、沒有黑格爾、[42]沒有女人、沒有性以及沒有生存與在此停留的全部意志的話，他就會生病，就會成爲一個**悲觀主義者**（因爲他並不是一個悲觀主義者，儘管他非常希望如此）。我們可以打賭，如果不是這樣，叔本華就不會在此停留，他就會離開這裡；但是他的敵人緊緊抓住他不放，他的敵人反覆不斷地引誘他去生存；他和古代的犬儒主義者[43]完全一樣，他的怒火就是他的提神飲料、他的休養、他的報酬、他的止吐藥、他的**幸福**。這一切都是叔本華最私人的事情；但另一方面在他身上還有某些具有典型意義的東西，這樣我們才回到了我們的問題上。毋庸爭議，只要塵世間有哲人存

42 黑格爾：格奧爾格·威廉·弗里德里希·黑格爾（Georg Wilhelm Friedrich Hegel），一七七〇—一八三一，德國哲學家。他的唯心主義學說主張，絕對精神透過辯證發展返回自身。這一觀點遭到了叔本華的猛烈攻擊（例如在叔本華的《論道德的基礎》的第一版前言中就是如此，一八四〇年出版）。（〔譯按〕傳說叔本華在柏林大學授課時不如黑格爾受歡迎，後來又打官司輸給了一個女人，尼采在這裡以及後文中似乎對此有所影射。）——Pütz 版注

43 古代的犬儒主義者：古希臘的犬儒（Kyniker）學派是由安提斯泰尼（Antisthenes），西元前四四四—三六八年創立，其目標是過著一種清心寡欲、不受國家與宗教約束的生活。直到後來，犬儒主義（Kynismus）才轉變爲一種蔑視所有文化價值與規範的近代犬儒主義或玩世不恭（Zynismus）。——Pütz 版注

在，只要是曾經存在過哲人的地方（從印度到英國，謹舉兩種截然相對的哲學氣質爲例），隨處都有哲人對性欲表現出眞正的神經過敏和仇視。叔本華可以說只是上述情感的最爲雄辯的爆發形式，而且如果我們仔細傾聽的話，就會發現，他也是最吸引人的和最令人陶醉的；同時，哲人們對全部禁欲主義理想有著眞正的偏愛和熱忱，對此我們應當開誠布公。如前所述，這兩種傾向都很典型；如果一個哲人缺少這兩點，那麼我們可以肯定地說，他只是一個「所謂的」哲人。**爲什麼要這樣說**呢？因爲我們首先必須將下面這一事實解釋清楚：哲人如同所有的「物自體」，他永遠都只是愚蠢地**依託自身**而存在。任何動物，所以也包括 la bête philosophe，[44]他們都本能地致力於爭取最佳的生存條件，以便能夠充分釋放其力量，並且最大限度地滿足其權力感；任何動物也會同樣本能地、並以一種「高於一切理性」的敏銳嗅覺，斷然排斥所有阻擋或有可能阻擋他通向最佳生存環境之路的搗亂分子和障礙（我所說的路，並不通向「幸福」，而是通向強力、通向行動、通向最強力的行動的道路，而在大多數情況下，這其實是通向不幸的道路）。因此，哲人對婚姻連同那些試圖勸人結婚的說教都深惡痛絕，婚姻乃是哲人通往最佳生存環境道路上的障礙和災難。迄今爲止，有哪些偉大

---

44 la bête philosophe：法文，會哲學思考的動物。——Pütz 版注

的哲人結過婚？赫拉克利特、柏拉圖、笛卡兒、[45]史賓諾莎、萊布尼茨、[46]康德、叔本華，他們都不曾結過婚，我們甚至都不可能設想他們會結婚。一個已婚的哲人，就是喜劇人物了，這是我提出的一個定律。蘇格拉底[47]是個例外，陰險的他玩世不恭地結了婚，似乎就是專門爲了演示我的這個定律。每一個哲人在得知兒子降生的時候，也許都會像佛[48]那樣說：「羅睺羅（Râhula）誕生了，枷鎖出現了。」[49]（羅睺羅在這裡是指「小魔頭」的意思。）每一個具有「自由精神」的人，如果以前是無憂無慮的話，那他這時必定會像佛陀曾經遇到的那樣經歷一個沉思時刻——「佛自忖道，家中生活太多壓抑，家是不潔之地，離家出走方

---

45 笛卡兒：勒內·笛卡兒（Réne Descartes），一五九六—一六五〇，法國哲學家、數學家與自然科學家。——Pütz 版注

46 萊布尼茨：戈特弗里德·威廉·萊布尼茨（Gottfried Wilhelm Leibniz），一六四六—一七一六，德國哲學家、物理學家、數學家、歷史學家和外交家。——Pütz 版注

47 蘇格拉底（Sokrates）：西元前四六九—三九九年，古希臘哲人，娶了克珊提珀（Xanthippe）爲妻，據傳說，他的妻子給他的生活帶來了很大困擾。——Pütz 版注

48 佛：參本書前言第五節 Pütz 版注佛教。——Pütz 版注

49 羅睺羅誕生了，枷鎖出現了：參 H. Oldenberg 的著作《佛陀——生平、學說與信徒》（*Buddha. Sein Leben, seine Lehre, seine Gemeinde*），柏林，一八八一年出版，第一二二頁。（尼采生前藏書）——KSA 版注

是自由」：「想到此處，他便離家而去」[50]。禁欲主義理想指出了如此之多的通往**獨立性**的橋梁，所以，哲人在聽到所有那些果敢的人有一天對著各種不自由說不，並且遁入**荒漠**[51]的故事時，其內心總是按捺不住歡呼雀躍，即使那些所謂果敢的人只不過是些強壯的驢子，完完全全就是強健精神的反面。那麼，對一位哲人來說，禁欲主義的理想意味著什麼呢？我的回答是——或許人們早已猜到：哲人可以微笑著看到，最高尚和勇猛的精神所適宜的最佳生存條件似乎就在眼前，觸手可及，他並不以此來否定「存在」，而是在這裡更加肯定他的存在，而且僅僅是他自己的存在；這種態度或許會膨脹到能夠使他們萌生這樣罪惡的願望：**pereat mundus, fiat philosophia, fiat philosophus, fiam！**[52]

---

50 「佛自忖道（……）他便離家而去」：參見 H. Oldenberg 的著作《佛陀——生平、學說與信徒》，第一二四頁。——KSA 版注

51 遁入荒漠：參本書第一章第六節 Pütz 版注進入荒漠。——譯注

52 **pereat ... fiam**：拉丁文，「即使世界毀滅，也要讓哲學實現，讓哲人實現，讓我實現」。（〔譯按〕此處套用的乃是神聖羅馬帝國皇帝斐迪南一世〔Ferdinand I, 1503-1564〕的名言 Fiat justicia et pereat mundus〔即使世界毀滅，也要實現正義〕。另參叔本華，《附錄與補遺》，第二卷，第十五章，「論宗教」之「宗教對話」中費拉勒修斯說：「不能這麼推論！我就不明白，因爲別人幼稚愚蠢，我就得對一大堆謊言惟命是從？我只崇尚眞理，絕不會對與其相悖的東西俯身相就。我的信條是『即使世界毀滅，眞理永存』（vigeat veritas, et

八

我們看到，這些哲人，他們並不是評判禁欲主義理想價值的公正的證人和法官！他們只考慮**自己**——「聖人」與他們何干！他們考慮的只是對他們不可或缺的東西。他們想要自由，擺脫強迫、干擾、喧鬧、事務、責任、煩惱；他們想要頭腦清明；他們想要思想舞蹈、跳躍和飛翔；他們想呼吸到清新的空氣，它稀薄、純淨、自由、乾燥，就像是山巔的風，能夠讓所有動物都增長才智，展翅高飛；他們想要所有的地下區域[53]保持安寧；他們希望把所有的狗都繫上鏈子；他們不想要敵意和仇恨的吠叫；不想要畸形野心的啃齧；他們想要節儉順從的內臟，讓它們如同磨盤一樣勤奮工作，但卻與它們保持較遠的距離；他們想要的心是陌生的、彼岸的、未來的、身後的。總而言之，他們所設想的禁欲主義理想，是一種神聖化、羽翼豐滿的動物的輕鬆愉快的禁欲主義，這種動物翱翔於生活之上而不是安於生活。人們都知道，禁欲主義理想的三個偉大的光輝口號是：貧窮、謙卑、貞潔。現在，如

[352]

---

pereat mundus），這就如同學法律的人的準則是：『即使世界毀滅，也要實現正義』。任何職業都應當有類似的準則。」）——Pütz 版注

53 地下區域（Souterrain）：本是法語詞，即「地下室」之意；這裡轉義爲人的低級的需求。——Pütz 版注

果人們從近處仔細觀察一下所有偉大的、有成就的和富於創造的思想家的生活，人們總能從中或多或少重新找到所有這三個特點。不難理解，這些看起來似乎都是他們的「美德」，但事實完全不是如此。這樣的人要美德有何用！這些是他們實現**最佳**生存和獲取**最優秀**成果的最基本與最自然的條件。當然，他們那處於支配地位的才智，很有可能必須首先用來約束一種無所節制、容易爆發的傲慢或者一種放縱不羈的性欲，或者也許在面對一種追求奢侈和精緻的傾向以及在面對一種揮霍性的自由時，他們的才智竭盡全力也只能非常艱難地維持他們遁入「荒漠」的意志。[54]但是，他們的才智成功了，作爲處於**支配地位**的本能，它在所有其他本能那裡都貫徹了自己的要求，它現在還在這樣做；若不如此，它就不可能居於支配地位。這裡沒有任何有關「美德」的問題。另外，我剛才說的那個**荒漠**，即那些天性強健和獨立的思想家退避隱居之所，也和那些有教養的人士所夢想的荒漠大相徑庭，也許這些有教養的人，他們本身就是荒漠。不過，可以肯定的是，所有精神的演員都根本無法忍受荒漠，對他們來說，荒漠遠遠不夠浪漫，不夠敘利亞風情，[55]不夠像戲劇沙漠！不過，那裡並不缺少駱駝：但裡面全部都是與駱駝相似的東西。那或許是一種人爲的陰暗朦朧；是一種對自身的

54 遁入「荒漠」的意志：參本書第一章第六節 Pütz 版注進入荒漠。——譯注

55 敘利亞風情：敘利亞沙漠可以算是世界上最早有人居住的沙漠，大馬士革也位於其邊緣的綠洲上。——譯注

逃避；一種對喧囂、神聖崇拜、報紙、影響的畏懼；是一個卑微的職位，一種瑣碎的日常生活，是某些東西，這些東西隱藏的部分多於其暴露的部分；偶爾與歡樂無害的鳥獸交流，頤養身心；也許是一座用來社交的山脈，[56]這山並不沉寂，山上有**眼**（是爲湖）；也許甚至是在某家擁擠的尋常客棧中的一間斗室，人們在那裡肯定會被人錯認，而且可以不受懲罰地與任何人聊天。這就是「荒漠」，請相信我，那裡是非常孤寂的！必須要承認，如果赫拉克利特退居到巨大的阿爾忒彌斯神廟[57]的庭院和柱廊之中，那樣的「荒漠」無疑是更莊嚴的：爲什麼我們沒有這樣的神廟？（我們或許**並不**缺少這類神廟。這倒使我想起了我那美妙無比的書房，即 Piazza di San Marco，[58]前提必須是春天，同時需要在上午十到十二點的時候。）而赫拉克利特當年要逃避的正是我們現在急於避免的——噪音和以弗所人那些民主主義式的

56　一座用來社交的山脈（……）：這裡所提到的細節（「山上有眼」，「尋常客棧」等）都暗指希爾斯－馬里亞村，尼采自一八八一年夏季開始經常在此逗留。（〔譯按〕參本書前言第八節譯注上恩加丁河谷的希爾斯－馬里亞村）——Pütz 版注

57　阿爾忒彌斯神廟：阿爾忒彌斯（Artemis），古希臘神話中的自然與狩獵女神。（〔譯按〕阿爾忒彌斯神廟就位於赫拉克利特出生的以弗所城，據傳說乃是世界七大奇蹟之一。）——Pütz 版注

58　Piazza di San Marco：義大利語，即威尼斯的聖馬可廣場。——Pütz 版注

聒噪，他們的政治，他們關於「帝國」[59]的新聞（我講的是波斯帝國），還有他們關於「今天」的種種雞毛蒜皮的小事。因爲我們哲人最迫切需要的莫過於寧靜，尤其是在「今天」。我們崇尚安靜、冷清、高貴、遙遠和過去，也就是那些當面對它們時，我們的心靈無須自我防衛和自我封閉的東西，我們可以與之交談，而無需**聲嘶力竭**。當某個思想者談論時，人們只需傾聽他的聲音：每一個思想者都有自己的聲調，並且喜歡自己的聲調。比如，那邊肯定是一個鼓動家，或許還是個頭腦空空的傢伙，像一口空空如也的鐵鍋，無論什麼東西進入他裡面，出來的時候都會變得遲鈍和臃腫，龐大空間的迴響更使其顯得笨重。那個人說話很少不斷嘶啞，也許他的**思想**也是嘶啞的？這很有可能，人們可以就此問問生理學家，但是，誰要是**咬文嚼字地**思考，那他就是個演說家，而不是思想家（於是他就暴露了：這個人不是思考事情，不是就事而思考，而是只思考那些與事物所發生的關聯，他眞正考慮的是他**自己**和聽眾）。而第三位說話者則喋喋不休，令人反感，他靠我們太近，他的呼吸撲在我們身上，我們很不情願地閉上了嘴，儘管他只是透過一本書在與我們說話，但具有他風格的聲音卻道出了他的內心深處——他沒有時間，他很難相信自己，他如果今天不說話就永遠也不會再發言了。而一個毫不懷疑自己的思想者，總是說話很輕；他尋微探幽，他會讓人對他有

---

59 帝國：這裡影射新成立的德意志第二帝國；而尼采故意用「波斯帝國」進行反諷性掩飾。——Pütz 版注

所期待。識別一個哲人的方法，就是看他是否回避三種閃閃發光而且喧鬧嘈嚷的東西：名望、君主、女人；但這並不是說，它們並不主動去找哲人。哲人害怕過分強烈的光線，因此他害怕他的時間和其中的「白晝」。他在其中就像是一個陰影，照著他的太陽愈趨下落，它也就變得愈大。至於他的「謙卑」，這就如同他忍受黑暗一樣，他也同樣忍受一定程度的依賴和遮掩。更有甚者，他害怕閃電帶來的干擾，他看見一棵孤立無依、沒有保護的樹就會畏縮不前，因爲每一種風暴都會向這棵樹發洩自己的情緒，而每一種情緒又都會向它發洩風暴。哲人的「母性」本能，也就是他對自己內心所滋長的東西的隱祕愛戀，向他暗示，在何種情形下他不允許考慮**自身**；這就如同女人內心的**母性**本能迄今仍然使得女人的依附性得以保持，兩者是一個道理。這些哲人，他們最終所要求的東西不多，他們的座右銘是：「誰占有，誰就將被占有」。正如我不得不一再重申的那樣，他們這樣做**並不是**出於一種美德，不是出於一種值得讚許的追求知足和樸素的意志，而是因爲他們的最高主宰**就是**這樣明智而又無情地要求他們的。這位主宰只關心一件事情，而所有的一切，時間、力量、愛情、興趣等，都是爲此而聚集和積蓄的。這樣的人不喜歡受到敵意的干擾，甚至友誼也不行；他們容易遺忘或蔑視其他事物。他們覺得，做殉道者令人生厭；他們把「爲眞理而受苦」的事情留給了野心勃勃的人、留給精神上的舞臺英雄們和那些有足夠時間去受難的人（而他們自己，這些哲人，卻必須爲眞理而**行動**）。他們很少使用那些偉大的字眼；有人說，就連「眞理」這個詞都是與他們相悖的，因爲這個詞聽起來像自我吹噓。最後讓我們談一談哲人的「貞潔」問題，這種人的成就很顯然不是體現在生兒育女上；或許也不體現在他們姓名的延續上，即那種渺小的不朽上（古印度的哲人們說得更為直接：「那個靈魂就是整個世界的人，他要子嗣何用？」）。[60]在這裡，貞潔根本不是來自某種禁欲主義的忌諱和對感官的仇恨，當一個角鬥士和賽馬師放棄女色的時候，他們並不是為了貞潔；而是他們那居於支配地位的本能要求這樣做，至少是為了那偉大的孕育準備階段。每個雜技演員都知道，在精神高度緊張和進行準備工作的情況下，性生活是多麼有害；而對於他們之中最強壯、最有天賦的演員而言，對此首先需要的不是經驗，不是糟糕的經驗，而是他們的「母性」本能。這種本能為了正在形成的作品而毫無顧忌地支配和使用其力量的其餘一切儲備，即支配和使用其動物生命的一切力量。於是，較大的力量**消耗和利用**了較小的力量。人們可以根據這種解釋來對照前面所述的叔本華的情況，他顯然是在看見美的時候受到觸動，刺激激發了其天性中的**主導力量**（思辨力和洞察力）；於是後者瞬間爆發出來，並一躍成為其意識的主宰。因此，也不能完全排除這種可能性，即審美狀態所特有的甜蜜和充實，正是可能來源於「性欲」（適宜婚配的姑娘所特有的「理想主義」也出自同一個來源），性欲就像叔本華所認為的那樣，並

60 「那些靈魂（……）要子嗣何用」：參 Paul Deussen 所著的《吠檀多體系》（*Das System des Vedânta*），萊比錫，一八八三年出版，第四三九頁。——譯注

沒有在審美狀態下被揚棄，而僅僅是改變了形態，不再作爲性衝動進入意識。（關於這個問題，當它牽涉到目前尚未被觸及和闡釋的**美學生理學**[61]的那些更爲棘手的問題時，我們還將對此繼續加以探討。）

九

我們已經看到，一定程度的禁欲主義，即最堅強意志所做的一種艱難而又愉快的自我禁忌，它既是最高精神活動的有益條件，同時也是這類活動最自然的結果。所以哲人們從來都是帶著一定的先入之見去看待禁欲主義理想的，這一點從一開始就不足爲怪。審慎的歷史回顧甚至能夠證明禁欲主義理想與哲學之間更爲密切和嚴謹的聯繫。人們或許可以說，哲學正是牽著禁欲主義理想的**襻帶**才開始在塵世間蹣跚學步的。啊！還是那麼笨拙。啊！他們的神情是那麼懊惱。啊！隨時準備著要摔跤，準備著要趴在地上。啊！這些笨手笨腳而且膽怯的小傢伙，這些小腿彎彎的嬌兒！哲學在初始階段的經歷和所有的善事是一樣的，他們總是

61　美學生理學（Physiologie der Ästhetik）：作爲生物學的分支，生理學乃是關於生物的細胞和器官如何進行反應與活動的學說，同時也研究在整個有機體中細胞及器官如何發生關聯的規律。而尼采在第三章則一再頻繁地拓展視野，嘗試從生理條件的角度來看待精神與文化現象，例如藝術和性欲的關係。——Pütz 版注

缺乏自信，不停地環顧四周，看看是否能有人願意幫助他們，他們甚至害怕所有看著他們的人。讓我們逐個清點一下哲人的本能和美德吧！他有懷疑本能、有否定本能、有觀望（猶豫[62]）本能、有分析本能、有研究、搜尋和冒險的本能、有比較和平衡的本能，他們的意志嚮往中立和客觀，嚮往每一種 sine ira et studio。[63]是否已經有人意識到了，所有這些本能在漫長的時間長河中都是與道德和良知的最初要求相悖的？（我們甚至還沒有提及理性，就連路德都喜歡稱其爲聰明的夫人和機靈的娼妓。）[64]假如一個哲人對自己有了充分的認識的話，那麼他必定會感覺自己在 nitimur in vetitum[65]方面就是一個活生生的例子。因此他就會**避免**「去感覺」，避免去認識自己嗎？正如所說，這與我們今天引以爲豪的一切善事都沒有什麼兩樣；即使用古希臘的標準來衡量，我們的全部現代存在，只要它不是軟弱，而是力

[357]

---

62 猶豫（ephektisch）：猶豫的；猶豫者（Ephektiker）是古希臘懷疑論者的別名，因爲他們習慣於對每一種現象都克制自己，不發表判斷。——Pütz 版注

63 sine ira et studio：拉丁文，不忿不偏（〔譯按〕語出塔西佗《編年紀事》的前言，意思是強調歷史書寫應當沒有傾向性，不要帶著個人情感去評論歷史人物）。——Pütz 版注

64 聰明的夫人和機靈的娼妓（Fraw Klüglin, die kluge Hur）：該引言的出處目前尚未找到。——Pütz 版注

65 nitimur in vetitum：拉丁文，「我們總是追求禁忌的東西」。參奧維德（Ovid〔譯按〕約西元前四十三—西元十七年，古羅馬詩人），《愛經》（*Amores*），第一冊，卷三，哀歌四，行十七。——Pütz 版注

量和力量意識的話，就都表現爲傲慢和不信上帝：因爲正是那些與我們今天所崇拜的事物相反的東西，長期以來都得了良知的支持，而上帝則是它們的守護神。傲慢是我們現在對待自然的全部態度，借助於機械和技術工程人員盲目的發明，我們強姦了大自然；傲慢是我們對待上帝的態度，或者說是對待某種所謂的目的蜘蛛或道德蜘蛛的態度，這蜘蛛就躲藏在巨大的因果關係的羅網後面。我們在這裡不妨重複一下勇士查理在與法國路易十一作戰[66]時說過的話：「je combats l'universelle araignée」：[67]傲慢是我們**對待**自己的態度，因爲我們用我們自己做試驗，我們把在其他動物身上不允許嘗試的東西都用在了自己身上，我們愉快而又好奇地在活生生的肉體上將靈魂剖開。我們哪裡會在意靈魂的「拯救」啊！然後，我們又自己拯救自己，疾病是富有教育意義的，我們根本不懷疑這點，它比健康更有教育意義，對於今天的我們而言，**疾病製造者**（die Krankmacher）似乎比任何醫務人員和「救世主」都更有必要。我們現在正在蹂躪自己，毫無疑問，我們就是蹂躪靈魂的核桃夾子，我們

---

66 勇士查理在與法國路易十一作戰：勇士查理（Karl der Kühne〔譯按〕一四三三—一四七七），勃艮第公爵，一四六七年至一四七七年在位，試圖重建洛林王國，重獲皇帝的尊號，但是在與法國國王路易十一（〔譯按〕一四二三—一四八三、一四六一—一四八三年間在位）的作戰中落敗。而路易十一則爲法國後來的中央集權打下了基礎。——Pütz 版注

67 je combats l'universelle araignée：法文，我要打倒一切蜘蛛。——Pütz 版注

是提出疑問的人，也是受到懷疑的人，就好像生活除了核桃夾子就別無其他了；難道我們因此必然會日復一日地變得更加可疑，變得**更配得上**提出疑問，或許也因而變得更配得上生活？[68]所有善事都曾是糟糕的事物；每一種原罪都變成了傳統的道德。譬如，婚姻在很長時間內似乎是對社團法權的犯罪；一個人如果非常驕橫，並且自以爲擁有娶個妻子的權利，那他就要受罰。[69]（例如 jus primae noctis[70]就屬於這個範疇，甚至在今天的柬埔寨，初夜權仍是僧侶們，即那些「古老良俗」的保護者的特權。）那些溫柔的、友善的、順從的、同情的情感，這些情感的價值非常之高，它們幾乎變成了「價值自體」，這些情感有史以來就是對自身的蔑視。過去人們爲他們的溫柔感到恥辱，而今天卻爲他們的嚴厲感到羞愧（參

68 我們現在正在蹂躪自己（……）生活？：供初版用的手寫付印稿上原寫作：「我們今天正在我們自己身上夾來夾去，就好像蹂躪靈魂的核桃夾子，就彷彿我們自己除了核桃與謎題之外什麼都不是；可以肯定的是，我們正是因此會日復一日地變得更加神祕，而我們甚至爲了我們的謎樣天性的緣故而愈來愈溫柔地去愛我們的生活——學會了去愛！」——KSA 版注

69 婚姻（……）受罰：參 Albert Hermann Post 所著的《建立在比較人種學基礎上的一種普遍法學綱要》，前揭，第一卷，第六十七頁。——譯注

70 jus primae noctis：拉丁文，初夜權；（在封建時代）領主對（農奴的新婚妻子）擁有同宿第一夜的權利。——Pütz 版注

《善惡的彼岸》第二三二頁）。[71]至於人們對法律的屈從，啊，全世界的高貴種族是多麼違心地放棄了種族間的血親復仇，而使法律的暴力凌駕於自己之上！長期以來，「法律」就是vetitum，[72]就是惡行、就是革新，它以暴力的形式出現，人們只是因爲對自己感到羞愧才服從於它。在從前的世界上，人們每次成功邁出哪怕是最微小的一步，都要受到精神和肉體上的折磨：「這並不只是指前進的腳步，不！任何行進、任何運動、任何改變，都使無數人爲之獻身」，今天的我們聽到這整個觀點會覺得非常陌生，這是我在《朝霞》第十七及其後數頁中提到的。在同一本書的第十九頁[73]還寫道：「我們付出了高得不能再高的代價，才換來我們現在引以爲榮的那一點點人類理性和自由感。然而，正是這種自豪感使那些處於『世界歷史』之前的、屬於『習俗的道德性』[74]的洪荒時代對於我們來說幾乎完全不能理解和感受，而這些洪荒時代卻是決定人性的眞正關鍵的歷史時代。在這些時代，受苦是美德、殘忍是美德、虛假是美德、報復是美德、否定理性是美德。相反，幸福是危險的、求知欲是危險

71 《善惡的彼岸》第二三二頁：參《善惡的彼岸》的格言二六〇。——KSA 版注

72 vetitum：拉丁文，禁忌的東西（〔譯按〕另參本節 Pütz 版注 nitimur in vetitum）。——Pütz 版注

73 《朝霞》第十七（……）第十九頁：參尼采《朝霞》的格言十八。——KSA 版注

74 習俗的道德性：參本書第二章第二節。——Pütz 版注

的、和平是危險的、同情是危險的、被同情是可恥的、工作是可恥的、瘋狂是神聖的、**變化**是不道德的，並且孕育著衰敗！」

十

在同一本書[75]第三十九頁[76]還討論到，最古老的沉思者群體必須在怎樣的評價中、在怎樣的評價**壓力**下生活。人們在多大程度上不害怕他們，就會在多大程度上唾棄他們！沉思第一次在大地上出現的時候，它裹著僞裝，外貌模糊不清，心腸歹毒，經常還有一顆可怕的頭腦，這一點毫無疑問。在沉思者的本能中，那些不夠活躍、苦思冥想和不事進攻的東西早在他們周圍引起了深刻的懷疑；而對付這種懷疑的唯一辦法就是引起他人對自己的**極度**畏懼。例如古代的婆羅門[77]就擅長此道！最早的哲人善於給自己的存在和表現加上一種意義、一個支撐點和一種背景，以使人們因此學會畏懼他們。如果仔細推敲就會發現，他們這樣做是出於一種更深層次的需要，也就是爲了贏得自己對自己的畏懼和敬畏。這是因爲他們發

75 同一本書：指《朝霞》。——Pütz 版注

76 第三十九頁：《朝霞》格言四十二。——KSA 版注

77 婆羅門：參本書第一章第六節 Pütz 版注婆羅門。——Pütz 版注

現，自己內心的一切價值判斷都是**反對**他們自己的，所以，他們就必須打倒「內心深處的哲人」所引發的任何形式的懷疑和抵抗。身處可怕的時代，他們就用可怕的手段去做這件事；殘酷地對待自己，別出心裁地自我折磨。這就是這些渴求強權的隱士們和思想革新者的主要手段，他們必須首先在自己的內心深處強暴和蹂躪諸神及傳統，然後才能讓自己**相信**自己的革新。我想起了關於毗奢蜜多羅王[78]的那段著名的故事，他經過上千年的自我折磨後獲得了巨大的力量感覺以及自信，這才使他採取行動，要去建立一個**新的天國**。[79]這個可怕的象徵概括了塵世間最古老的乃至最新近的哲人的歷史，每一個曾經建立過「新的天國」的人，都是首先在**自己的地獄裡**發現了建立天國所需的力量。讓我們把整個事實用簡短的話語概括一下：哲學精神爲了讓自己在某種程度上**有可能存在**，總是必須首先將自己喬裝改扮並且蛹化成爲**已被公認的**沉思者的模樣，把自己裝扮成祭司、巫師、占卜者，甚至是宗教人士。**禁欲主義理想**在很長時間裡被哲人用作他的表現形式和生存前提——哲人爲了能夠成爲哲人，不

[360]

78 毗奢蜜多羅（Viçvamitra）：一個古印度祭司與歌者家族的傳說中的祖先；根據古印度傳說，他在禁欲苦行之後獲得了超自然的力量。（〔譯按〕國內也經常譯爲「眾友仙人」，是印度神話中最偉大的仙人。）——Pütz 版注

79 我想起了（……）建立一個新的天國：參《朝霞》格言一一三。——KSA 版注

得不**闡述**這一理想；而哲人爲了能夠闡述這一理想，不得不**相信**這一理想。哲人們這種特有的否定塵世、敵視生活、懷疑感官、摒棄性欲的遁世態度一直保持到了今天，它因此也幾乎被認爲是**純粹的哲學態度**（Philosophen-Attitüde an sich），其實這種態度不過是哲學賴以產生和存在的條件過於窘迫而造成的後果。因爲如果沒有禁欲主義的外殼和僞裝，沒有禁欲主義的自我曲解，哲學在世界上就**根本不可能**長期存在下去。直觀而且形象地說，**禁欲主義的**祭司直到最近才把那令人噁心、灰暗陰森的毛蟲外殼交了出來，只有哲學可以單獨披著這個外殼生存和蠕動。情況眞的**改變**了嗎？那個色彩斑斕的、危險的、長翅膀的生靈，那個躲藏在毛蟲外殼裡面的「精神」，眞的因爲一個有著更多陽光、更多溫暖、更多光亮的世界而最終被脫去外殼，放歸天日了嗎？今天的世界上眞的已經存在有足夠的自豪、膽識、勇氣、自信，精神意志、責任意志和**意志的自由**，使得「哲人」從此以後眞的在塵世間**有可能**存在了嗎？

十一

只有在認清了**禁欲主義的祭司**以後，我們才能嚴肅地逼問起我們的問題：禁欲主義意味著什麼？現在，事情才變得「嚴肅」。因爲從現在起，我們必須面對眞正的**嚴肅的代表**（Repräsentant des Ernstes）。「所有的嚴肅到底意味著什麼？」這個更爲基本的問題可能已經到了我們嘴邊。正常來看，這是一個屬於生理學家的問題，我們只是暫時和它輕微接觸一下。禁欲主義的祭司在其理想中，擁有的不僅僅是他的信仰，同時還有他的意志、他的力量和他的利益。他的存在的權利與他的理想共存亡。假如我們就是那個理想的敵人，那麼我們在這裡就遇到了一個可怕的對手，他爲了生存而奮起反抗理想的否定者，這有什麼好奇怪的？而另一方面，如果對我們的問題持這樣一種利益攸關的態度，那麼這樣也根本不可能對回答我們的問題有什麼特別幫助；禁欲主義的祭司本人很難充當其理想的最出色的捍衛者，出於同樣的道理，一個女人若想爲「理念中的婦女」而辯護，那麼她常常就會失敗，而且我們更不可能指望祭司去充當這場激烈爭論的最爲客觀的裁判與法官。所以顯而易見，與其說我們會擔心遭到禁欲主義祭司過於出色的反駁，倒不如說我們必須要幫助他進行辯護，讓他充分的反對我們。禁欲主義祭司們爲之奮鬥的觀念，就是從他們的立場出發對我們的生命進行**評價**。他們把生命（以及與此相關的「自然」、「世界」，即充滿生成發展與非永恆性的整個領域）與一種完全不同的存在聯繫在一起，而生命與這種存在是互相對立和互相排斥的，**除非**生命會在一定程度上反對自己、**否定自己**。在這種情況下，即在某種禁欲主義的生活中，生命被當作通往另一種存在的橋梁。禁欲主義者把生命視爲一種歧途，人們最終必定會迷途知返，一直回到他們的起點；禁欲主義者也會把生命當作一種謬誤，人們要透過行動去駁斥它，而且**理應**駁斥它。因爲禁欲主義者**要求**人們與他一道行動，而且只要他有能力，他就強迫人們接受他對存在的評價。這意味著什麼呢？一個如此恐怖的評價方式在人

[362]

類歷史上並不是孤立事件和離奇現象；而是現存的最廣泛與最悠久的一個事實。如果從某顆遙遠的星球觀察我們的話，會發現我們的塵世存在中有某些現象如同字母中的大寫字母一樣突出，他們也許因此會被誘使而得出一個結論，地球是一個眞正的**禁欲主義的星球**，它彷彿是一個角落，裡面聚集著憤怒、傲慢、可憎的生靈，他們根本無法擺脫對自己、對塵世、對一切生命的厭憎，他們盡可能給自己製造痛苦，因爲他們以此爲樂——這可能是他們唯一的快樂了。請仔細想想看，禁欲主義的祭司在歷史上出現得多麼有規律、多麼普遍，差不多所有時代都有出現；他不屬於某個具體的種族；他到處繁衍，他滋生於所有社會階層。禁欲主義的祭司並不透過生物遺傳方式培育和傳播他的評價方式。情況正好相反，從整體來看，一種深刻的本能更是要禁止他傳宗接代。肯定存在著某種第一流的必要性，它促使這個**敵視生命**的種群不斷生長繁榮。這個自相矛盾的種類竟然沒有消失滅絕，這一點肯定就是**生命本身的某種利害所在**。因爲禁欲主義的生命就是一種自相矛盾，支配這裡的是一種獨一無二的怨恨，這怨恨乃是一種不知饜足的本能和強權意志的體現，它不是想要統治生命中的某種東西，而是想要統治生命本身，統治屬於生命的最深刻、最強健、最深層的條件；這裡進行的是這樣一種嘗試，即用力量去堵住力量本身的源泉；在這裡，陰險和怨毒的目光總是瞄準了生理學上的茁壯繁榮，尤其是瞄準了這種茁壯繁榮的標誌：美與愉悅；與此同時，他們又在失敗、萎縮、疼痛、突發事故、醜陋、人爲的損失、自我喪失、自我譴責和自我犧牲等一類東西上感受並**尋找**一種滿足感。這一切都是最極端的自相矛盾；我們在這裡面對著一種分裂，一種**自願的**自我分裂，當這種分裂的自身前提，即生理上的生命能力減弱時，分裂就會在這種痛苦中享受自我，甚至在一定程度上變得愈來愈自信和得意。「勝利就蘊藏在垂死的掙扎中」。禁欲主義理想自古以來就是在這句誇張的口號下戰鬥的；而在這個頗具誘惑力的懸念之中，在這幅充滿陶醉和痛苦的畫面上，禁欲主義理想看到了它最閃亮的光明、它的福祉和它最後的勝利。Crux、nux、lux[80]這三者在禁欲主義理想那裡同屬一體。

十二

如果我們讓這樣一種活生生的矛盾意志與反自然的意志進行**哲學思考**，那麼，它將在何處發洩其最內在的專橫呢？就在那些被一般人感覺爲最眞實和最實在的地方。這種意志正是在眞正的生命本能最需要使用眞理的地方尋找謬誤。比如說，它就像吠檀多哲學[81]的禁

---

80 Crux, nux, lux：拉丁文，十字架、夜晚、光。——Pütz版注
Crux, nux, lux：參尼采一八八〇—一八八二年間的遺稿，12〔231〕。——KSA版注
（編注：KSA版爲nux〔堅果〕，Pütz版爲nox〔夜晚、黑夜〕。此處疑爲尼采之戲仿。）

81 吠檀多哲學（Vedânta-Philosophie）：吠檀多（Vedânta），乃是對印度教經文總集《吠陀》末尾處的《奧義書》（*Upanischaden*），西元前七〇〇—前五〇〇年的稱呼；後來用於稱呼婆羅門教哲學，該哲學認爲自己

欲主義者一樣，將肉體感覺，包括疼痛，還有多樣性、以及「主體」和「客體」的整個概念對立[82]全部都貶低爲幻覺。謬誤，這裡都是謬誤！它拒絕相信它的自我，它否定自己的「實在性」，這是何等的勝利啊！它不僅僅戰勝了感官、戰勝了表象，這是一種更高形式的勝利，是對理性的強暴和虐待；而理性竟然帶著禁欲主義式的自我蔑視和自我嘲弄當眾宣布：「確實有一個眞理與存在的王國，但理性已經被**排除在外**了！」在這樣的時候，是什麼樣的變態快感借此達到了頂點。（這裡附帶說一下：就連康德關於「物的理知品格」[83]的概

是《吠陀》智慧的終極。與吠陀教（Ved-Lehre〔譯按〕婆羅門教前身）不同的是，吠檀多派從悲觀主義角度來解釋世界，認爲世界乃是輪回重生的痛苦迴圈，而人只有透過遠離塵世，追求永恆絕對的存在（梵）來擺脫這一迴圈。叔本華將這一學說看作是對自己哲學的證明。——Pütz 版注

82 「主體」和「客體」的整個概念對立：主體（Subjekt），也就是認識的動因，是認識者；客體（Objekt），也就是認識的對象，被認識者。這兩者的區分在很大程度上構成了自笛卡兒以來近代認識論的主題。——Pütz 版注

83 「物的理知品格」（intelligibler Charakter der Dinge）：康德在《純粹理性批判》（B 565 ff.）中區分了認識對象的兩個側面，即經驗性的現象角度與純粹透過理性理解的、理知的角度。而「品格」則是原因性的法則，根據該法則，一個對象可以成爲引起效果的原因。而「理知品格」這個概念指的則是非經驗性的、完全由理性設想出來的自由的原因性，它存在於那種原因與結果的經驗鏈條之外。康德的這個概念爲他建立關於自由

念中也有幾分這種變態的禁欲主義分裂症的痕跡，後者喜歡讓理性轉而反對理性。在康德那裡，「理知品格」是指物的一種特性，而對於這種特性，理智所能理解的唯一事情就是，它對於理智而言，**乃是完完全全無法理解的**。）而正是作爲認識者的我們，不應該最後忘恩負義地反對這種斷然顛倒那些慣常的視角和評價的做法，精神利用這些視角和評價來摧殘自己的時間似乎已經太久了，而且這種摧殘是如此肆無忌憚和毫無意義。而這樣一種別樣的看法（dergestalt einmal anders sehn），這樣一種**意欲**改變看法的行爲（anders-sehn-wollen），對於理智恢復其曾經的「客觀性」，可以說起到了很大的培育與準備的作用。在這裡，「客觀性」不能理解爲「無利害心的直觀」[84]（後者乃是愚蠢與荒謬的），而是有能力**支配**自己的贊成與反對意見，有能力公開或擱置自己的意見。這樣一來，人們就知道如何將視角與情緒解釋的**多樣性**應用於認識領域。哲人先生們，讓我們從現在起更注意提防那種危險而且陳舊的概念虛構（Begriffs-Fabelei），這種虛構設定了一個「純粹的、無欲的、

而又理性的行動的實踐哲學提供了可能性。——Pütz 版注

84「無利害心的直觀」（interesselose Anschauung）：參本章第六節 Pütz 版注康德對美學問題的闡述。——Pütz 版注

無痛的、永恆的認識主體」；[85]同時讓我們提防那些諸如「純粹理性」、「絕對精神」、「自在認識」等自相矛盾的概念伸出的觸角；它們在這裡總是要求一隻可以思考和設想的眼睛，但這樣的眼睛卻是人們根本無法設想的；總是要求這只眼睛應該完全沒有觀看的方向；在這只眼睛那裡，那些主動性的和解釋性的力量應該被終止，應當缺失，但正是只有透過這些力量，觀察才能成爲有對象的觀察；所以，這些對眼睛的要求都是愚蠢和荒謬的。事實上，只有一種視角主義（perspektivisch）的觀察，只有一種視角主義的「認識」；我們愈是讓**更多的**對於一個事物的情緒表露出來，我們愈是懂得將**更多的**眼睛、不同的眼睛應用於同一個事物，我們對於這個事物的「概念」，我們的「客觀性」就會越完善。但是，假設我們有能力徹底消除意志，並且完全排除情緒。什麼？這不就意味著**閹割**理智嗎？[86]

---

85 「純粹的、無欲的、無痛的、永恆的認識主體」（reines, willenloses, schmerzloses, zeitloses Subjekt der Erkenntnis）：參本章第六節正文。——Pütz 版注

86 什麼？這不就意味著閹割理智嗎？：供初版用的手寫付印稿上原寫作：「這就意味著閹割理智——更進一步說：這意味著——不能思考！」——KSA 版注

十三

讓我們回到正題。禁欲主義者身上表現出的這樣一種自相矛盾，從我們目前掌握的情況來看，它是在「以生命反對生命」；當我們從生理學角度，而不再從心理學角度重新審視這個問題時，就會發現，它是非常荒唐的。這種自我矛盾只可能是**表面上的**；它必定是對某一事物的一種暫時性的表述、解釋、概括、設想和心理學上的誤解，這一對象的眞正本質長期以來沒能得到理解，也沒能獲得**自在的**表述，它只是一個空洞的單詞，被夾在了人類認識的某個古老**縫隙**中。現在，我簡略地陳述一下與之相反的眞實的情況：**禁欲主義理想起源於一種正在退化的生命**[87]**的自我保護和自我拯救的本能**，該生命正尋求各種手段來維繫自身，爲其生存而戰鬥；這種情況也表明，該生命發生了部分生理障礙和疲勞，於是最深層的、保存完好的生命本能就不斷用新方法和新發明與之對抗。禁欲主義理想就是這樣一種方法，這種看法與禁欲主義理想的崇拜者們的意見恰恰相反，生命在禁欲主義理想中，並透過這種理想

87 正在退化的生命（degenerierenden Lebens）：退化（Degeneration）：指生物學上或精神與文化層面上的萎縮與衰敗。尼采也經常使用另外一個術語「頹廢」（décadence），這個術語在這裡絕不僅是貶義的用法，而與尼采的幾乎所有東西一樣，都隱藏有一種雙重品格：頹廢意味著衰敗和文雅（Verfall und Verfeinerung）。——Pütz 版注

和死亡搏鬥，**反抗**死亡，禁欲主義理想就是用來**維持**生命的一個絕招。歷史教導我們說，同樣是這種理想，它在一定程度上還能夠支配人，能變得強大有力，特別是在所有那些人的文明和馴化非常普及的地方。在這裡可以看到一個偉大的事實，那就是現有的人種（至少是已馴化的人種）的**病態性**（Krankhaftigkeit），是人與死亡進行的生理搏鬥（準確地說，是人與厭煩生命、與疲憊、與渴望「終結」的生理搏鬥）。禁欲主義的祭司乃是渴求別樣存在、渴求在別處存在的願望的肉體化表現，而且是這種願望的最高級別，是這種願望眞正的熾念與激情。但是，這願望所具有的強力卻偏偏成了將他束縛在此的枷鎖，並且使他變成了工具，使他不得不爲了能夠在此處存在，並且是作爲人而存在（Hiersein und Mensch-sein）而努力創造更適宜的條件；也正是憑藉這一強力，他本能地像個牧羊人一樣引領著一大群各式各樣的失敗者、反常者、獲益少者、不幸者和以己爲患者，從而保持住這群人的存在。現在已經很清楚了，這位禁欲主義的祭司，這位表面上的生命的敵人，這位**否定者**——他其實正是偉大的生命**維護**力量與肯定力量中的一部分；那麼，那種病態又是怎麼回事呢？因爲毋庸置疑，人比任何一種動物都更多病、更動搖、更易變化、更不確定，人是**病態的**動物，他從何而來呢？人肯定也比其他所有動物加起來都更敢作敢爲、更能夠革新、更桀驁不馴、更勇於向命運挑戰；人，是勇於在自己身上嘗試的偉大試驗者，他永不滿足，欲壑無窮，他和動物、自然以及諸神一起爭奪最終的統治權；人一直還未被馴化，他永遠憧憬著未來，自身力量的驅使讓他無法安寧，結果他的未來就像馬刺一樣無情地扎在每一個時刻的肉體中。

[367]

這樣一個勇敢而且底蘊豐富的動物，怎麼就不應該也是所有病態動物中面臨危險最多的、病史最長和病情最重的呢？人對此感到厭倦，經常是非常厭倦，歷史上曾有過厭倦的瘟疫流行（例如一三四八年前後，也就是死之舞[88]的時代）。不過，甚至還有對於自我的厭惡、對於自我的疲倦和對於自我的惱恨，所有這一切在人身上迸發得非常強勁，結果它們馬上又變成了新的枷鎖。人對生命的否定引起的卻是近似於魔幻般的效果，大量柔聲細語的對於生命的肯定話語也被揭示了出來；人是個破壞與自我破壞的大師，當他**傷害**自己之後，卻是那傷口迫使他**生存下去**。

十四

人的病態愈是變得常規化——我們不能否認這一常規化的存在，我們就愈是應當尊崇那些靈魂與肉體都很強力的罕見情況，那是人的幸運；同時我們也愈應當更嚴格地保護有教養的人不受最惡劣的病態空氣的侵襲。人們是這樣做的嗎？病人是健康者最大的威脅；強者

---

88 死之舞（Totentanz）：藝術史概念，指將死者或死者與活人（終將一死的人）一同作爲題材加以展現，多爲詩歌和繪畫；也是宗教贖罪文學在中世紀的表現形式，尤其是依三四八年歐洲黑死病造成大規模死亡之後，這種文藝形式得到了廣泛傳播。——Pütz 版注

的不幸**不是**來自於那些最強者，而是來自於最弱者。有人知道這點嗎？從大的方面來看，對人的畏懼根本不是人的不幸，人們可以期望減少這種畏懼。因爲正是這種畏懼迫使強者變強，也許還變得可怕，對人的畏懼使這種有教養的人類得以**維持**。而令人恐懼的最大災禍，並不是那巨大的畏懼，而是對人的無比**厭惡**和巨大**同情**。[89]假如有一天，後兩者結合，它們馬上就會不可避免地誕下一些最可怕的東西，那就是人的「最終意志」，是他的虛無意志，也就是虛無主義。沒錯，這方面的準備工作已經做了不少。如果有人不僅用鼻子去聞，而且還用他的眼睛去看，用耳朵去聽，那麼不管他今天走到哪裡，幾乎到處都可以感受到一種類似於精神病院和醫院的氛圍。很顯然，我說的是人的文化領域，說的是塵世間出現的每一種類型的「歐羅巴」。**病態者**乃是人的一大威脅，**不是**那些惡人，**也不是**那些「野獸」。那些向來的不幸者、遭暴力踐踏者、生活破碎者，他們是危險的，正是這些**最弱者**在人群中最大程度地摧毀著生命，他們用最危險的毒液腐蝕和動搖著我們對生命、對人、對自己的信念。在哪裡才能擺脫它，那低垂的目光，那帶給人一種深切悲哀的目光，那生而畸形的後視目光，從這目光中可以看出，這樣的人會怎麼對自己說話，那種目光就是種歎息。這

89 對人的深刻厭惡和巨大同情：在《查拉圖斯特拉如是說》中，主人公克服了這兩者。（參該書第四卷「自願的乞丐」、「歡迎」和「憂鬱之歌」。）——Pütz 版注

目光歎道：「眞希望自己不是自己，而是別人！可惜沒有指望了。我就是我，我怎麼才能擺脫自己？是的，**我厭煩我自己**！」這片輕視自我的土地乃是一片眞正的沼澤，上面長著各種雜草和各種有毒的植物，所有這些植物都長得那麼矮小、那麼隱蔽、那麼猥瑣、那麼俗媚。這裡爬滿了復仇和怨恨的蟲豸；這裡的空氣散發著隱祕和抗拒的臭氣；這裡不停編織著無比惡毒的陰謀之網，痛苦者在密謀反對幸福者和成功者；在這裡，成功遭到痛恨。爲了不讓人看出這仇恨的本來面目而編造何等的謊言啊！濫用了多少的華麗辭章和漂亮態度！這是多麼「正派」的毀謗藝術！這些失敗者，有多少高尚的辭令從他們的口中流出！有多少甜美的、諂媚的、恭順的屈從神情在他們的眼中游離！他們到底想要什麼？正義、愛、智慧、優越，至少要把這些東西**表現**出來——這就是那些「最下等的人」，那些病人的野心！這些野心又讓他們變得如此技巧高超！我們尤其要驚歎於他們的錢幣僞造技藝，他們竟然仿造出了美德的花紋，甚至是美德的聲響，美德那金子一般的聲響也被仿造了。現在，這些弱者、這些無可救藥的病人，他們租用了美德，完全據爲己用，這一點毫無疑問。他們這樣說：「只有我們才是善的、才是正義的，只有我們才是 homines bonae voluntatis[90]。」他們在我們中間走來走去，他們就是譴責的化身，到處警告我們，就好像健康、有教養、強壯、驕

[369]

90 homines bonae voluntatis：拉丁文，善意的人；參《聖經・新約・路加福音》第二章第十四節。——Pütz 版注

傲和強權感覺本身就是罪惡的東西，人們有朝一日必定會爲此懺悔，痛苦地懺悔。啊！歸根結底，他們自己是多麼想要**懺悔**，他們又是多麼渴望當上**劊子手**！在他們中間，有一大批裝扮成法官的渴望復仇者，他們一直將「正義」這個詞掛在嘴邊，就好像口腔裡含著劇毒的唾液，他們總是撅起嘴，隨時準備把口水吐在一切在街上看上去心滿意足、興高采烈的人身上。在他們中間，也不缺乏那種最令人噁心的虛榮之輩，這些扯謊的怪胎，他們極力想要表現「美麗的心靈」，[91]於是就把他們那畸形的性欲包裹在詩句或其他尿布裡，標上「純潔心靈」的字樣，拿到市集上兜售，這些現代道德的手淫者和「自瀆者」。病人的意志就是表現出**某種**形式的優越，而病人的本能則渴望找到可以對健康人施暴的祕密途徑——在哪兒沒有這種最弱者的權力意志！特別是女病人，她在控制、壓迫和施虐方面詭計多端，狡猾無比。她不放過任何人，不管是活人還是死人，她把埋藏很久的東西都挖了出來（比倫人[92]說：「女人就是鬣狗[93]」）。只要看一看每個家庭、每個機構、每個團體的背景，就會

---

91 「美麗的心靈」（schöne Seelen）：參歌德的成長教育小說《威廉·邁斯特的學習時代》（*Wilhelm Meisters Lehrjahre*, 1795/96），該書第六部「一個美麗心靈的自述」（Bekenntnisse einer schönen Seele）講述了一個女性如何內心轉變爲一個虔信者的故事。——Pütz 版注

92 比倫人（Bogos）：北衣索比亞的哈米特人部落的名字。——Pütz 版注

93 「鬣狗」（Hyäne）：與狼體形類似的野獸，背部向下傾斜，常發出刺耳的尖叫；習性夜間捕獵，主要以腐屍

發現：到處都有病人反對健康者的戰鬥。在多數情況下這是無聲的戰鬥，戰鬥中動用了毒藥、針刺，也陰險地表現出忍耐的表情，有時還使用那種以**誇張**的肢體語言表現出來的病態的法利賽主義，[94]尤其最喜歡表演「高尚的憤慨」。甚至在科學的神聖殿堂裡，都依稀能聽到這群瘋狗沙啞憤怒的吠叫，聽得見這群「高尚的」僞君子發出的刺耳的謊言和怒吼（我再次提請有耳朵的讀者[95]回憶一下那個柏林人，復仇的信徒歐根·杜林，[96]他如今在德國把道德之鼓擂得極其傷風敗俗，令人作嘔。杜林，這個天下第一大道德的鼓吹者，即便和他的同類，那群反猶太主義者比起來也堪稱第一）。這些都是心懷怨恨的人，生理不健全的人，蟲蛀的腐朽者，他們就是一片不停顫抖的、潛藏著復仇種子的土地，他們永無休止、永不知足地對著幸福者發洩怒火，他們永不停頓、永不滿足地爲復仇粉飾、爲復仇尋找藉口；他們何

爲食。（〔譯按〕此語參 Albert Hermann Post 所著的《建立在比較和人種學基礎上的一種普遍法學綱要》，前揭，第一卷，第六十七頁。）——Pütz 版注

94 法利賽主義（Pharisäismus）：即自鳴得意的僞善態度。參《聖經·新約·馬太福音》第二十三章第十三節。——譯注

95 有耳朵的讀者：參《聖經·新約·馬太福音》第十一章第十五節和《啓示錄》第二章第十一節。——Pütz 版注

96 歐根·杜林：參本書第二章第十一節 Pütz 版注杜林。——Pütz 版注

時才能達到他們最後的、絕妙的、光輝的勝利？毫無疑問，一旦他們勝利了，他們肯定會把他們自己的不幸，以及世界上所有的不幸，全部**推進幸福者的良知裡**。這樣一來，有朝一日幸福者就會爲他們的幸福感到羞恥，他們或許還會彼此說：「幸福是不光彩的！**世界上的不幸太多了！**」可是，最大的和最具災難性的誤解莫過於那些幸福者、有教養者、肉體和精神上的強健者都開始懷疑他們**幸福的權利**。讓這個「顚倒的世界」見鬼去吧！讓這些可恥的感情柔弱化見鬼去吧！**不要**讓病人傳染健康者，否則那將也是一種柔弱化，這應當成爲人世間的最高信條。但是這就首先要求健康者脫離和病人的接觸，健康者要避免看到病人，健康者不要把自己和病人搞混了。或者說，健康者的工作也許就是做醫療護理或醫生？可是，他們對於他們的工作產生了無比糟糕的錯誤認識和否定——高貴者不應當屈尊成爲低賤者的工具，而保持等級差別的激情[97]**應當**將不同工種加以永久性區分！音色齊全的大鐘，它的生存權利要比走調的、破裂的鐘大一千倍。只有健康者才是未來的**保證**，只有他們才對人類的未來**承擔義務**。健康人能夠和應當做的，從來就不可以是病人能夠和應當做的。不過爲了能夠讓他們可以做他們應當做的事情，他們哪裡還有自由和時間來做病人的醫生、慰藉者和「救星」呢？所以，我們需要新鮮空氣！新鮮空氣！無論如何都要離所有的文化精神病院和文化

97 保持等級差別的激情：參本書第一章第二節 Pütz 版注保持等級差別的激情。——Pütz 版注

醫院遠一點！所以我們需要良好的社交圈，我們自己的社交圈子！要麼就乾脆孤獨到底，如果有這個必要的話。但是無論如何讓我們遠離這汙濁的空氣，裡面充滿了腐臭和隱祕的蟲蛀味道。我的朋友們，這樣我們至少可以保護我們自己有一段時間不受那兩種最嚴重的瘟疫的侵擾，那兩種瘟疫正是衝著我們來的。那就是**對人的無比厭惡！對人的巨大同情**！

十五

如果讀者深刻地理解了——而且我要求讀者在這裡應該**深刻把握**，並且深刻理解，護理病人以及使病人恢復健康，這兩者在多大程度上可以根本**不構成**健康者的任務。那麼，你也就理解了另外一種必然性——醫生和護理人員**必須自己也是病人**，這樣我們就可以用雙手把握住禁欲主義祭司的意義了。對我們而言，禁欲主義祭司必須被看作是一群病羊命中註定的救星、牧羊人和辯護律師，這樣我們才能理解他那非凡的歷史使命。他的王國**統治著受難者**，他的本能指引著他去統治，在這方面他才能非凡、技藝精湛、運氣亨通。他自己本身必須有病，他必須從根本上和所有那些病人、不幸者相似，這樣才能理解他們，並爲他們所理解；但他還必須是強者，他的自勝力必須強於他的勝人力，他還必須有一種不可戰勝的強力意志，這樣他就可以得到病人的信任和恐懼，這樣一來他就可以成爲他們的支柱、阻力、依靠，也是束縛、監工、暴君、上帝。他必須保護他們，即他的羊群。反對誰呢？當然是反對健康者，同時也反對羊群、嫉妒健康者；他天生就敵視和**蔑視**各種健康和強壯的表現，不論是粗獷的、暴躁的，還是放縱的、冷酷的、猛獸般殘暴的。祭司乃是那種**更難對付的**動物（delikateres Tier）的最早期形式，他很容易恨別人，但他更容易蔑視別人。他免不了要和猛獸們作戰，不言而喻，那是鬥智（「精神」）的戰鬥而不是搏力的戰鬥。在必要的時候，他幾乎可以從自身培養出一種新型猛獸，或者至少**預示著**這樣一種猛獸的出現——一種新的恐怖野獸，其中融合了北極熊，機變、冷靜而且耐心的山貓，當然還少不了狐狸，從而成爲一個既迷人又可畏的統一體。當然，如果形勢所迫，他也會躋身在其他類型的猛獸中間，可能會帶著笨拙的嚴肅、莊重、精明、冷靜、狡黠來充當更加神祕的力量的先鋒和吹鼓手，而且只要有可能，他就會果斷地在這片土地上播撒痛苦、分裂和自我矛盾，他毫不懷疑自己擁有可以隨時統治**受難者**的本領。他當然隨身攜帶著軟膏和止痛香膏；但是爲了當醫生，他必須先製造傷口，而後，當他爲那傷口止痛時，**也把毒汁灑在了傷口上**。這就是他，那個魔術師和馴獸師所擅長的伎倆；在他的周圍，所有健康人都難免變成病人，而所有病人都必然變得馴化。他，這個奇特的牧羊人，的確把他有病的羊群保護得很好——他甚至保護它們以反對它們自身，反對羊群中閃現的一切卑劣、狡詐、惡意，以及所有癮君子和病患者之間所特有的其他痼疾。他巧妙地、冷酷地、祕密地和羊群內部的無政府狀態作戰，和羊群中隨時出現的自我解脫現象作戰。在羊群中不斷積聚著怨恨——那是最危險的炸藥。而牧羊人的眞正絕招，也就是他的最大功用，便是拆卸這些炸藥，使其不會傷害羊群及牧羊人；如果有人想用最簡要的方式表述祭司的存在價値，那麼，我們可以直截了當地說：祭司就是怨恨**方向的改變者**（der Richtungs-Veränderer des Ressentiment）。因爲每個受難者都會本能地爲他的受難尋找一個原因；確切些說，就是尋找一個責任人，更肯定些說，就是爲受苦尋找一個易被接受的「**有罪的**」責任人。簡言之，就是隨便找一個活人，使他能以任何藉口以直接或象徵的方式在其身上發洩他的情緒衝動。因爲發洩情緒衝動是受難者最大的自我安慰舉動，也是他最大的自我**麻醉**的嘗試，是他爲了抵抗任何一種折磨而不由自主地渴求的麻醉劑。據我推測，只有在這裡才能找到怨恨、報復以及同類情感的眞正的生理原因，那就是渴望用**情緒衝動來麻醉疼痛**。在我看來，人們通常非常錯誤地將其原因歸結爲一種單純的自衛還擊，一種面對突然的傷害和威脅而表現出來的純粹反應性的保護措施，就像一隻沒有腦袋的青蛙爲了擺脫酸液腐蝕而採取的「條件反射動作」。然而，在這兩者之間有一個根本性區別：在一種情況下，人是爲了防止遭受進一步的傷害，[98]而在另一種情況下，人利用某種更加強烈的情緒衝動來**麻醉**一種祕密的、折磨人的、更加不堪忍受的疼痛，起碼是暫時將其從意識中清除出去。爲了達到這一目的，人們需要一種情緒衝動，一種最爲狂亂的情緒衝

[374]

98　進一步的傷害：其後刪去一段文字：「即使自己也經常沒有意識到疼痛（——）」（供初版使用的手寫付印稿）。——KSA版注

動，以及用來激發這種情緒衝動的最佳藉口。「我的不適肯定是由什麼人造成的。」所有病人都會這樣得出結論，而且使他們身感不適的眞正的生理原因愈是隱蔽，他們就愈會這樣思考（那原因可能是 nervus sympathicus[99] 發生病變，也可能是由於膽汁分泌過多，或者是血液中缺乏硫磺—磷酸碳酸鉀，還可能是某種下腹受壓狀態堵塞了血液迴圈，或者是卵巢一類的器官產生了退化等）。所有受難者在爲痛苦的情緒衝動尋找藉口方面都無一例外表現出驚人的熱衷和創造性；他們很享受猜忌，在臆想各種惡行和虛假的侵害上樂此不疲，他們在自己過去和現在的五臟六腑間拼命挖掘，尋找那晦暗不明而且疑竇重重的歷史，這樣他們就可以放任自己沉湎於某種折磨人的猜忌之中，並且陶醉在用罪惡毒化自己的行爲裡——他們撕裂最古老的傷口，讓早已癒合的傷疤出血。他們把朋友、妻子、孩子，以及所有和他們最親近的人都當成作惡者。「我在受苦，這一定是什麼人的罪過。」每隻病羊都會這麼想。可是他的牧人，那位禁欲主義的祭司，卻對他說：「完全正確，我的羔羊！一定是什麼人的罪過。不過這個人就是你自己，你只是你自己的罪過，**你就是你自己的全部罪過**！」這個說法相當大膽，不過也十分錯誤；但是它至少達到了一個目的，這就是剛才說過的，怨恨的方向因此**被改變了**。

99 nervus sympathicus：拉丁文，即調解內臟活動的交感神經幹。——Pütz 版注

十六

讀者現在應已明瞭，按照我的設想，生命的療救本能究竟借助於禁欲主義祭司作出了哪些嘗試；而諸如「罪欠」、「罪惡」、「罪孽」、「墮落」、「罰入地獄」這類相互矛盾和似是而非的概念的暫時橫行，對禁欲主義祭司來說又能有什麼樣的效用？其效用就是要在一定程度上把病人變得**無害**，讓那些病入膏肓的人自我毀壞，爲輕病號嚴格地給出方向，使其對準自己，讓他們的怨恨倒轉方向（「不可少的只有一件」[100]），並且把所有該類型的受難者的醜惡本能**充分利用**起來以達到自我約束、自我監控、自我克服的目的。不言而喻，這類「用藥方法」，即單純的情感用藥法，根本就不可能導致眞正有效的生理治療；我們甚至不可以說，生命的本能在這裡已經可以期待和盼望康復了。將病人組織起來，集合到一邊（「教堂」一詞是於此最通用的名稱），而更爲健康、情緒衝動發洩更爲徹底的人們則被臨時確定在另一邊，這樣就在健康和疾病之間扯開了一道**鴻溝**，長期以來，這鴻溝就是一切！而且它寓意很多、寓意**非常多**！（讀者可以看出，我的這篇文章乃是基於一個前提，對於我所需要的那些讀者而言，我無需去論證這一前提：即「罪孽」並不是人的眞實情況，而

100　不可少的只有一件：參《聖經·新約·路加福音》第十章第四十二節。——Pütz 版注

更多的只是對一種眞實情況，即對於一種生理上的不適狀態的闡釋，是用道德和宗教的視角闡釋生理上的不適，而這種視角如今對於我們已不具約束力。因此，如果有人自己**感到**「負疚」、「有罪」，這根本還不能證明他的感覺是正確的；同樣也不能僅僅因爲一個人感到他自己是健康的，就證明他是健康的。有人可能還記得著名的巫婆審判的那段歷史。當時就連最睿智、最人道的法官都絲毫不懷疑巫婆是有罪的，而「巫婆們」**自己對此也並不懷疑**。儘管如此，這裡的「罪欠」問題仍然是不存在的。[101]將我的這個前提展開來談，我認爲「心靈的痛苦」本身根本就不是事實，而只是一種解釋（一種因果解釋），是對那些迄今無法準確加以表述的眞實情況的一種解釋。「心靈的痛苦」不過是某種完全飄在空中的、毫無科學依據的東西，其實就是一個肥胖臃腫的單詞擠占了骨瘦如柴的問號的位置。粗俗一點講，如果某人不能擺脫「心靈的痛苦」，那麼原因也許**並不在**他的「心靈」；而更可能在他的肚子（我剛才說了，這是用句粗俗的話說，但我絕對不希望讓人粗俗地去聽、粗俗地去理解）一個強壯和健康的人會消化他的經歷（包括他的行爲和惡劣行爲），就像消化他的食物一樣，即使有時他可能需要將堅硬難嚼的硬物整個吞下去。假如他「不能擺脫」某一經歷，那麼這種消化不良與另一類型的消化不良一樣都是生理性的，而且事實上在很多情況下，前者只是

101 當時就連（……）仍然是不存在的：參《快樂的科學》格言二五〇。——KSA 版注

後者導致的一種後果。我們可以彼此坦率地講，持這樣一種觀點的人可以依然是所有唯物主義[102]的最嚴峻的敵手）

十七

那麼我們的禁欲主義祭司眞的是位醫生嗎？我們已經明白，在何種程度上我們不允許將他稱作醫生，儘管他本人非常樂意將自己想像成「救世主」，喜歡被人尊爲「救世主」。他與之戰鬥的只是痛苦本身，是受難者的不適，而不是其根源，**不是**眞正的疾病，這肯定是我們對祭司藥方所提出的最根本性的反對意見。可是一旦我們把自己置身於只有祭司才熟悉和擁有的視角中，那麼我們將很難得出上述結論，反而會對在那一視角之下所看到、所尋找和所發現的一切而驚歎不已。痛苦的**緩解**，各種類型的「安慰」，所有這一切都證明了他的天才。他對安慰者使命的理解多麼具有創造性！而他又是多麼果斷、多麼勇敢地選擇了助他完成使命的藥物！尤其是基督教簡直可以被稱爲一座收藏最爲天才的安慰藥物的巨大寶

102 唯物主義：一種哲學學說，即認爲物質乃是眞實的原則，而不是理念。在古希臘時期就已出現，伴隨著近代啓蒙運動中的自然科學的發展而得到廣泛支援；其全盛時期是在十九世紀，而其反向運動則是黑格爾的唯心主義。唯物主義得到了物理學、生物學和進化論、心理學，以及歷史和社會學的證明。——Pütz 版注

庫，在那裡囤積了如此之多的興奮劑、止痛劑、痲醉劑的東西；在那裡，爲了達到相關目的竟然採取了如此之多最爲危險、最爲魯莽的舉動，基督教是如此精巧、如此聰明，他們竟然憑藉著一種南歐人式的狡猾就已經猜測出，他們利用什麼樣的刺激性情緒衝動就可以至少暫時地戰勝生理障礙者的深刻壓抑、極度疲勞和黑色的哀傷。[103]因爲概括而言，所有偉大的宗教的主要目標都是要戰勝某種特定的、已演變爲某種瘟疫的疲累和沉重。我們從一開始就可以設定，在地球的某些特定地點幾乎必然會不時地有一種**生理出現障礙的感覺**在控制著廣大群眾。可惜由於缺乏生理知識，該感覺尚未能作爲生理感覺進入人們的意識，因此人們只能在心理和道德領域尋找這種感覺的「原因」，並且在上述領域內嘗試補救措施（這就是我對於那種通常被稱之爲「**宗教**」的東西的最概括的表達）。這樣一種障礙感可能由多種原因造成。它有可能是彼此過於陌生的種族混合的結果（或者是過於不同的階層混合的結果，因爲階層的區別也總是體現出出身和種族的區別，比如歐洲的「世間悲苦」，[104]

[378]

103 黑色的哀傷（schwarze Traurigkeit）：指憂鬱（Melancholie，源自古希臘文 melas：黑色的）。——Pütz 版注

104 世間悲苦（Weltschmerz）：是德國詩人讓·保爾在其未完成的小說《賽琳娜或論靈魂的不朽》（*Selina oder über die Unsterblichkeit der Seele*, 1804）使用的術語。（〔譯按〕具體指由於外部現實與內心世界的追求和需要之間的矛盾而產生的悲觀主義的生命感覺。在歐洲感傷主義和浪漫主義文學時期有很大影響。）——Pütz 版注

即十九世紀的「悲觀主義」本質上就是一次極其突然的階層融合的產物）；這種障礙感也有可能產生於一次不成功的移民，某個種族發現自己陷入了一種無法適應的氣候之中（例如在印度的印度人）；這種障礙感可能是種族衰老和疲憊的結果（如從一八五〇年開始的巴黎人的悲觀主義）；或者是起因於飲食不當（例如中世紀的酗酒問題，或者是素食主義者的荒唐，當然，這些素食主義者擁有了莎士比亞筆下的容克貴族克里斯多夫[105]一般的權威[106]）；或者起因於敗血症、瘧疾、梅毒之類（三十年戰爭[107]後的德國大蕭條期間，疾病襲捲了半個德國，從而為德意志的奴性和怯懦準備了基礎）。在上述所有情況下都曾嘗試過**與那種人生無**

105 容克貴族克里斯多夫（Junker Christoph）：是莎士比亞喜劇《第十二夜》（又名《各遂所願》，一六〇一年）中的人物（〔譯按〕即英文原版的安德魯·艾古契克爵士〔Sir Andrew Aguecheek〕，而一七九七年，德國文藝評論家兼浪漫主義重要代表奧古斯特·威廉·施勒格爾〔August Wilhelm Schlegel, 1767-1845〕在翻譯該劇時對其人名進行了歸化處理，譯作容克貴族克里斯多夫·布萊興旺〔Junker Christoph Bleichenwang〕）；在該劇第一幕第三場中，克里斯多夫說：「我是個吃牛肉的老饕，我相信那對於我的聰明很有妨害。」——Pütz 版注

106 克里斯多夫一般的權威：其後刪去一段文字：「我是個吃牛肉的老饕，我相信（——）」（供初版使用的手寫付印稿）。——KSA 版注

107 三十年戰爭：參本書第一章第四節譯注三十年戰爭。——譯注

趣的感覺（Unlustgefühl）進行最大程度的**鬥爭**；讓我們簡要回顧一下那些鬥爭的最主要的經過和形式吧。（當然，我在這裡將不涉及那場一直在同時進行的鬥爭，即**哲人們**反對無趣感的眞正的戰鬥。這場戰鬥儘管也相當有意思，但是卻太過荒謬、太遠離現實、太異想天開，而且太不入流。比如當哲人們想證明疼痛是一種錯誤時，他們就天眞地假設：其中的錯誤一旦爲人所認識，疼痛就**必然**會消失。可是，請看！疼痛它拒絕消失。）人們用以反抗那種普遍的無趣感的**第一種方法**就是把生命感覺本身壓到最低點。如果可能的話，根本就不再有欲望和希望；所有產生情緒衝動的東西、所有激發「熱血」的東西都應當回避（不要吃鹽——這是苦行僧[108]的保健術）；無愛、無恨、平心靜氣、不圖報復、不飽私囊、不事勞動、乞求施捨、最好不要女人，或者女人愈少愈好。在精神層面上達到巴斯卡[109]的 il faut s'abêtir[110] 原則。用心理學和道德術語來表達其結果就是：「無我」、「神聖化」；而用生理

[379]

---

108 苦行僧：參本書第一章第六節 Pütz 版注苦行僧。——Pütz 版注

109 巴斯卡：布萊士．巴斯卡（Blaise Pascal），一六二三—一六六二，法國哲學家、數學家、神祕主義者；與笛卡兒相反，巴斯卡認爲理性認識是有局限的，所以他主張一種帶有道德和宗教色彩的「心性邏輯」（Logik des Herzens）。——Pütz 版注

110 il faut s'abêtir：法語，人必須將自己變得愚蠢。（〔譯按〕例如巴斯卡在《思想錄》中認爲，「眞正的基督徒服從愚蠢」。參上海人民出版社，二〇〇七年版，何兆武譯，第一四一頁。）——Pütz 版注

學術語來表達就是催眠——也就是嘗試在人身上取得一些和某些動物的**冬眠**以及許多熱帶植物的**夏眠**差不多的效果，即一種透過最低限度的物質消耗和物質代謝即可維持生命，卻又沒有相關意識的狀態。爲達到這一目標曾經動用過大量的人力能量。這都是徒勞的嗎？[111]在每一個時代，幾乎每一個民族都盛產這種「聖潔」方面的sportsmen，[112]他們利用極其嚴格的training來對抗某種東西，而現在他們已經找到了眞正擺脫這種東西的方法，對此人們完全不必感到懷疑——他們利用催眠類手段組成的系統的說明無數次眞正擺脫了那種深刻的生理性壓抑。爲此，他們的方法論被列爲人種學最具普遍意義的一種事實。同樣，我們也不可以自作主張地把這樣一種用饑餓療法對付身體和情欲的意圖算成是某種精神錯亂的症狀（吃烤牛肉的「自由精神」和容克貴族克里斯多夫就喜歡做這種蠢事）。更確切些說，這意圖開

---

111 爲達到這一目標（……）徒勞的嗎：供初版用的手寫付印稿上原寫作：「順便說一下，大多數遁入荒漠的聖人（Wüsten-Heiligen）也是以這種休眠方式爲導向的；而且他們之中很多人都已經做到了這一點，還以絕對的無聊爲導向，它將不會再被感覺爲無聊，而是虛無，虛無的感覺〔——〕」——KSA版注

112 sportsmen：英語，運動家之意；它與sport（運動）以及下文的training（訓練）一樣直到十九世紀下半葉都還是來自英語的外來詞；而到了十九世紀與二十世紀之際，該詞才正式變形成爲德語詞（〔譯按〕德語名詞的基本特點就是第一個字母必須大寫）。另參本書第二章第三節Pütz版注禁欲苦行。——Pütz版注

闢或可能開闢通向各種各樣的精神紊亂的道路，例如通向阿索斯山的那些靜修士們[113]所說的「內在的光明」、通向聲響和形體的幻覺、通向淫欲的氾濫和感官的極度興奮（Ekstasen）（例如聖女德肋撒[114]的故事）。而飽受上述狀態牽累的人則對這類狀況的解釋是無比狂亂與錯誤的，這一點不言而喻。不過我們不會忽略在這樣一種解釋方式的**意志**中所響起的那最眞誠的感激之聲。最高狀態，也就是**解脫**（Erlösung）本身，那最終將達到的整體催眠狀態和安寧，在他們看來永遠是自在的神祕，就連最高的象徵物也無法將其充分表達出來。同時，對他們而言，這種最高狀態還是對物之本源的反省與回歸，是對所有虛妄的擺脫，是「知識」、是「眞理」、是「存在」，是從所有目標、所有願望、所有行動中解脫出來，也是善與惡的一個彼岸。佛教徒說：「善與惡是兩副枷鎖，戰勝了它們就成爲悟道者」；[115]而吠

113 靜修士們（Hesychasten）：東正教教士中的神祕主義者，生活在希臘北部的阿索斯山（Athos）上，當地已經形成了一個由修道院組成的修士之國；他們冥思的目標就是要看到神性之光，就好像他泊山（Tabor〔譯按〕位於巴勒斯坦加利利地區南端）上登山變相的基督（〔譯按〕參《路加福音》第九章第二十八—二十九節）。——Pütz 版注

114 聖女德肋撒（Heilige Therese）：亞維拉的德肋撒（Theresa von Avila〔譯按〕又譯爲聖女大德蘭），西班牙神祕主義者（一五一五—一五八二），撰寫了多部關於神祕主義的理論著作。——Pütz 版注

115 善與惡（……）悟道者：佛教中用來形容那些塵世否定者的慣用語，他們從永恆復返中解脫了出來。（〔譯

檀多的信徒說：「完成之業和未完成之業都不能帶給他痛苦；作爲智者的他摒棄善惡；他的王國不再爲任何行動而苦惱；他超越了善與惡，把兩者丟在了身後。」這就是一套完整的印度觀念，既是婆羅門教的，也是佛教的。（無論是印度的還是基督教的思維方式都不認爲這種「解脫」是可以透過美德與道德完善來**實現**的，無論這兩者對美德的催眠價值的設定有多高。我們很確信這一點，而且這也和事實完全相符。曾經能夠在這一點上保持**眞實**，這或許可以被看作三大宗教中最具現實主義色彩的部分，因爲在其他情況下這三大宗教都被徹底道德化了。「對於有知識的人來說不存在義務」。「人們無法透過增加美德來實現解脫：「因爲解脫就存在於我與梵的同一之中，而梵則完美得無以復加；同樣，**減少**錯誤也不能達到解脫的目的；因爲梵與我的同一就意味著解脫，而梵則是永遠純潔的。」（這幾段引言均來自商羯羅爲《奧義書》所作的注解，轉引自歐洲第一位**眞正瞭解**印度哲學的專家——我的朋友保爾．多伊森。）[116]我們希望能對這些大宗教中的「解脫」概念表示尊敬。

按〕參本章第七節註腳中所引的 H. Oldenberg 的著作《佛陀——生平、學說與信徒》，第五十頁。）——Pütz 版注

116　完成之業和（……）保爾．多伊森：尼采在這裡引用的是其中學同學保爾．多伊森（Paul Deussen, 1834-1919）的著作，多伊森是叔本華的信徒及其著作的編輯者，同時也是印度哲學的翻譯家，他試圖將印度哲學與叔本華哲學聯繫起來。尼采在這裡採用的是多伊森撰寫的著作《吠檀多體系》（一八八三年，萊比錫出

不過，當我們看到，**沉睡**（der tiefe Schlaf）已經因其連作夢都懶怠的厭世態度而獲得了尊敬時，我們在表示尊敬時難免會忍俊不住。在這裡，沉睡指的就是進入了梵的狀態，**已經達到了**和神的 unio mystica[117] 最古老、最值得尊敬的「經文」告訴我們，「當他熟睡之後，當他徹底安息之後，他不再看到任何夢幻景象，這時，噢，那可敬的人，他就和那存在結合在了一起，他就進入了自我，在具有認知力的自我的懷抱中，他不再有何爲內在、何爲外

版，尼采生前藏書）和其翻譯的《吠檀多經文集》（Die Sûtra's des Vedânta，一八八七年，萊比錫出版，尼采生前藏書）。在正文中，尼采將商羯羅（Çankara，西元八或九世紀的吠檀多神學家）爲《奧義書》所作的注解中不同出處的段落揉合在一起；但卻沒有歪曲原意。而下文中尼采所說的「最值得尊敬的經文」指的就是《奧義書》，即學生只有坐在非常靠近老師的地方才允許獲得的祕傳（upa-ni-schad）。這些獨立的文章被以一種比較鬆散的排列方式放在了《吠陀》的結尾處（這就是「吠檀多」）。「吠陀」一詞的意思就是「知識」，《吠陀經》由多個層次組成：詩歌、咒語、以散文或神學論文形式寫成的文章，這些文章最後在經文末尾處彙集成了《奧義書》。其成書年代可以追溯到佛教產生之前（西元前八〇〇—六〇〇年）。其內容主要涉及「業或因果報應」（Karma，起平衡作用的正義的宇宙法則）、輪回、個體靈魂（Âtman，即我）透過與世界靈魂（Brahman，即梵）合二爲一從而達到解脫的目的等。——Pütz 版注

117 unio mystica：神祕主義式的融合爲一。透過這一概念，尼采將東方宗教與基督教的神祕主義聯繫了起來。（〔譯按〕另參本書第一章第六節。）。——Pütz 版注

在的意識。不論是白天還是黑夜、不論是年歲還是死亡、不論是痛苦還是善行或惡行，全都無法跨越這座橋梁。」[118]這三大宗教中最深刻者的信徒還說：「在沉睡中，靈魂從肉體中升起，進入最高的光明境界，從而以其自我的形體出現：靈魂變成了最高精神本身。它四處遊蕩，無論是和女人在一起、和車輛在一起，還是和朋友在一起，它都諧謔、它都玩耍、它都取樂。靈魂不再想念肉體這一附加物，**prâna**[119]（生命的氣息）被套在了肉體上，就像牲畜被套在了車子上一樣。」[120]儘管如此，和我們在「解脫」的問題上一樣，我們想在這裡也保持清醒，不論東方人喜歡多麼誇張的華麗詞藻，但是從根本上來說，他們所表達的價值判斷是和頭腦清醒的、冷靜的，具有希臘式冷靜的、但又在忍受痛苦的伊比鳩魯[121]的評述是相同的，那就是催眠狀態下的虛無感覺，是沉睡帶來的安寧，簡言之，就是**脫離痛苦的狀態**

118　參保爾・多伊森翻譯的《吠檀多經文集》，前揭，第三七五頁。——譯注

119　**prâna**：梵文，印度哲學中的「氣」，「吠檀多」體系中有靈魂的生命原則。——Pütz 版注

120　參保爾・多伊森撰寫的著作《吠檀多體系》，第一九九頁。——譯注

121　伊比鳩魯（Epikur）：西元前三四二—二七〇年（〔譯按〕德國的百科全書上多為西元前三四一—二七一年），來自希臘薩莫斯島（Samos）的古希臘哲人；主張原子論，認為一切事物都因為原子的結合或分離而產生或消亡。因為物質以及感官幸福都很容易消逝，所以他認為來源於理智的「不動心」（Ataraxie〔譯按〕又譯為「心靈寧靜」）乃是最高的美德。（〔譯按〕另參本章第六節相關註腳。）——Pütz 版注

（Leidlosigkeit）。這一點應當可以被忍受痛苦和徹底反常的人當作至善，[122]當作價值中的價值，他們必然對此作出積極評價，必然把它當作積極**本身**來加以感受。（根據同樣的情感邏輯，所有悲觀主義的宗教都把虛無稱爲**上帝**。）[123]

十八

這樣一種對感受力和痛覺力進行全面催眠式的抑制行爲，其前提中已經將那些較爲稀有的力量，特別是勇氣、對輿論的蔑視和「理智上的廊下主義[124]」（intellektueller

---

122 至善（höchstes Gut）：西方經院哲學中對上帝的稱呼，拉丁文寫作 summum bonum。——Pütz 版注

123 把虛無稱爲上帝：請參考吠檀多哲學中「梵」的概念（參見本書第一章第六節 Pütz 版注婆羅門和涅槃）——Pütz 版注

124 廊下主義（Stoicismus）：廊下派的學說，即西元前三〇〇年左右由來自季提昂（Kition）的小芝諾（Zenon，〔譯按〕西元前三三三—二六二年，來自賽普勒斯的古希臘哲人）所創立的希臘哲學流派，後又發展爲古羅馬的哲學流派。其主張認爲，人的道德生活應當參照自然的理性的世界法則。廊下派智者的「不動心」已經成了西方的諺語。（〔譯按〕例如德語中的「stoische Ruhe」〔淡泊寧靜〕和英文中的 do sth. with stoicism〔從容不迫做某事〕。）——Pütz 版注

Stoicismus）都包括在內。比這種抑制行爲應用更廣泛的是另一種用以對抗抑鬱狀態的訓練，不管怎麼說，後一種訓練要容易得多，這種訓練就是**機械性活動**。[125]毫無疑問，這種活動可以在相當可觀的程度上減輕受難者的痛苦。如今，人們有些不太恭敬地把這一情況稱爲「勞動的賜福」。勞動將受難者的注意力從他的痛苦中轉移開，從而減輕他的痛苦——由於他持續不斷地勞作，他的頭腦中就很少有空位留給痛苦。因爲人類的意識就是個狹窄的小屋！機械性活動及其相關的事物，例如絕對的規律化、準時而不自覺的服從、千篇一律的生活方式、被占滿的時間，人們因此獲得了某種許可，或者說某種「非人格化的」、忘我的、incuria sui[126]的培養方式。看哪！禁欲主義祭司多麼徹底、多麼巧妙地把機械性活動運用於他反抗痛苦的戰鬥中！當他面對那些社會下層的受難者，那些勞作的奴隸或囚徒時，或者當他面對婦女（她們多半既是勞作奴隸又是囚徒）時，他只需略施更名換姓的伎倆，就使他們從此在可憎恨的事物中看到了某種享受、某種相對的幸福。不論如何，奴隸們對他們自己命運的不滿本來就不是祭司們的發明。另外一種更有價值的對抗抑鬱感的藥方是某種很容易得到的，而且可以被常規化的**微小快樂**；人們經常將這種治療方法和之前講過的機械性活動配

125　機械性活動（die machinale Thätigkeit）：即體力勞動。——Pütz 版注

126　incuria sui：拉丁文，對待自己很輕率，對自己漠不關心。——Pütz 版注

合使用。將快樂用於治療的最常見形式就是**製造**快樂（如慈善、饋贈、緩和、幫助、勸說、安慰、誇獎、表彰等等）所帶來的快樂（die Freude des Freude-Machens）；在禁欲主義祭司開的處方中還包括「愛鄰人」，雖然用藥劑量十分謹愼，但它實際上就是要激發那最爲強烈的、最爲肯定生命的本能衝動——即**權力意志**。所有那些慈善、促進、幫助、讚揚等行爲所帶來的那種幸福，那種體現在「最低限度的優勢」上的幸福，乃是生理障礙者們慣於使用的最爲有效的安慰劑，前提條件是他們的所作所爲都是正確的；否則他們就會相互傷害，自然也是出於對同一個基礎本能的服從。如果我們在羅馬世界中找尋基督教的起源，那麼我們就會找到一些互助團體，例如窮人團契、病人團契和喪葬團契，這些團體成長於當時社會的最底層，它們都會自覺運用那種對抗抑鬱感的主要手段，即互施善行所帶來的小快樂，這在當時也許是件新鮮事，是個眞正的發現？在這種情況下產生了「互助意志」、群體組織意志、「結社」意志、「餐堂」[127]意志，而在這些意志之中，權力意志也隨之被引發（雖然它還處於萌發階段），但它必將再次出現新的、更爲飽滿的爆發。**群體組織的產生**（Heerdenbildung）乃是對抗抑鬱的戰鬥中的一個根本性的步驟和勝利。隨著社團的發展，個人的一種新興趣也得到了加強，這種新的興趣往往使人能夠超越他個人的惡劣情緒，超越

127 餐堂（Cänakel）：原意爲修道院中的餐堂（Refektorium），此處指志同道合者組成的圈子。——Pütz 版注

他對**自己**的厭惡（即古林克斯[128]的 despectio sui[129]）。所有病人和病態的人都有一種要擺脫他們的無聊窒息感和軟弱感的願望，出於這種願望他們都本能地追求一種群體組織。禁欲主義祭司猜出了這一本能，並且助長了這一本能；哪裡有群體，那裡就有那種追求群體的軟弱本能，同時還有祭司們的聰明才智負責將群體組織起來。因爲有一點我們不能忽略：強大者的離心傾向正像軟弱者的結夥傾向一樣是絕對必需的；當前者結合在一起的時候，他們這樣做只是爲了實現某種整體性的進攻行爲或是整體性滿足他們的權力意志，而且在這個過程中他們要經受個體良知的多次抵抗；而後者呢？他們組織在一起正是要從這種整合中獲得**樂趣**，這樣他們的本能就得到了滿足，而那些天生的「主人」（即孤獨的猛獸人種），他們的本能卻因爲這種組織而受到刺激，並且變得不安。人類的全部歷史告訴我們，每個寡頭

128 古林克斯（Geulinx）：阿諾爾德・古林克斯（Arnold Geulincx，〔譯按〕尼采原文中的名字缺少字母 c」，一六二四—一六六九，荷蘭哲學家；原爲天主教徒，後改信新教；他在笛卡兒關於精神實體和物質實體的二元論基礎上創立了偶因論（Okkasionalismus），即認爲上帝會偶然性地介入肉體與精神或靈魂的運作，從而使兩者協調一致。——Pütz 版注

129 despectio sui：拉丁文，自我蔑視。（〔譯按〕參本書第二章第十五節所引用的庫諾・菲舍爾所著的《近代哲學史》第一卷，第十一—二十七頁。該書也是尼采關於古林克斯觀點的出處。）——Pütz 版注

政治[130]之下都隱藏著那種**專橫暴虐的**欲望；生活在寡頭政體之內的每個人都必需一種緊張狀態，以便能夠掌控那種專橫暴虐的欲望，從這個角度來看，每一種寡頭政體都會因此顫抖不已。（比如說**希臘的**寡頭：柏拉圖曾在上百處證實了這一情況。柏拉圖瞭解他的同類，也瞭解他自己）。[131]

十九

目前我們已瞭解的禁欲主義祭司的手段有：生命感的全面抑制、機械性活動、微小的快樂，特別是「愛鄰人」的快樂、群體組織、喚起團體的權力感覺，以及與之相應的透過個人從團體的繁榮中所獲得的快感來麻痺和抑制他對自己的惱恨，如果用現代尺度來衡量，這些都是他用來和無趣感作戰的**無辜的**工具。現在讓我們來看看那些更有趣、但卻「有罪的」工具吧！那些工具都圍繞著一個問題展開——那就是讓情感在某一方面**毫無節制地發展**（Ausschweifung des Gefühls），而這就是對抗那種令人遲鈍和麻木、而且極其漫長的

130 寡頭政治：參本書第二章第一節 Pütz 版注機體運作是寡頭政治式的。——Pütz 版注

131 參柏拉圖《王制》第八卷 550c-555a。——譯注

痛苦感的最爲有效的麻醉劑；所以徹底思考這樣一個問題時，祭司們的創造性是永不枯竭的，這個問題就是：「人如何才能讓情感毫無節制地發展？」這話聽起來很生硬，現成的有另一種更動聽、也許更順耳的說法：「禁欲主義祭司隨時都善於利用存在於所有強烈的情緒衝動中的熱忱（Begeisterung）。」可是爲什麼我們還要照顧現代那些被嬌慣者[132]的柔弱的耳朵？我們這方面爲什麼還要對他們的僞善[133]言辭退讓一步？對於我們心理學家來說，這裡本身就是一種僞善的行動；只有一點是眞實的，那就是它會讓我們噁心。因爲今天的心理學家雖然不是在所有方面，但卻在一個方面有著**很好的鑑別力**（其他人可能會說：這是他的正義感），那就是他反對那種可恥的**道德化的**說話方式，而現代人關於人和物的所有判斷恰恰都被這種方式所沾染。因爲人在這個問題上不會欺騙自己，什麼才是現代靈魂和現代書籍最眞實的特徵，並不是謊言，而是道德的重複性謊言中的那種固執的**天眞**（Unschuld）。我們必須在各個領域裡再度披露這種「天眞」；今天的心理學家不得不承受很多令人憂慮的工作，而這件工作則是其中最令人反感的；這也是一件帶給我們很大風險的工作，這是一條路，也許它會將**我們**引向強烈的嘔吐。我清楚地知道，現代書籍的**目的何在**（假設這些書籍

132 參本書前言第七節的相關正文與註腳。——譯注

133 僞善（Tartüfferie）：參本書前言第六節 Pütz 版注僞善。——Pütz 版注

能經受住時間的考驗，這當然是沒有什麼好擔心的；同時也假設下後世的人有著更嚴格、更冷酷、**更健康的**品味）。我還清楚地知道，所有這些現代的東西對於擁有如此品味的後世者究竟有什麼用？可以有什麼用？那就是成爲他們的催吐劑，因爲這個催吐劑能夠利用它那道德的甜蜜和虛僞來發揮作用，也就是利用埋藏在它最深處的那種女性化傾向，不過這傾向喜歡稱自己爲「理想主義」，而且也相信理想主義。我們今天那些受過教育的人們，我們的「好人」，他們不會說謊，這是眞的；但這**並不**使他們受到尊敬！對於他們來說，眞實的謊言，眞正的、果斷的、「眞誠的」謊言（關於這種謊言的價值，人們可以聽聽柏拉圖[134]的意見），有些過於嚴格、過於強烈了；它會向他們提些別人不**允許**提的要求，即讓他們睜開雙眼盯著自己，讓他們學會區別他們自身的「眞實」與「虛假」。而這些人只適合於那種**不眞誠的謊言**；如今，所有自認爲是「好人」的人們，他們對待事物時只會**不斷不眞誠地說謊**、不斷墮落地說謊，但又不斷地無辜地說謊、坦率地說謊、天眞地說謊、規矩地說謊，他們完全沒有能力去採取除此以外的態度。這些「好人們」——他們現在已經完全徹底地道德化了，他們的誠實已經被永遠地玷汙了、破壞了，他們當中還有誰能夠忍受得住一種「關於人」的**眞相**？或者問得更明確些，他們之中有誰還能夠忍受一部**眞實的**人物傳記？

[386]

134 柏拉圖：參《王制》第三卷 414b-c；第二卷 382c；第三卷 389b；第五卷 459c-d；《法義》663e。——KSA 版注

這裡有一些東西可供參考：拜倫爵士[135]寫下了一些關於他自己的最爲私人的東西，可是湯瑪斯．莫爾[136]太過「好心」了——他焚燒了他朋友的文稿。據說叔本華的遺囑執行人格溫納博士[137]也做了類似的事情，因爲叔本華也寫下了一些關於他自己的事，那也許是些反對他自己（εἰς ἑαυτόν[138]）的文字。貝多芬的傳記作家、能幹的美國人塞耶，[139]有一次突然中斷了他的工作，因爲他在那樣一個崇高純眞的生命中遇到了某些東西，這使他再也無法忍受了。[140]道

---

135 拜倫爵士：喬治．戈登．諾埃爾．拜倫（George Gordon Noel Byron），拜倫勳爵（一七八八—一八二四），英國浪漫主義詩人。——Pütz 版注

136 湯瑪斯．莫爾（Thomas Moore）：一七七九—一八五二，愛爾蘭詩人。——Pütz 版注

137 格溫納博士：威廉．馮．格溫納（Wilhelm von Gwinner），一八二五—一九一七，德國傳記作家。——譯注

138 *εἰς ἑαυτόν*：希臘語，反對他自己。另參《新約．希伯來書》第十二章第三節。——譯注

139 塞耶：亞歷山大．惠洛克．塞耶（Alexander Wheelock Thayer），一八一七—一八九七，美國記者、外交家、貝多芬經典傳記的作者。——譯注

140 拜倫爵士（……）這使他再也無法忍受了：以上請參考《拜倫雜記》（*Lord Byron's Vermischte Schriften*），E. Ortlepp 翻譯，斯圖加特出版，尼采生前藏書；格溫納所著的《私人交往中的叔本華》（*A. Schopenhauer aus persönlichem Umgange dargestellt*），萊比錫，一八六二年版；塞耶所著的《貝多芬的一生》（*L. van Beethoven's Leben*），柏林，一八六六年及以後的版本。——KSA 版注

德，今天還有哪個聰明人會寫一個關於自己的眞誠的文字？如果那樣做了，那他肯定可以成爲神聖的傻大膽騎士團中的一員。有人說，理查．華格納正在寫自傳，[141]誰會懷疑，那將是一部**聰明的**自傳？讓我們再回想一下，當年的天主教教士揚森[142]就德國的宗教改革運動做了非常獨特的方正且無害的描述，結果卻激起了一場可笑的震驚；假如有人對宗教改革運動做了**別樣的**敘述，假如有一位眞正的心理學家爲我們講述了一個眞實的路德，而不再是講述一個鄉村牧師的道德純樸，同時也不再帶著新教歷史學家們那種諂媚而又瞻前顧後的扭捏，而是以一種**泰納式的**無所畏懼[143]來講述，以一種**發自心靈的強悍力量**，而不是以某種用來對抗

---

141 理查．華格納正在寫自傳：參本章第五節 KSA 版注理查．華格納。——KSA 版注

142 揚森：約翰內斯．揚森（〔譯按〕Johannes Janssen，一八二九—一八九一，德國天主教教士，歷史學者，宗教改革運動的反對者），其著作爲《中世紀以來的德國民族史》（*Geschichte des deutschen Volks seit dem Mittelalter*），弗萊堡一八七七年出版（〔譯按〕該書由於其反對宗教改革的觀點而在當時遭到了很多批評）；尼采於一八七八年十二月三十一日購買了此書，但在尼采藏書中未被發現。關於尼采對揚森的評論參他在一八七九年十月五日寫給彼得．加斯特（Peter Gast）的信。——Pütz 版注

143 泰納式的無所畏懼：伊波利特．泰納（Hippolyte Taine），一八二八—一八九三，法國歷史學家及歷史哲學家；主張用類似自然科學的環境理論來解釋精神和政治的歷史。（〔譯按〕具體參傅雷譯的《藝術哲學》，傅譯爲丹納。）——Pütz 版注

強大的聰明的寬恕精神來講述，誠如上述，我們將從何處入手呢？（順便說一句，德國人終於爲後者生產出了足夠漂亮精緻的經典人物類型，德國人可以把這類型的人物與他們自己歸爲一類，把他算作好人，這個人就是利奧波德·蘭克），[144]他是一切 causa fortior 的天生的和經典的 advocatus，[145]是一切聰明的「眞實者」中最聰明的那個。）

二十

但是讀者可能已經理解我的意思了。總而言之，我們這些心理學家們無法擺脫**對我們自己**的懷疑，理由很充分，不是嗎？可能對我們的這門手藝來說，我們自己也太過「好心」

144 利奧波德·蘭克（Leopold Ranke）：一七九五—一八八六，德國歷史學家，主張根據嚴格的來源考證和客觀性來進行歷史寫作。（〔譯按〕蘭克被認爲是德國歷史主義的重要代表，他也有一部關於宗教改革的重要著作《宗教改革時期的德國史》〔*Deutsche Geschichte im Zeitalter der Reformation*〕，一八三九—一八四七年間完成。——Pütz 版注

145 一切 causa fortior 的天生的和經典的 advocatus：拉丁文，一切更爲強大的事物的天生的和經典的辯護者。——Pütz 版注

了，無論我們自己多麼強烈地蔑視那種道德化的時代品味，但可能我們自己也還是它的犧牲品、戰利品和病人——可能這時代品味也把我們感染了。當那位外交官[146]曾對他的同事說下面這番話時，他到底要提醒人們留心什麼呢？「先生們，讓我們首先懷疑我們的第一反應和衝動，因爲**它們幾乎總是善的**。」如今，每位心理學家也應該這樣告訴他的同行們。這樣我們就回到了原來的問題上，這個問題事實上要求我們要相當嚴厲，特別是對於「第一反應和衝動」要抱有相當的懷疑。**禁欲主義理想服務於一種讓情感無節制地發展的目的**——誰若是還記得前一章的內容，誰就能基本上從這幾個新詞中猜出下面將要表達的內容。讓人類靈魂從分裂狀態中解脫出來，並把它浸入到恐懼、冰冷、熾熱、迷醉中去，使它能像電擊一般迅速擺脫無趣感、麻木感和惡劣情緒帶給人的種種瑣碎：哪些道路通向這一目標？當中又有哪條道路最安全？從根本上來說，所有大的情緒衝動，如憤怒、恐懼、淫欲、復仇、希望、勝利、絕望、殘酷，只要是突然發洩出來的情感，都有可能達到這一目標；事實上，禁欲主義

146 那位外交官：指夏爾・莫里斯・德・塔列朗（Charles Maurice de Talleyrand），一七五四—一八三八，在法國大革命之前乃是歐坦地區（Autun）主教，一七九二年作爲外交使節被派往英國，拿破崙時代成爲外交部長，在維也納和會上也擔任此職；後在路易・菲力浦時代擔任駐英國大使（一八三〇—一八三四）。（〔譯按〕其人出身貴族，以權變多詐著稱。）——Pütz 版注

祭司毫不猶豫地動用了人體內**整個**的狂躁狗群，他一會放出這一條，一會又放出那一條，但目的總是一個，就是把人從慢性悲哀中喚醒，至少是暫時地趕跑那使人麻木的疼痛和那令人遲疑的困苦，而且這一切都是在宗教的解釋和「正名」的保護下做的。不言而喻，情感的每一次類似的無節制發展之後都要**付出代價**——它使病人的病情加重。因此，用現代的標準來衡量，這種治療疼痛的方法是一種「罪欠的」方式。但是，公正地說，我們必須要特別堅持一點，即使用這種方法的人乃是出於**善的良知**，禁欲主義祭司是因爲絕對相信這種治療方法的效力，甚至深信它是必不可少的，所以才開出這個藥方，而且禁欲主義祭司自己也經常爲他所製造的痛苦而幾欲崩潰；而另一方面，這種縱情療法雖然會引起生理上強烈的報復，甚至也許還會造成精神紊亂，但從根本上來說這並沒有眞正違背該治療方法的整體意義。前面已經說過，這種治療方法的目的不在於治癒疾病，而僅在於抵抗抑鬱感和無趣感，在於減輕和麻痺這種感覺，而這一目的也是這樣達到了。眾所周知，爲了在人類的靈魂中奏響各種令人心碎、使人狂喜的音樂，禁欲主義祭司擅自使用的最主要的手段就是利用**罪欠感**。我在上一章曾經簡要指出了罪欠感的來歷——即認爲它屬於動物心理學的一部分，而且已經不復存在了，我們在那裡看到的罪欠感相當於它的原始形態。只有到了禁欲主義祭司這個天生的罪惡感覺的藝術家手裡，罪欠感才獲得了外形。噢，這是什麼樣的外形啊！「罪」——祭司就是這樣重新解釋動物的「良知譴責」（那種返向自身的殘酷）的；「罪」的出現到目前爲止仍然是心靈病史上最大的事件，在這裡，我們看到了宗教解釋所給出的最危險、禍患最大的手段。人，一定是出於某種生理上的原因，出現了以己爲患的情況，就像一隻關在籠子裡的動物，他不能理解這是因爲什麼，這是爲了什麼目的？他饑渴地尋找原因，因爲原因能給人寬慰，他還饑渴地尋找藥物和麻醉劑，最後他終於諮詢到了一位知情人。看哪！他獲得了一個暗示，他從他的魔術師，即禁欲主義祭司那裡得到了有關他的痛苦的「原因」的第一個暗示。他應當在自己身上，在一種罪過中，在一段過去的經歷中尋找原因，他應當把他的苦難本身理解爲一種**受罰狀態**。那個不幸的人，他聽到了暗示，他聽懂了；從此，他就像一隻母雞，他的周圍被畫了一個圈。現在他再也不能越出那個畫好的圈了，病人被改造成了「罪人」。現在我們已經被這種新病人，這種「罪人」的觀念束縛了幾千年，人還能再次擺脫它嗎？不論我們往哪兒看，遇到的都是罪人那被催眠的目光，這種目光總是朝著一個方向（總是注視著他的「罪」，這是他痛苦的**唯**一原因）；到處都是壞心腸，像路德說的那種「可怕的野獸」；[147]到處都在回過頭來咀嚼過去、歪曲事實、用「怨毒的眼睛」看待一切行爲；到處都在**意欲**誤解痛苦，這已經被變成了生命的內容，痛苦被解釋成了罪欠感、恐懼感和懲罰感；到處都是鞭子、粗呢子襯衫、忍饑挨餓的身體、悔恨；到處都有一個由不安的、病態地

147 可怕的野獸（grewliche thier）：參馬丁·路德《桌邊談話錄》（*Tischreden*），一五四二—一五四三年冬天，第五五一三號。——譯注

貪婪的良知形成的殘酷的轉火輪，而罪人就在那輪子上自我車磔；[148] 到處都有無聲的折磨、極度的恐懼、受刑的心臟的垂死掙扎、某個未知幸運發出的痙攣、還有尋求「解脫」的喊叫。事實上，這套程序徹底**克服了**那古老的抑鬱、沉重和疲憊，生命重新變得非常有趣。清醒、永遠地清醒了、睡眠不足、燃燒著、被燒焦了、精疲力竭卻又不感覺累。人，或稱「罪人」，他一旦被告知了這些祕密之後，他就會呈現出上述狀態。禁欲主義祭司，這位與無趣感作戰的古老而又偉大的魔術師，他顯然獲得了勝利，他的王國到來了。人們已經不再**抱怨**疼痛，人們在**渴求**疼痛；「**再多一點**疼痛！**再多一點**疼痛！」幾百年來，他的信徒和知情者們就這樣喊著他們的要求。每種引起疼痛的情感的無節制發展，所有會撕裂、顛倒、壓碎、使人著迷、令人陶醉的東西，行刑室裡的祕密，地獄本身的創造性。這一切的一切從此都被發現、被猜出、被徹底利用，所有這一切都爲魔術師服務，爲他的理想，即禁欲主義理想的勝利而服務。「我的國不屬於這世界」。[149] 他一直都在這樣說話，可是他眞的還有權利這樣說嗎？歌德曾宣稱，[150] 世上只有三十六種悲劇情節，如果我們之前還不瞭解歌德的話，

148 參本章第六節 Pütz 版注伊克西翁的轉火輪和本書第二章第三節 Pütz 版注輪磔之刑。——譯者版注

149 「我的國不屬於這世界」：參《約翰福音》第十八章第三十六節。——Pütz 版注

150 歌德曾宣稱：參《歌德談話錄》，愛克曼（Eckermann）編輯；一八三〇年二月十四日，歌德說：「戈齊曾宣

那麼我們從這句話就可以猜出，歌德肯定不是一個禁欲主義祭司。因爲後者所知更多。

二十一

說到禁欲主義的這一整套「罪惡的」治療方法，任何批判用語都是多餘的。誰會有興趣堅持說，禁欲主義祭司經常對他的病人施用的那種讓情感無節制發展的療法（他在這樣做時當然是以最神聖的名義，而且內心充滿肩負使命的神聖感），確實曾經對某個病人產生過療效？我們至少應當理解「療效」一詞的含義。假如人們用「療效」表達的意思僅僅是這樣一種治療體系使人得到**改善**，那麼我沒有異議。我只想補充一點「改善」對我而言意味著什麼，即意味著「被馴化」、「被弱化」、「失去勇氣」、「變得狡詐」、「被柔化」、「去男性化」（基本上就意味著遭到了**損害**）。但如果我們涉及的主要是病人、反常者、沮喪者，同時這一治療體系能使他們得到「改善」的話，那麼該體系一定會讓其**病情加重**；我們只需問問精神病醫生就可以知道，那種使用了懺悔的反覆折磨、悔恨以及解脫的危機的

[391]

稱，世上只有三十六種悲劇情節。」（卡洛斯．戈齊〔Carlos Gozzi〕，一七二〇—一八〇六，威尼斯的劇作家和詩人。）——Pütz 版注

治療方法總是會帶來什麼樣的效果。同時人們也可以諮詢歷史，凡是禁欲主義祭司施用了這類治療方法的地方，疾病就會飛快地向深度和廣度發展。那麼什麼是這種治療方法的「成果」呢？這就是在已經患病的肌體上再添加上一個受損的神經系統；無論是在最大範圍內，還是最微小的規模，無論是個體，還是群體，都是如此。我們發現，在每次懺悔和解脫的訓練之後，都會發生一場可怕的癲癇大流行，歷史上最大規模的爆發就發生在中世紀那些聖法伊特[151]和聖約翰[152]舞蹈狂[153]患者身上；我們還能看到，這種訓練還有其他形式的後果，即可

151 聖法伊特（St. Veit）：即來自西西里的天主教殉教者維圖斯（Vitus，死於三〇四／三〇五年），是癲癇、癔症、瘋癲、狂犬病以及舞蹈狂等病症的救難聖人。（〔譯按〕聖法伊特節是在六月十五日，中世紀認爲那天是盛夏的開始。）——Pütz 版注

152 聖約翰（St. Johann）：施洗者聖約翰節（六月二十四日）臨近夏至，所以他的名字也和一些民間迷信聯繫在一起，癲癇也叫聖約翰病。十四和十五世紀，大規模的聖約翰舞蹈病主要襲捲了萊茵河、摩澤爾河沿岸地區以及荷蘭等地。直到聖法伊特節或聖約翰節那天這些病症才被治癒。——Pütz 版注

153 舞蹈狂（Tanzwut）：又稱舞蹈瘟、流行性舞蹈病、聖約翰之舞或聖法伊特之舞，是中世紀歐洲時常爆發的一種群體性癔症（原因至今未明），患者會一直跳到口吐白沫、精疲力竭。之所以被稱爲聖約翰或聖法伊特之舞，是因爲患者多在聖法伊特節前後發病，據說有些患者向兩位聖徒祈禱後可以停止跳舞，因此被認爲是聖徒的詛咒。——譯注

怕的麻痺症和持久的抑鬱感，一個民族或一座城市（如日內瓦和巴塞爾）的氣質和稟性也許會因此被徹底扭轉爲與原來相反的情況；同屬此類的還有巫婆癔症，即類似於夢遊症（僅在一五六四年到一六〇五年間就有八次該病症的大規模爆發）；同樣，我們在這種訓練之後還發現了那種渴求死亡的群眾性譫妄，他們那恐怖的吶喊 evviva la morte[154] 曾經響徹整個歐洲，中間時而夾雜著一些或者渴求驕奢淫逸、或者渴求肆意破壞的特異性反應。即使在今天，每當禁欲主義關於罪孽的學說再次獲得巨大成功時，我們依然能夠隨處觀察到同樣的情緒轉換，同樣的間歇性和同樣的驟然發作。（宗教的神經官能症是以某種具有「邪惡本質」的形式出現的。這毋庸置疑，但它究竟是什麼呢？Quaeritur[155]。）總的來說，禁欲主義理想及其崇高的道德禮儀，即那種將所有有利於情感無節制發展的工具統統進行最機智、最無顧忌、最爲危險的系統化的行爲，它依靠其神聖意圖的保護，以一種可怕的、令人難忘的方式被寫進了整個人類歷史；可惜是**不僅僅**寫進了人類的歷史；除了禁欲主義理想之外，我簡直想像不出別的什麼東西能夠如此損害人類的**健康**和種族的強盛，特別是對於歐洲人而言尤其如此；我們可以毫不誇張地把這種理想稱之爲歐洲人健康史上的**眞正災難**。唯一勉強能夠與

154 evviva la morte：義大利文，死亡萬歲！——Pütz 版注

155 Quaeritur：拉丁文，這是一個需要考慮的問題。——Pütz 版注

其影響相提並論的，可能只有日爾曼人特有的影響，我指的是用酒精毒化歐洲，這種毒化一直嚴格地同日爾曼人的政治與種族優勢同步發展（日爾曼人在哪裡輸入他的血液，也就在那裡輸入他的惡習）。排在第三位的則是梅毒——magno sed proxima intervallo。[156]

二十二

無論哪裡，只要禁欲主義祭司占據了統治地位，他就會敗壞人的心靈健康，因此，他也就損害了人在 artibus et litteris[157] 方面的**品味**，而且他現在還在繼續這樣做。「因此」——我希望讀者能直接同意我用的這個「因此」；至少我現在還無意去證明它。唯一可以提示的是，這涉及基督教文獻中的那本基礎典籍，涉及基督教眞正的原型，即那本「自在之書」。[158]古希臘羅馬的興盛時期也是其典籍的興盛時期，那是一個尚未萎縮、尚未毀滅的古

156 magno sed proxima intervallo：拉丁文，雖然緊隨其後，但其實相距甚大。（〔譯按〕語出維吉爾《埃涅阿斯紀》，卷五，行三二〇，「longo sed proximus intervallo」〔雖然緊隨其後，但其實相距頗遠〕。）——Pütz 版注

157 artibus et litteris：拉丁文，藝術和科學。——Pütz 版注

158 自在之書（Buche an sich）：指《聖經》。——Pütz 版注

典文獻的世界，那個時代的人們尚能夠讀到幾部典籍，而現在，爲了獲取這些典籍，我們情願用我們全部文獻的一半去做交換。而面對著那樣的一個時代，基督教的鼓吹家們——人們現在稱他們爲早期基督教教父，[159] 他們已經敢於幼稚而虛榮地宣稱：「**我們**也有我們自己的經典，我們**不需要希臘人的文獻**」，而在說這番話的同時，他們還驕傲地羅列出一些傳說故事書、使徒書信以及那些衛道士們撰寫的宣傳小冊子，這就像今天的英國「救世軍」[160] 用一些類似檔來進行反對莎士比亞和其他「異教徒」的鬥爭一樣。讀者應該已經猜到，我不喜歡《聖經新約》；以我之品味，在評價這部最受尊崇、也最被過於尊崇的文獻時竟如此孤立，這幾乎使我有點不安（二千年來的品味都在反對我）。可是這又有什麼關係呢！「我就

159 早期基督教教父（Kirchenväter）：指從聖保羅之後至西元八世紀之間的早期基督教的神學代表，例如奧古斯丁（三五四—四三〇年）。（〔譯按〕另參本書第一章第十五節 Pütz 版注一個成功的早期基督教教父。）——Pütz 版注

160 救世軍（Heilsarmee）：由卜威廉（William Booth，〔譯按〕一八二九—一九一二，英國衛理公會傳道者）於一八六五年創立的準軍事化管理的宗教社團，其目的是爲了緩解社會貧困，總部設在倫敦。——Pütz 版注

是這樣，我不可能是別樣的」。[161]我有勇氣堅持我的不雅品味。[162]至於《聖經・舊約》，那就完全不一樣了。《聖經舊約》眞是了不起！在裡面，我找到了偉大的人物、神話史詩般的巨幅風景畫，還有某些塵世間最爲罕見的東西，那就是**強健心靈**的無可比擬的純眞；更爲重要的是，我在裡面發現了一個民族。而在《新約》裡面卻全是些瑣碎的宗派事務，全是些洛可可式的心靈，[163]全是些加了花飾的、彎彎曲曲的、奇異古怪的東西，淨是些私人結社的空

161 「我就是這樣，我不可能是別樣的」：這是馬丁・路德（根據傳說）於一五二一年四月十八日在沃爾姆斯（〔譯按〕Worms，德國萊茵河畔小城，七六三－一五四五年間神聖羅馬帝國議會多次於此召開）的帝國議會上所說的話，當時有人問他是否願意撤回自己的學說。——Pütz 版注

162 我有勇氣堅持我的不雅品味：參司湯達在《紅與黑》中用來形容於連・索黑爾的話。尼采在一八八四年春天的遺稿中引用了這句話：「Il n'a pas peur d'être de mauvais goût, lui.」（「他是不怕有傷風雅的，他。」〔譯按〕參《紅與黑》下卷第十二章「他會是一個丹東嗎」。）——Pütz 版注

163 洛可可式的心靈（Rokoko der Seele）：造型藝術中的洛可可時期是指巴洛克時期之後帶有阿拉貝斯克（arabeskenhaft〔譯按〕阿拉伯風格的裝飾，以纏繞交錯的線條爲特點）形式的藝術時期。而在文學上突出著重主題、形式與內容上的精細纖巧：例如細小的神靈與理念。——Pütz 版注

氣，[164]別忘了，偶爾還有一種田園牧歌式[165]的甜蜜氣息，這是那個時代的特徵（也是羅馬行省的特徵），它既不是猶太式的，也不是希臘式的。在裡面，恭順謙卑與妄自尊大同時並存；喋喋不休地談論感覺，簡直讓人頭昏腦脹；這裡沒有熱情，只有沉迷；只有令人難堪的表情與手勢的變化；顯然，這裡缺少任何良好的教養。人們怎麼可以像那些虔誠的小人物一樣對自己的小小惡習大驚小怪呢？沒有公雞會爲此啼叫；[166]更不用說上帝了。而到了最後，這些外省的小民，他們竟然還妄求「永生的冠冕」。[167]他們爲了什麼目的？他們要那「冠冕」幹什麼？不能再繼續這種非份之想了。假如聖彼得獲得了「永生」，誰還能受得了他！他們有著讓人發笑的野心，**那個小人物**，[168]他反覆不停地詳細解釋著他最私密的東西、他的愚

---

164 私人結社的空氣（Konventikel-Luft）：私人結社指的是私人性質的宗教集會，特別是十七和十八世紀的虔信派教徒，他們希望透過個人心靈的虔誠與愛鄰人的思想來革新福音信仰。——Pütz 版注

165 田園牧歌式（bukolisch）：希臘牧歌風格的。特別在文學上的洛可可時期，古希臘時期的牧歌重新受到關注。——Pütz 版注

166 沒有公雞會爲此啼叫：請參考《馬太福音》第二十六章第六十七—六十八節。（〔譯按〕此處似乎有誤，公雞啼叫的典故應當是《馬太福音》第二十六章第六十九—七十五節。）——Pütz 版注

167 永生的冠冕：參《启示錄》第二章第十節。——Pütz 版注

168 那個小人物（das）：似乎指聖保羅，即《新約》超過一半內容的作者。——譯注

蠢、他的悲哀以及他那街頭閒漢一般的憂慮，就好像萬物本源（das An-Sich-der-Dinge）的義務就是關心這些！他還不知疲倦地把上帝本人也裹脅進小人物們最微不足道的痛苦中去。而且還沒完沒了地與品位最不雅的上帝爾汝相稱！嘴爪並用，以猶太式的，而且不僅僅以猶太式的方式對上帝糾纏不休！在亞洲東部有一些弱小的、受到輕視的「異教民族」，這些早期的基督徒們原本可以從他們身上學到一些基本的東西，那就是表達敬畏的**禮節**；基督教的傳教士們證實，在那些民族裡，根本不允許人說出他們的神的名字。在我看來，這種行爲非常審慎；而且可以肯定的是，不僅僅只有「早期」的基督徒才認爲這行爲太過審慎了。讓我們來感受一下相反的情況，我們可以回想一下路德，那位德國「最雄辯」、最不謙遜的農民，回想一下他說話的語氣，那是他與上帝對話時最喜歡的語氣。毫無疑問，路德對教會的那些使徒聖人們的反抗態度（特別是針對「教皇，那魔鬼的母豬」[169]的態度），說到底不過是一個粗野小子的反抗，他對教會的良好禮儀惱恨不已，即那種帶著祭司品味的敬畏禮儀，因爲這種禮儀只允許更有奉獻精神、更爲沉默的人進入最神聖的境地，而將那些粗野傢伙拒之門外。那些傢伙永遠都不應該擁有在這裡說話的權利。可是路德，那個農民，卻要讓它徹底變個樣子，因爲那些禮儀對他而言不夠**德意志化**，他要的首先就是能夠直接說話，能

169 教皇，那魔鬼的母豬（des Teuffels Saw, den Bapst）：這是路德的慣用語。——Pütz 版注

[395]

夠自己說話，和他的上帝進行「不拘禮節地」交談，於是，他就這樣做了。讀者可能已經猜到，禁欲主義理想從來就不是培養高雅品位的學校，更不是培養良好舉止的學校，它充其量最多就是個培養祭司舉止的學校，在它自己的肌體中就有某種東西，那是一切良好舉止的死敵，而且它也造就了那東西，缺乏分寸感、厭惡分寸感，禁欲主義理想本身就是一種「non plus ultra」[170]。

二十三

禁欲主義理想不僅敗壞了健康和品味，而且還敗壞了第三種、第四種、第五種、第六種東西，我不打算把所有被敗壞的東西都列出來（那樣的話我何時才能講完！）。可是我在這裡所要披露的並不是禁欲主義理想取得的**影響**；我只是更想要披露禁欲主義理想**意味著**什麼？勸誡什麼？在它的背後、下面、內裡都隱藏了些什麼？而它那種暫時性的、含糊不清的、被疑問和誤解弄得沉重不堪的方式與風格又是爲了什麼？也只有在涉及**這**一目的的時候，我才不得不讓我的讀者們一睹它那巨大的影響、也是災難性的影響，這樣就可以使讀者

170 non plus ultra：拉丁文，沒有更進一步的；一種無法被超越的東西。——Pütz 版注

們對最後一個、也是最可怕的觀點有所準備，這觀點所涉及的就是那個理想的意義問題。那個理想的**權力**，它那權力的**巨大力量**到底意味著什麼？它爲什麼有這麼大的活動餘地？爲什麼沒有對它實行更爲有效的抵制？禁欲主義理想表達了一種意志，而與其相反的對立意志，以及其中所表達出的**對立的理想**又在哪裡？禁欲主義理想有一個**目的**——它具有無比普遍的特點，與它相比，人類存在的其他一切利害問題都顯得渺小和狹隘；它無情地根據這樣一種目的來解釋時代、民族、人類，卻不承認有其他解釋和其他目的，它總是只以**它自己**的解釋爲基準來進行譴責、否定、肯定、確認（在世界上，是否曾經有過比這更能貫串始終的解釋系統嗎？）；它不屈從於權力，它相信它在任何權力面前都享有特權，相信它相對於任何權力都擁有絕對的**等級差別**（Rang-Distanz）；它相信，塵世間沒有哪個權力不是首先必須從它那裡接收到一個意義、一種存在權、一種價值的，這一切都是它用來完成工作的工具，是它用來實現自己目的的道路和手段，那是它唯一的目的。對於這種自我封閉的關於意志、目的和解釋的系統而言，它的**對立面**又在哪裡？爲什麼會**沒有**對立面？而那**另外的**「一種目的」又在哪裡？可是有人告訴我說，對立面是存在的，它不僅僅發動了一場針對禁欲主義理想的漫長而且出色的鬥爭，而且在所有重要的方面都已經征服了那一理想；而我們全部的現代**科學**就是證明——他們說，現代科學，作爲一種眞正的現實哲學，它顯然只相信它自己，顯然只對它自己抱有勇氣和意志，而且它不需要上帝、彼岸以及否定式的美德也能維持下去。可是，這些喧鬧、這些宣傳家們的鼓噪，在我身上並沒有取得任何效果，這些「現

[396]

實」的吹鼓手們都是些糟糕的音樂藝人，他們的聲音雖然可聞，但卻不深沉，他們說的話**不是**發自科學良知的深淵，因爲科學現在就是一個深不可測的深淵，「科學」一詞出現在這些吹鼓手的嘴裡簡直就是一種褻瀆、一種濫用、一種無恥。眞相恰好和這些吹鼓手們的主張相反，科學現在根本就沒有針對自己的信仰，更何況一種**在自己之上**的理想，只要科學還是激情、愛、熾熱、**痛苦**，它就不會是禁欲主義理想的對立面，相反卻是其**最新和最高貴的形式**。這聽起來很陌生，對嗎？即使在當今的學者中，也有足夠多的正直和謙遜的勞動者群體，他們喜愛他們那狹小的角落，而且由於他們喜愛他們那一隅，所以他們偶爾也會不那麼謙恭地大聲說出他們的要求，說現在每個人都應當感到滿足，尤其是在科學中感到滿足，科學中有那麼多有益的事情可以做。我對此並沒有異議；我最不希望敗壞這些誠實的勞動者的工作興致，因爲我喜歡他們所做的事。不過，雖然在科學領域內，人們工作認眞嚴格，而且感到滿足，但這些絕**不能**證明，科學作爲一個整體，如今已經有了一個目標、一種意志、一種理想，一種對偉大信仰的激情。如前所述，事實恰好相反：如果科學不是禁欲主義理想的最新表現形式，這是罕見的、高貴的、特殊的情況，如果眞是這樣，整個判斷就要被扭轉過來了。那麼科學就是所有類型的厭煩情緒、懷疑、內心的蛀蟲、[171] despectio sui、[172] 良知譴

[397]

171 內心的蛀蟲（Nagewurm）：當是指內疚，參本書第二章第十四節。——譯注

172 despectio sui：拉丁文，自我蔑視。（〔譯按〕參本章第十八節相關註腳。）——Pütz 版注

責等的**藏身之所**；科學就是缺乏理想本身引起的不安，是**缺乏**偉大的愛而造成的痛苦，是一種**強迫**滿足所引起的不滿。啊！如今還有什麼不能被科學所掩蓋呢！科學**到底**掩蓋了多少東西啊！我們那些最好的學者們非常能幹，他們勤奮得有些莽撞，他們那不分晝夜而工作的大腦因爲運轉過熱都已經冒煙了，而他們的手藝也非常精湛，而所有這一切的本意則大多在於使他們自己的某些東西不至於暴露！科學就是自我麻醉劑，**你們知道嗎**？任何和學者們打交道的人都知道，人們會因爲一個無關緊要的字眼而深深地傷害他們；當我們試圖對我們的學者朋友們表示崇敬時，卻往往會惹火他們；我們讓他們變得很激動，僅僅是因爲我們太粗心，以至於猜不出我們是在和誰打交道；我們是在和**受難者**打交道，可是他們不願意承認，他們自己是受難者；我們是在和被麻醉的人與沒有知覺的人打交道，他們只畏懼一種東西——那就是**恢復意識**。

二十四

現在讓我們來看看我剛才提到過的那些罕見的情況，也就是現在的哲人和學者中最後的那些理想主義者。也許在他們之中有我們尋找的禁欲主義理想的**反對者，有對立思想的理想主義者**（Gegen-Idealisten）？事實上，他們這些「不信神」的人（他們都是如此）正是這樣看待他們自己的；反對禁欲主義理想正是他們最後的一點信仰，他們在這個問題上愈是認眞，他們的言行就愈是激動。可是這樣就必然說明他們的信仰是**正確的**嗎？而我們這些「認識者」卻正是要對所有類型的「信仰者」表示懷疑；我們的懷疑也逐漸教會我們用一種相反的方法去總結人們已經總結過的東西；也就是說，不論在哪兒，只要我們發現信仰的力量過於強大時，我們就能推論出一種查有實據的軟弱，甚至能總結出信仰對象的**非眞實性**（Unwahrscheinlichkeit）。雖然我們並不否認，信仰能「讓人有福了」，[173]**但是正因爲如此**，我們才否認信仰能夠**證明**某種東西的存在，一種強大的讓人有福的信仰恰恰會引起對其信仰對象的懷疑，信仰所建立的不是「眞理」，它只是建立了某種可能性——某種**幻覺**（Täuschung）的可能性。但是這些與我們談論的問題有什麼聯繫呢？這些現代的否定論者和乖僻的人們，這些執著追求一種東西，即理智的純潔性的人們，這種構成我們時代榮耀的嚴酷的、嚴格的、寡欲的、英雄的才智之士，所有這些蒼白的無神論者、反基督主義者、非道德主義者、虛無主義者，這些精神的懷疑論者，猶豫者（Ephektiker）、[174]**神經過**

173 讓人有福了：參《路加福音》第一章第四十五節與《約翰福音》第二十章第二十九節。——Pütz 版注

174 猶豫者：乃是古希臘懷疑論者的別名，參本章第九節 Pütz 版注猶豫的；此處有一個文字遊戲，尼采提取了猶豫者（Ephektiker）的後半部分，使之變成了神經過敏者（Hektiker），表示儘管他們是猶豫者，但他們也同時是神經過敏者。——Pütz 版注

敏者（Hektiker）（無論從何種意義而言，他們全部都是神經過敏者），這些最後一批認識的理想主義者們，今天只有在他們身上還殘留著、還活躍著理智的良知。事實上，這些「自由的、非常**自由的**精神」，[175]他們相信自己已經盡可能擺脫了禁欲主義理想。可是我卻要透露給他們一個他們看不到的事實——他們之所以看不到是因爲他們距離自己太近了，這事實就是：禁欲主義理想也便是**他們自己的**理想。在今天，也許不是別人，正是他們自己體現了這一理想。他們自己就是這禁欲主義理想最爲精神化的畸形產物，是一群屬於禁欲主義理想的最前沿的戰士和偵察兵，是這一理想最爲棘手、最爲嬌嫩、最不可思議的誘惑形式，如果說我在某種意義上是個解謎人，那麼我希望是因爲這句話而成爲解謎人。這些人還遠非什麼**自由意志者**，**因爲他們仍然相信眞理**，當基督教十字軍在東方遭遇那個不可戰勝的阿薩辛派教團[176]時，那是一個眞正的自由精神的教團，其最下層成員的服從程度超過了其他任何一種教團，而十字軍也透過某種途徑瞭解到了被該教團最上層人士當作機密而加以保留的標誌和

175　「自由的、非常自由的精神」：參尼采《善惡的彼岸》第四十四段。——Pütz 版注

176　阿薩辛派教團（Assassinen-Orden）：伊斯蘭教的祕密教派；創始人是哈桑・伊本・薩巴赫（Hasan ibn Sabbah，約一〇八一—一一二四），他以及他的繼任者們以波斯和敘利亞爲據點，經常針對伊斯蘭教或十字軍中的高層人士組織恐怖行動（所以法語及英語中「刺客」一詞都由 assasin 演變而來）。——Pütz 版注

誓言：「什麼都不是眞的，一切都是允許的。」沒錯，這才是精神的**自由**，甚至連信仰都**因此**宣布眞理**無效**。是否曾經有某個歐洲的、基督教的自由意志者誤入過歧途，被這句話及其迷宮般的**推論**所迷惑？他能憑經驗認出這個洞窟中的彌諾陶洛斯[177]嗎？我對此表示懷疑，更準確地說，我所知道的恰好相反，對於那些執著於某種東西的人們，對於那些**所謂的**「自由意志者們」而言，再沒有比那種意義上的自由和解脫更讓他們感覺陌生的了。他們對眞理的信仰所帶給他們的束縛比其他任何方面都更牢固，在這裡他們比其他任何人都受到更爲結實、更爲絕對的綁縛。我也許是太過於從近處瞭解這一切了，那令人尊敬的哲人的清心寡欲，這也是這樣一種信仰所必需的；那理智上的廊下主義，[178]結果它像禁止肯定一樣嚴格地禁止否定；那種在現實、在 factum brutum[179]面前駐足的**願望**；那種 petits faits[180]的宿命論

---

177 彌諾陶洛斯（Minotauros）：希臘神話中克里特島國王彌諾斯豢養的半人半牛的怪物，雅典人在與其作戰失敗後，被迫每年向克里特島進貢七對童男童女以餵養彌諾陶洛斯。忒修斯殺死了這個怪物，從而將雅典從這種殘酷的供奉中解放了出來。——Pütz 版注

178 斯多葛主義：參本章第十八節 Pütz 版注廊下主義。——Pütz 版注

179 factum brutum：拉丁文，殘酷的事實。——Pütz 版注

180 petits faits：法文，小的事實。——Pütz 版注

（我稱之爲 ce petit faitalisme[181]），而法國科學則在其中尋找一種可以壓倒德國人的道德優勢；還有那放棄進行任何解釋的行爲（也就是說放棄強加於人、放棄修正、放棄縮編、放棄刪改、放棄生搬硬套、放棄虛構、放棄僞造，以及一切**從本質上來**說屬於解釋的行爲）。整體來看，所有這些都恰好體現出道德上的禁欲主義，和其他任何一種對情欲的否定完全一致（說到底，它們只不過是這類否定的一種形式）。至於那個迫使它們表達禁欲主義的那種絕對的眞理意志，它其實就是**對禁欲主義理想的信仰本身**，雖然它是那理想發布的無意識的命令，但在這個問題上我們不可以有錯誤的認識，這是對一種**形而上學**的價值的信仰，是對於**眞理的自爲價值**的信仰，該價值在那種理想中得到了擔保和確認（它與那理想共興亡）。嚴格地說，世上根本就不存在「不設前提」的科學，關於那樣一種科學的想法是不能想像的，也是不合理性的。總是先需要有一種哲學，一種「信仰」，從而使科學能夠從中獲得一個方向、一種意義、一個界限、一種方法、一種存在的**權利**。（如果有誰的理解與此相反，比如說有人準備將哲學置於一種「嚴格的科學基礎之上」，那麼他就首先必須讓哲學倒立，而且

181 ce petit faitalisme：法文，這個小的事實宿命論。在這裡，尼采故意玩了一個文字遊戲，即將事實一詞 faita 與宿命論一詞 fatalisme 組合在一起，形成了一個新詞 faitalisme（事實宿命論）。——Pütz 版注

不僅是哲學，甚至連眞理也得**大頭朝下**。這可是對兩位如此可敬的女士[182]的莫大的失禮！）是的，這一點毫無疑問。在此請允許我引用我的《快樂的科學》一書中的一段話（參該書第五卷第二六三頁[183]）——「對於那個求眞的人而言，對科學的信仰提前爲其設定了那種莽撞大膽的意義，這也是他的最終意義，這使得**他所肯定的世界迥異於**生命的、自然的和歷史的世界；假如他肯定了這個『另外的世界』，那麼他是如何做的呢？他是否因此而必須對其對立面，即現實世界、我們的世界加以否定呢？我們對科學的信仰始終還是基於一**種形而上學的信仰**，而我們，今日的認識者們、無神論者和反形而上學者，就連**我們的**火也是取之於那由千年的古老信仰所點燃的火堆，那就是基督徒的信仰，也是柏拉圖的信仰，即相信上帝是眞理，而眞理是**神聖的**。但是，倘若正是這些東西變得愈來愈不可信，倘若沒有任何東西再被證明是神聖的，那將會怎樣呢？所剩下的無非是謬誤、盲目和謊言，倘若上帝本身被證明是我們**歷時最久的謊言**呢？」在這裡有必要稍作停留，做一番長時間的思考。從現在起，科學**需要**爲其自身正名（我的意思並不是說對科學的這種正名是存在的）。在這個問題上，讓我們參考一下最古老和最新的哲學：他們全都沒有意識到，追求眞理的意志本身首先需要得

182 兩位可敬的女士：德文中哲學與眞理兩個詞均是陰性名詞，所以可以被喻爲女性。——譯注

183 《快樂的科學》：參該書格言三四四。——KSA 版注

到正名，在所有哲學中都有這樣一個漏洞。怎麼會是這樣呢？因爲禁欲主義理想至今仍然**主宰著**所有哲學，因爲眞理自身被設定爲存在、設定爲上帝、設定爲最高法官，因爲眞理不允許成爲一個問題。聽懂這個「允許」了嗎？對禁欲主義理想的上帝的信仰遭到了否定，從那時起，**又出現了一個新問題**：這就是眞理的價值問題。追求眞理的意志需要被批判，我們在這裡以此爲己任，我們嘗試對眞理的價值**提出質疑**。（如果有哪位讀者覺得我在這裡講得過於簡短，我建議他查閱一下《快樂的科學》中以「我們虔誠到何種程度」爲標題的那一段，即該書第二六〇及以下幾頁，[184]最好是閱讀該書的整個第五卷，還有《朝霞》一書的前言。）

二十五

不！在我找尋禁欲主義理想的天然敵手時，在我提出疑問：「那種**與之對立的理想**所賴以表達的那種對立的意志何在」時，不要再和我提什麼科學了。在這個方面，科學對於自身的依賴還遠遠不夠，在考慮每一個問題時，它都首先需要一種價值理想，一種創造價值的強力，只有在爲這些理想和強力**服務的框架內**，科學**才允許信仰**自己——科學本身永遠也不會

184《快樂的科學》：參該書格言三四四。——KSA 版注

創造價值。科學和禁欲主義理想之間的關係從根本上來說還不是對立性的；科學甚至主要還表現了促進該理想內部擴展的前進動力。更加仔細的考察會使我們發現，科學要反對和與之抗爭的並不是理想本身，而只是理想的周邊工事，它的表現形式、它的偽裝遊戲，還有該理想暫時性的僵化、木質化、教條化。[185]科學否定了該理想身上公開且通俗的東西，從而使藏在該理想裡的生命重獲自由。我已經闡述過，科學和禁欲主義理想，這兩者原本生於同一片土壤，即它們同樣過分推崇眞理（更確切些說，它們同樣信仰眞理的不可低估性和**無可爭辯性**），正是這種共同信仰使他們**必然**成爲盟友，因此，當他們遭受到反對時，也只能是共同地遭到反對和詰難。貶低禁欲主義理想的價值不可避免地會引起對科學價值的貶低；爲此我們現在要把眼睛擦亮，把耳朵削尖了！（提前說一下，關於**藝術**，我想以後找個時間更充分地討論它，恰恰在藝術中，**謊言**得到了神化，**追求幻覺的意志**得到了良知的支持，藝術比科學更加徹底地反對禁欲主義理想。柏拉圖，這個歐洲有史以來最大的藝術之敵，他憑本能感到了這一點。柏拉圖**反對**荷馬，[186]這就是整個眞實的激烈對抗，那邊的一方是充滿最

---

185 教條化（Verdogmatisierung）：將某事提升爲無法進一步證明的信條。——Pütz 版注

186 柏拉圖反對荷馬：柏拉圖在《王制》第十卷認爲，所有的詩（除了歌頌神明和讚美好人的頌詩以外）都是對事物影像的模仿，即認爲現實只是理念的外表，詩則是對現實的模仿，而與那些和生活實際相關的知識相

[403]

良好願望的「彼岸」，是生命的偉大誹謗者，而這邊的一方則是無意間將生命神聖化的人，是**金子般的**自然與天性。因此，藝術家如果效忠並服務於禁欲主義理想，那就是最根本的藝術家的腐化，可惜又是一種最常見的腐化，因爲沒有誰比藝術家更容易腐化墮落。）從生理學的角度加以推算，科學也是和禁欲主義理想生於同一片土壤，在生理上，它們都以某種**生命的退化**（Verarmung des Lebens）爲前提，情緒衝動被冷卻，速度被減慢，辯證法[187]取代了本能，表情和動作被烙上了嚴肅的印記（嚴肅，它乃是新陳代謝變得更加吃力，生

比，詩沒有任何認識價值。在書中，荷馬被作爲主要證人來證明詩歌在實際生活的無用性，因爲荷馬對於城邦的建立、軍隊作戰以及發明創造都毫無貢獻。儘管如此，藝術還是透過它的形式發揮了作用。進行模仿的藝術家根據心靈的非理性部分行事，從而製造了混亂和歧義：與畫家模仿了人的視角之內的光學錯覺的本質一樣，詩人也模仿了心靈那些混亂的力量之間的內在紛爭。悲劇帶來的同情與喜劇帶來的歡笑取代了人類理性上的蔑視態度，人類變得脆弱化，從而對人的自控能力造成威脅，而這要比去刺激那些低賤的心靈本能來得更加危險。——Pütz 版注

187 辯證法：對於古希臘詭辯學派以及蘇格拉底而言，辯證法乃是論證的藝術；而在柏拉圖以及中世紀哲學中，辯證法則是形式邏輯的一門學科，同時也是本體論的方法，爲的是對形而上的東西加以界定和確定。康德在《純粹理性批判》中批評辯證的方法爲「幻相的邏輯」（Logik des Scheins，參該書 B86）。黑格爾則嘗試透過辨證法將邏輯與本體論重新聯繫起來。——Pütz 版注

命充滿爭鬥，勞作變得更爲艱難的最清楚無誤的標誌）。在一個民族的歷史中，請仔細查看那些學者地位突出的時期，那是該民族變得疲憊的時期，往往也是其日薄西山、走向沒落的時期；而旺盛的力量、對生命的信心、**對未來的信心**也消失了。滿大人[188]掌握權柄絕不是什麼好的徵兆，同樣，民主制的出現，用和平仲裁法庭代替戰爭、婦女的平等權利、同情式的宗教，以及其他一切生命衰微的症候也都不是什麼好兆頭。（科學被理解爲問題；科學意味著什麼？關於這個問題請參考《悲劇的誕生：源於音樂的靈魂》一書的前言[189]。）不！現在請睜大你們的眼睛，看看這「現代科學」，它目前正充當著禁欲主義理想的**最佳**同盟者，而這正是因爲它是最無意識的、最不經意的，也是最隱蔽的、最深層的同盟者！這些「自知精神貧窮的人」[190]和那些禁欲主義理想在科學上的敵手們，他們一直都在共同做一種遊戲（順便提醒一句，我們要注意，不要以爲後者就是前者的對立面，就是什麼精神的**富**

---

188 滿大人（Mandarinen）：參本書第二章第三節相關正文及 Pütz 版注滿大人。——譯注

189 《悲劇的誕生：源於音樂的靈魂》的前言：指的是尼采一八八六年出的新版本中的前言《自我批判的嘗試》。——Pütz 版注

190 自知精神貧窮的人（Armen des Geistes）：參《馬太福音》第五章第三節。（〔譯按〕聖經和合本上譯作「虛心的人」。）——Pütz 版注

裕者。不，他們**不是**，我稱他們為精神的神經過敏者[191]）。後者所取得的那些著名的**勝利**，沒錯，那些的確是勝利，但那是對誰取得的勝利呢？前者的禁欲主義理想根本就沒有被戰勝，相反卻是因此變得更加強大，也就是變得更爲不可思議、更加機智、更難對付，結果是總有一堵牆，一道周邊工事被加蓋在同一個理想之上，同時也使其觀點變得含混不清，而科學則不得不一再地對其進行無情地卸下和拆除。是否有人眞的認爲，神學天文學[192]的失敗就意味著禁欲主義理想的失敗？是否人因此也許變得**不再那麼渴求**一種彼岸結局來解答他的存在之謎，從而使得存在從此以後顯得更加無足輕重、更加無所事事，在事物的**外在秩序**（sichtbare Ordnung）中更加可有可無？人的自我貶低、人的自我貶低**意志**，難道不正是自哥白尼[193]以後不斷加劇的嗎？啊！對人的尊嚴的信仰、對人的唯一性的信仰、對人在生物序列中的不可替代性的信仰消失了——人變成了**動物**，這不是比喩，人已經不折不扣、沒有保留地變成了動物，而在他從前的信仰裡，他幾乎就是上帝（「神子」、「既是人又是神的

191　精神的神經過敏者：參本章第二十四節。——譯注

192　神學天文學：指的是被中世紀神學所接受的托勒密的地心說。——Pütz版注

193　哥白尼：尼古拉·哥白尼（Nikolaus Kopernikus），一四七三—一五四三，來自波蘭托倫市（Thorn）的天文學者，用日心說取代了地心說的世界觀。而從十八世紀末至十九世紀，這一學說也不斷得到修正，一開始認爲太陽系位於銀河系的中心，後來則修改爲位於銀河系的邊緣位置。——Pütz版注

耶穌基督」）。自哥白尼以後，人似乎被置於一個斜坡上，他已經愈來愈快地滾離了中心地位。滾向何方？滾向虛無？滾入「他那虛無的**穿透性的**感覺」中？看哪！這不正是那條直達的道路，通向的不正是那**古老的**理想嗎？所有科學（絕不僅僅是天文學，關於天文學的詆毀和貶低作用，康德曾經做過非常值得注意的表述：「它取消了我的重要性。」）[194]，不論是自然的科學還是**非自然**的科學（我指的是對認識的自我批判），現在都開始勸人放棄他保留至今的自尊自重，好像那自尊自重無非是一種希奇古怪的自負而已；我們甚至可以說，科學有其獨特的驕傲，而在廊下派式的不動心[195]問題上，它也有其獨特的嚴肅形式，而這種獨特的驕傲和形式就體現在，人要把這種費力達到的**自我蔑視**當作人最後的、最嚴肅的自尊要求來加以堅持（他其實有權這樣做，因爲蔑視者仍然一直是一個「沒有忘記尊重」的人。），這眞的會和禁欲主義理想**相抵觸**嗎？人們是否眞的是無比嚴肅地認爲（正如神學家們曾經一度誇張地那樣想像），康德針對神學上教條主義概念（「上帝」、「靈魂」、「自由」、

194 康德（……）我的重要性：「前面（頭上的星空）那個無數世界堆積的景象彷彿取消了我作爲一個動物性被造物的重要性（……），後面（我心中的道德律）的這一景象則把我作爲一個理智者的價值透過我的人格無限地提升了（……）」（參康德《實踐理性批判》，一七八八年第一版，第二八九頁。〔譯按〕即該書的結論部分。）——Pütz 版注

195 不動心（Ataraxie）：參本章第十六節 Pütz 版注伊比鳩魯，以及第十八節 Pütz 版注廊下主義。——Pütz 版注

「永生」）的勝利[196]給禁欲主義理想帶來了很大的損害？——在這裡，我們暫且不談康德本人是否也有意獲得這樣的勝利。可以肯定的是，自康德以來，所有類型的先驗主義者[197]都成了贏家，他們都從神學中解放出來了。這是何等的幸運！——康德向他們透露了那條隱祕的路徑，他們現在可以完全獨立地依照最佳的科學規矩來追求「他們內心的願望」了。與此同時，不可知論者們，這些自在的未知物和神祕物的崇拜者們，當他們現在把**問號本身**當作上帝來膜拜的時候，誰又能責怪他們呢？（克薩韋爾．杜當[198]曾在談論破壞與劫掠〔ravages〕的後果時說，類似行爲造成了「l'habitude d'admirer l'inintelligible au lieu de rester tout

---

196 康德針對神學上教條主義概念的勝利：在《純粹理性批判》的第二編「先驗辨證論」中，康德批判了那些文中所引用的作爲理念出現的概念，他認爲沒有任何客觀的、與經驗相吻合的內容可以與之相符。而在《實踐理性批判》中也只是假定了這些理念在實踐與倫理上的實在性。——Pütz 版注

197 先驗主義者：對於「先驗—哲學」，康德的理解是一個由概念和原則組成的體系，它包含了如何使認識某物成爲可能的那些條件（《純粹理性批判》，B25）。如果說，康德的綱領是要批判那些針對先驗的、經驗彼岸的客體的認識的話，那麼尼采則認爲，康德的綱領被其唯心主義的繼承者們（費希特、謝林、黑格爾）轉換成了一種新型的先驗與絕對的哲學。——Pütz 版注

198 克薩韋爾．杜當（Xaver Doudan）：其原名爲斯梅內．杜當（Ximénès Doudan），一八〇〇—一八八二〔譯按〕有百科全書上認爲其卒年爲一八七二，法國作家與政治家。——Pütz 版注

simplement dans l'inconnu」，[199]他認爲老人本可以放棄這一習慣。）假如人所「認識」的一切並沒有滿足他的願望，而是與之相違背，使其敬畏，那麼人們不可以在「願望」中，而應在「認識」中尋找這一切責任，這是一個多麼神聖的託辭啊！「世界上不存在認識，**因此**，世界上有一個上帝」。這是多麼新穎精巧的推論！這是禁欲主義理想莫大的勝利！

二十六

或許現代的全部史學論著表現出一種更相信生命、更相信理想的態度？它最高貴的要求曾是要作一面**鏡子**，而這已成爲過去；它拒絕一切神學；它不再想「證明」任何東西；它恥於扮演法官，它在這個問題上具有良好的品味，它既不肯定什麼也不否定什麼，它進行確認，它進行「描述」，這一切都具有高度的禁欲主義色彩；不過同時也具有更高的**虛無主義色彩**，關於這一點，我們不可以弄錯！我們看到了一種悲哀的、嚴厲的，但卻堅定的目光——那**向外張望**的眼睛，就像是某位孤獨的北極探險家在向外張望（也許這是爲了不向

---

199 法文，（造成了）人們不再停留於無知狀態，而是養成了一個習慣，即對不可理解的東西表示讚賞。（出處不明〔譯按〕當是出自其《通信集》〔*Lettres*〕，一八七九年巴黎出版，第三卷，第二十三——二十四頁。）——Pütz 版注

內張望，是爲了不去回顧？）這裡遍地積雪，在這裡生命沉默了；在這裡喊出的最後的啼叫是「爲了什麼？」、是「徒勞！」、是「虛無！」在這裡不再有什麼東西可以繁榮生長，最多只有彼得堡的政治形而上學[200]和托爾斯泰式的「同情」。[201] [202]至於另外一種歷史學家，也許是更加「現代」的那一種，他們是一群貪圖享樂、迷戀肉欲、既向生命遞送秋波，也和禁欲主義理想眉來眼去的歷史學家，他們把「形式藝術家」一詞當手套用，而且他現在也將對沉思的讚美完全租爲己用。噢！這些甜得發膩的才智之士，[203]他們甚至能讓人對禁欲者和冬

---

200 彼得堡的政治形而上學（Petersburger Metapolitik）：是對形而上學（Metaphysik）一詞的模仿造詞；尼采在這裡影射十九世紀出現的俄羅斯彌賽亞精神、斯拉夫派（Slawophilie〔譯按〕指十九世紀俄羅斯部分歷史哲學家堅持俄羅斯東正教文化與古斯拉夫傳統，反對俄羅斯西歐化的思潮）與泛斯拉夫主義等政治運動，這些思潮透過政治的、文化的、人種學的以及宗教的動機來爲俄羅斯人的使命感辯護。——Pütz 版注

201 托爾斯泰式的「同情」：俄國小說家列夫・尼古拉耶維奇・托爾斯泰伯爵（一八二八—一九一〇）在一八八二年後受到一種普遍性的文化悲觀主義影響，他皈依了一種非東正教式的基督信仰，並且採取了一種普通農民式的生活方式。——Pütz 版注

202 政治形而上學和托爾斯泰式的「同情」：供初版用的手寫付印稿上寫作「形而上學和陀思妥耶夫斯基」。——KSA 版注

203 甜得發膩的才智之士：供初版用的手寫付印稿上原寫作「甜得發膩的膽小鬼」。——KSA 版注

景都抱有極大渴望！不！讓這「沉思的」民族見鬼去吧！我憑什麼還要和這些歷史的虛無主義者一道穿過那最爲陰暗、灰蒙和冰冷的濃霧！假如我必須做出選擇，對我而言，哪怕是去傾聽一種純粹非歷史的、反歷史的聲音也不會給我帶來太多困擾（例如杜林，[204]他的聲音目前在德國陶醉了一群尚在忸怩作態、不夠坦誠的「美麗的心靈」，[205]也就是受過教育的無產階級中的那些無政府主義種群）。[206]而那些「喜好沉思者」比他們糟糕一百倍，我想不出別的什麼東西能比下列的東西更令人噁心了，也就是那樣一種「客觀的」靠椅，那樣一個在歷史面前散發著香氣的享樂主義者，一半是神棍、一半是淫棍，那就是來自法國的香水——勒南，[207]他那表示讚許的高音假嗓已經暴露了他缺少什麼，他哪裡缺東西，以及在這種情況下

---

204 杜林：參本書第二章第十一節相關註腳。——Pütz 版注

205 美麗的心靈：參本章第十四節相關註腳。——Pütz 版注

206 一種純粹非歷史的（……）無政府主義種群：供初版用的手寫付印稿（第一稿）上寫作：「鼓吹家中的可憐的喊叫魔鬼也不會給我帶來太多困擾（例如那個〔可憐的共產主義者〕杜林，他透過誹謗整個歷史的方式來試圖說服我們，使我們相信他是歷史的「撰寫者」，〔同時也是歷史的〕「末日審判法庭」，〔而同時他的誹謗本身就意味著正義〕）。」——KSA 版注

207 勒南：歐尼斯特·勒內（Ernest Renan），一八二三—一八九二，法國宗教學者；他試圖將基督教教義與一種對耶穌生平的實證主義的歷史解釋相結合（參其著作《耶穌傳》〔*La vie de Jésus*〕，一八六三年出版）。——

命運女神將會在哪裡無情地揮動剪子！啊，實施誇張的外科手術！這場景敗壞了我的胃口和我的耐心，誰若是在耐心方面沒有什麼可以失去的，那就讓誰在面對這些景象時保持他的耐心吧！這景象讓我非常憤怒，這種「觀眾」激怒了我，逼迫我反對「戲劇」，而且不僅僅是戲劇（很顯然，我在這裡指的是歷史本身），但突然之間，阿那克瑞翁式的歡快情緒[208]占據了我的心靈。自然賦予公牛以其角，賦予獅子以其χαισμ' ὀδόντων，[209]可是自然爲什麼要賦予我腳？據神聖的阿那克瑞翁說，是爲了踐踏！而不僅僅是爲了逃跑；而是爲了踐踏那腐朽的靠椅、爲了踏毀那膽怯的沉思、爲了踏毀那對歷史的貪婪的閹割、爲了踏毀那與禁欲主義理想的賣弄風情、爲了踏毀那陽痿的僞善正義！我對禁欲主義理想非常尊重，**只要它是眞誠的**！只要它相信自己而不是在我們面前表演鬧劇！但是我厭惡所有這些賣俏的臭蟲，它們野心勃勃地妄想使自己散發出如同無限性一般的味道，最終卻使得無限性聞起來像

Pütz 版注

208 阿那克瑞翁式的歡快情緒（anakreontische Launen）：古希臘詩人阿那克瑞翁（約西元前五〇〇年左右）；其詩歌主題主要是：愛情、美酒、人生的樂趣。在洛可可時期，這些主題又重新受到當時的阿那克瑞翁派的重視。參本章第二十二節的兩個 Pütz 版注洛可可式的心靈以及田園牧歌式。——Pütz 版注

209 χαισμ' ὀδόντων：希臘文，血盆大口。——Pütz 版

臭蟲；我厭惡那些粉飾的墳墓，[210]它們假裝自己就是生命；我厭惡那些用智慧包裹自己、用「客觀」的眼光看待事物的疲勞者和困頓者；我厭惡那些盛裝打扮成英雄的鼓動家，他們塞滿稻草的腦袋上戴著理想的隱身帽；我厭惡那些野心勃勃的藝術家，他們想發揮禁欲主義者和祭司一般的作用，而實際上卻只是悲慘的小丑；我也厭惡另外那些人，那些新近出現的理想主義上的投機者，還有那些反猶主義者，他們現在正翻著基督徒式的、雅利安種的、市儈庸人般的白眼，而且他們濫用最廉價的宣傳伎倆、濫用道德姿態，試圖用這些令人耗盡所有耐心的方法去激起民眾身上的各種攻擊成分（**所有**類型的精神騙術在今天的德國之所以能得逞，這和德意志精神的**萎縮**〔Verödung〕有關，這種情況的存在是不可否認的，而是已經非常明顯了，我要在某種由報紙、政治、啤酒和華格納的音樂組合而成的極其獨特的食糧中尋找其原因，此外，我還要搞清楚，到底是什麼爲這種飲食方式提供了前提。一方面是民族的逼仄感和虛榮心，是強大但卻狹隘的「德意志、德意志高於一切」[211]的原則，此

---

210 粉飾的墳墓：參《馬太福音》第二十三章第二十七節。——譯注

211 德意志、德意志高於一切：出自德國詩人兼文學史專家法勒斯雷本（August Heinrich Hoffmann von Fallersleben, 1798-1874）於一八四一年撰寫的三闋詩歌《德意志之歌》（*Lied der Deutschen*）的第一行。（〔譯按〕作曲一九二二年成爲魏瑪共和國國歌，一九五二年詩歌的第三闋被定爲德意志聯邦共和國國歌。（〔譯按〕作曲乃是著名音樂家海頓。）——Pütz 版注

外還有「現代理念」的Paralysis agitans[212][213]）。歐洲如今富裕而且很有創造性，特別是在刺激性藥劑方面，看上去興奮劑和藥酒是最必需的了，所以對於理想這種最高純度的藥酒進行大規模僞造也是必需的，所以那種討厭的、難聞的、騙人的、僞酒精味道的空氣也就必然充斥著所有地方了。[214]我想知道，如今必須從歐洲輸出多少船諸如仿造的理想主義、英雄

---

212 Paralysis agitans：醫學術語，震顫性麻痺（〔譯按〕即帕金森綜合症）。——Pütz版注

213 提供了前提（……）Paralysis agitans：供初版用的手寫付印稿（第二稿）上寫作：「提供了前提，那就是自稱爲『進步』的現代理念的palalysis agitans，即民主化，德國連同其他所有歐洲國家一同都沉湎於此——一種無可救藥的疾病！」——KSA版注

214 我也厭惡另外那些人（……）必然充斥著所有地方了：供初版用的手寫付印稿（第一稿）上寫作：「我也厭惡那些〔虔誠而又善辯的理想主義者〕『理想主義』上的投機者，他們現在正翻著基督徒式的、德意志的、反猶太主義的白眼，而且〔非常聰明地〕用一種倨傲的道德姿態去試圖掩蓋他們內心那些〔惡劣的本能〕〔小〕蟲子及其專屬領域，即妒忌、〔粗魯、受傷的虛榮心〕虛榮心的痙攣以及那無可救藥的平庸（——所有類型的精神騙術在今天的德國之所以能得逞，這和德意志精神的〔愚蠢化與〕萎縮有關，這種情況的存在是不可否認的，而是已經非常明顯了，我〔可能要在〕要在某種由報紙、政治、啤酒和華格納的音樂組合而成的極其獨特的食糧中尋找其原因，此外，我還要搞清楚，到底是什麼爲這種飲食方式提供了前提，那就是那種全民族的愛國〔神經官能症〕癔症，現在德國連同其他歐洲所有國家都罹患此症，而且德國在所有歐洲國

戲裝和吹牛用的鐃鈸等貨物，必須輸出多少噸糖衣裹著的同情心藥酒（其商號是 la religion de la souffrance[215]），必須輸出多少供精神上的扁平足患者使用的木製假腿，即「高尚的憤怒」，必須輸出多少基督教與道德理想方面的**戲子**，歐洲的空氣才能重新變得更爲乾淨。顯然，這種生產過剩爲一種新的**交易**提供了可能，顯然，和小小的理想偶像以及相關的「理想主義者們」有一筆新的「買賣」可做，別忽略了這一明顯的暗示！誰有足夠的勇氣去這樣做？使整個地球「理想化」的機會已經掌握在我們**手**中！可是我爲什麼要在這兒談論勇氣呢？在這裡只有一種東西是必需的，這就是手，一隻自由的手，一隻非常自由的手。

二十七

夠了！夠了！讓我們放棄最現代精神的這些稀奇古怪和錯綜複雜吧！它們既令人發笑，又使人惱火。而我們的問題，關於禁欲主義理想的意義問題恰好用不著它們，這問題與昨天

家中病得最厲害。Cette race douce énergique meditative et passionnée（譯按，法文，這種甜蜜的充滿活力的冥想和激情）——這癔症去哪裡，德國人就去哪裡！……）這種理想主義的騙術不僅敗壞了德國的空氣，而且也敗壞了今天整個歐洲的空氣——歐洲以一種令人尷尬的方式散發出無比可怕的難聞氣味。」——KSA版注

215 la religion de la souffrance：法文，痛苦教派。——Pütz 版注

和今天有什麼相干！我應當從另一種關聯的角度對那些東西做更徹底、更嚴厲的處理（相關的題目就叫「論歐洲虛無主義的歷史」；我想在這裡提請大家注意我正在準備的一部著作：[216]《權力意志（*Der Wille zur Macht*）：[217]**重估一切價值的一種嘗試**》）。我必須在這裡要指出的唯一的問題是，即使在最高的精神領域裡，禁欲主義理想也暫時總是只有一種眞正的敵人和**損害者**，這就是表演這種理想的戲子們，因爲他們喚起了人們的懷疑。而除此之外，如今在精神進行著嚴謹的、有力的、不弄虛作假的工作的地方都完全摒棄了理想主義，這種節制行爲的通俗名稱就是「無神論」，**這裡不包括它的求眞意志**（abgerechnet seines Willens zur Wahrheit）。但是，這種求眞意志，這種理想的殘餘，如果大家願意相信我的話，它正是那禁欲主義理想本身最嚴謹、最精神化的表達形式，非常深奧，乃是該理想拆除了一切周邊工事之後的表現，因此它不僅是那理想的殘餘，而且還是那理想的核心。與之相應，那種絕對的正派的無神論（而我們，即這個時代較爲精神化的人們，也只呼吸**它的**空氣！），也並不像表面上那樣與禁欲主義理想相對立；恰恰相反，無神論只是那種理想的最後一個發展階段，是其最終的一種形式和內在邏輯的一種發展，它是兩千年眞理培育造成的**災難**，它亟

[409]

216 我正在準備的一部著作：供初版用的手寫付印稿上寫作「我的正處於籌備階段的主要著作」。——KSA 版注

217 權力意志：參 Pütz 編者說明第三部分「源自壓抑本能的罪欠意識」。——Pütz 版注

需得到敬畏，而其結局就是禁止**上帝信仰中的謊言**。（在印度也出現了同樣的發展進程，該進程完全獨立於我們的發展之外，因此具有某種實證價值；在印度，同樣的理想也導致了同樣的結局；其關鍵性的時刻發生在西元前五世紀，以佛陀，更準確地說：是以印度的數論哲學[218]爲發端，後來佛陀使這種哲學普及化並把它變成了宗教。）讓我們提一個非常嚴肅的問題，到底是什麼**戰勝了**基督教的上帝呢？答案就在我的《快樂的科學》的第二九〇頁。[219]「是基督教的道德觀本身，是愈益受到嚴肅對待的求眞理念，是基督教良知所具有的告解神父般的細膩，這些被不惜一切代價地翻譯成並昇華爲科學的良知和理智的純潔。把大自然視爲上帝善意與呵護的明證；詮釋歷史的目的是爲了向某種上帝的理性表達敬意，將其作爲一種道德化的世界秩序和道德化的終極目的的永恆見證；在解釋個人的經歷時，就像虔誠之人長期堅持解釋的那樣，似乎所有命運、所有暗示、即所有一切都是爲了靈魂的拯救而特意設想和安排的。所有這一切都已成爲**過去**，因爲這一切無不**違背**良知，對於所有具有更爲高尚良知的人來說，這些都是不正派的、不誠實的、都是謊言、都是女性化的、都是軟弱、怯

218 數論哲學（Sankhyam-Philosophie）：數論：乃是婆羅門哲學中最古老的一種典籍（西元前八〇〇—前五五〇）；它對那些具有宗教教育意義的戲劇進行了反思和系統化。——Pütz 版注

219 第二九〇頁：參《快樂的科學》格言三五七。——KSA 版注

懦。正是憑藉著這種嚴格的精神，我們才成爲**優秀的歐洲人**，以及歐洲最悠久與最勇敢的遺產的繼承者，這遺產就是自我超越的精神（Selbstüberwindung）」。所有偉大事物都是因爲其自身，因爲一種自我揚棄的行爲而走向毀滅的。這就是生命的法則，生命的本質中那必不可少的「自我超越」的法則所追求的東西。而最終，法則的制訂者本人也不得不面對這樣的一種呼喊：patere legem, quam ipse tulisti。[220]就這樣，基督教作爲教條，因其自己的道德而走向毀滅；出於同樣的原因，基督教作爲**道德**也必然會衰亡，我們正站在**這**一事件的門檻上。基督教的求眞性（Wahrhaftigkeit）在得出了一個又一個結論之後，最終會得出它**最強有力的結論**，那是反對它自己的結論；不過，只是當基督教提出疑問，即「**所有求眞意志究竟意味著什麼**」時，上述情況才會發生。我的**未曾相識**的朋友們（因爲我還不知道我是否有朋友），我在這裡再次觸及我的難題、我們的難題：如果我們內心的那種求眞意志本身已經成了進入我們意識領域的**問題**，那麼如果這個並不是**我們**整個存在的意義，那麼該意義將會是什麼？毫無疑問，在這求眞意志意識到自己的存在之際，道德開始走向**毀滅**。對於歐洲而言，在接下來的兩個世紀裡，那出偉大的百幕戲劇將會得以保留，那將是所有戲劇中最恐怖、最可疑、或許也最富有希望的戲劇。

[411]

220 patere legem, quam ipse tulisti：拉丁文，請你忍受你自己制訂的法律。——Pütz 版注

二十八

如果除去禁欲主義理想，那麼人，人這種動物，迄今為止尚未擁有任何意義。他的塵世存在不包含任何目標；「人生何為？」這是一個沒有答案的問題；人和地球均缺乏**意志**；在每一個偉大人物的命運背後都重複震響著一個更為偉大的聲音：「徒勞無功！」這正是禁欲主義理想所意味的東西，即**缺少**一些東西，意味著有一片巨大的空白環繞著人；他不知道該怎樣為自己正名，不知道該怎樣解釋自己、肯定自己，他因為自己的存在意義問題而**痛苦**。他也因為其他問題而痛苦，他基本上是一個**患病的**動物。然而他的問題並不在於痛苦本身，而在於對「為何痛苦？」這類呼喊無從對答。人，這個最勇敢、最慣於忍受痛苦的動物，他從根本上**並不**否定痛苦。他**希求**痛苦、他找尋痛苦，前提是必須有人給他指明一種生存的**意義**、一種痛苦的**目的**。是痛苦的無目的性，而非痛苦本身構成了長期壓抑人類的不幸與災難，**而禁欲主義理想正為其提供了一種意義**！直到目前，這還是人類唯一的意義；任何一種意義總要比沒有意義好；無論從什麼角度看，禁欲主義理想都是有史以來最好的 faute de mieux。[221]痛苦在其中得**到了解釋**；那個巨大的空白似乎也得到了填補；面對所有自殺性

---

221 faute de mieux：法文，因為沒有更好的東西，不得已而求其次；權宜之計。——Pütz 版注

的虛無主義，大門緊緊關閉。毋庸置疑，解釋也帶來了新的痛苦，更加深刻、更加內向、毒素更多、更折磨生命的痛苦，它對所有痛苦都從**罪欠**的視角加以審視。可是，儘管如此，人還是因此**得救了**，他擁有了一個**意義**，從此他不再是風中飄零的一片葉子，不再是任由荒誕與「無意義」擺佈的玩偶，他從此以後也可以**有所願望**了。不管他願望何處、願望何為、願望何憑，**重點是意志本身得救了**。我們不能再緘口不談那整體的願望所要真正表達的東西，因為我們的願望從禁欲主義理想那裡獲得了它的方向。那就是去仇恨人性、進而仇恨動物性，甚而仇恨物質性，還有就是厭惡感官、厭惡理性本身，畏懼幸福和美麗，要求超越一切幻覺、變化、成長、死亡、希冀、甚至於超越要求本身。讓我們鼓起勇氣直面現實，所有這一切都意味著一種**虛無意志**，一種反生命的意志，意味著拒絕生命最基本的前提條件，但它的確是，而且還將一直是一種**意志**。最後還是讓我用本章開頭的話來結尾：人寧可希望**虛無**，也不願**空無**希望。222

222 人寧可希望虛無，也不願空無希望（Lieber will noch der Mensch das Nichts wollen, als nicht wollen）：可能是影射叔本華《作為意識和表象的世界》一書第一卷結尾的句子（〔譯按〕商務印書館中文本只翻譯了這一卷，所以也就是中文本的最後一句話）：「在徹底揚棄意志之後所剩下來的，對於所有意志依然完滿的人而言當然就是虛無。不過反過來看，對於那些意志已經翻轉並且否定了自身的人們而言，我們這個如此非常真實的世界，包括所有的恆星與銀河系在內，也是——虛無。」如果說在叔本華那裡，虛無乃是禁欲主義理想的目標，它意味著所有個體意志的揚棄的話，那麼在尼采那裡，權力意志則是特殊的意志，旨在超越某個特定個人或自我，而該意志也在此過程中得到了證實和提升。尼采的這個結束語準確地表達出了權力意志與叔本華的虛無主義以及傳統的形而上學之間的對立。——Pütz 版注

譯後記

譯事三難，信為最難。難就難在謬誤之不可避免。無數譯者在序言或後記中說自己水準有限，錯誤在所難免，其實並非謙辭，畢竟我們不過都是凡人。首先是理解的偏差。如果說文學閱讀時，人們尚且會說「一千個人有一千個哈姆雷特」，那麼哲學翻譯時，作品內容之深刻、語句之繁複，皆是妨害譯者修成正果的業障。至於有些段落連母語人士都感覺佶屈聱牙、令人費解，身為譯者的我們就只能見仁見智了。所以譯者的視野直接決定了原作與譯者「視野融合」的品質，而文本意義的實現正有賴於此。然則書籍翻譯又是個十分漫長的過程，譯者不是機器，很難一直保持相同的狀態，有時或許下筆如有神助，有時則是旬月躊躇，難見寸功。而譯者的身體條件更是譯本品質的保證。再則德語乃是表音文字，語言之基即在字母的排列順序，往往一個字母的增減竟成意義之迥異與語法之殊別。謹舉兩例，Bürgen（擔保）與 Bürger（公民），兩者的差別只在最末的字母；而 konnten（「能夠」的過去時）與 könnten（「能夠」的虛擬式）則僅僅是透過兩個點來承載一個很重要的語法資訊。西方哲學長於分析其實與其語言大有關係，而譯者雖然均在目的語上浸淫多年，但仍需克服自傲心理，面對西文文本時必須慎之又慎，不可想當然耳。謹慎也是譯者克服上述所有問題必有的態度。縱然謬誤如物理學上的誤差般不可避免，譯者仍要認眞做好每個細節，爭取最大限度接近眞値。

尼采此書文字恣肆，才情非凡，嬉笑怒罵，詞深人天，細讀來竟有些「非湯武而薄周孔」的意思。然則其人生於西方「原罪」文化之中，每受德國唯心主義與辯證法薰陶，兼採英國心理學與進化論之長，以語源學爲解牛之刀，更有卓然不群之志，遂成此鞭辟入裡之文字。譯者本人才氣不足，不敢存並駕齊驅之奢望，唯願勤能補拙，爲我國讀者奉獻一誠意之作。所幸對於翻譯者而言，當今時代正是最好的時代。以前從事翻譯的老先生，經常爲查找一個人名地名而耗去很多光陰與精力，而如今全球化與網上電子資源的發展，卻讓這一切都變得很容易，所以如今的我們沒有理由不翻譯得比前人更準確翔實。是故凡是本書所涉人名和地名，若 Pütz 版已給出注釋，則按 Pütz 版翻譯，若沒有，則認眞求索，全部給出相關注釋，尤其注重與尼采本人以及上下文之關聯。而所涉引言，則首先一定先去尋找已有的中譯本，找到相關文字出處，並參照德文譯出，特別是相關的章節目次按已有中譯本的構架給出，方便讀者按圖索驥。至於尼采本人的引言，則全部依照華東師範大學出版社「箋注本尼采著作全集」的翻譯，略有修改。另外，本書的翻譯同時還參考了三聯版周紅老師與灕江版謝地坤老師的譯本，周老師文字輕快流暢，謝老師平實質樸，均給了我很多啓發，在此謹表謝忱！同時也向尼采所引文獻的所有中譯本譯者表示感謝！

如果海德格爾所言不差，那麼「謝」（danken）與「思」（denken）當是同源，我們有了感激之思方有感激之言。其實在我們說出謝意之前，就已經先行謝過了。從這個意義上來說，這本極耗心血與思考的譯作，其實正是爲感激而生的。

梁錫江

經年累月足不出戶之日於上海

名詞索引

三畫

四畫

五畫

九畫

十畫

十一畫

十二畫

十三畫

十四畫

十五畫

十六畫

十九畫

二十一畫

二十二畫

二十三畫

二十五畫

Pütz 版尼采年表

年代	記事
一八四四年	十月十五日：出生於呂岑（Lützen，位於普魯士的薩克森行省，萊比錫的西南面）附近的呂肯鎮（Röcken），其父卡爾．路德維希．尼采乃是牧師（祖父也是牧師）。
一八四九年	七月三十日：父親去世。
一八五〇年	全家遷至薩勒河（Saale）畔的瑙姆堡（Naumburg，位於德國薩克森安哈爾特州南部）。
一八五八年	十月：進入瑙姆堡附近的舒爾普福爾塔（Schulpforta）高級中學學習，直到一八六四年。
一八六四年	十月：開始在波昂大學學習神學與古典語文學。
一八六五年	十月：跟隨其語文學老師 F. W. 里徹爾（Ritschl）來到萊比錫，並在那裡繼續他的學業。開始接觸叔本華的著作。
一八六六年	開始與古典語文學者埃爾溫．羅德（Erwin Rohde）交往。
一八六八年	十一月八日：在萊比錫結識理查．華格納。
一八六九年	二月：雖然沒有博士頭銜，但在里徹爾的推薦下，同時因為他之前撰寫的幾篇非常出色的文章（主要是關於忒奧格尼斯與第歐根尼．拉爾修）而被任命為瑞士巴塞爾大學古典語文學的兼職教授。
一八六九年	五月十七日：初次拜訪華格納，後者的寓所當時位於瑞士盧塞恩附近的特里普申（Tribschen）。 五月二十八日：在巴塞爾大學發表就職演講：《荷馬與古典語文學》。 與瑞士文化及藝術史學者雅各．布克哈特（Jakob Burckhardt，也是巴塞爾大學的教授）認識。 開始撰寫《悲劇的誕生：源於音樂的靈魂》（發表於一八七二年一月）。

年代	記事
一八七〇年	三月：被任命為全職教授；大約有六—十名學生聽其授課，授課內容主要是關於索福克勒斯、赫西俄德、詩韻學，而在第二年則講授柏拉圖對話以及拉丁碑銘學。 八月：志願參加普法戰爭，擔任部隊衛生員；患痢疾與白喉。 十月：返回巴塞爾。開始與神學家弗蘭茨·歐維貝克交往。
一八七一年	患病並暫時休假。在瑞士盧加諾、特里普申、伯恩高地以及德國瑙姆堡、萊比錫和曼海姆均有逗留。
一八七二年	二—三月：在巴塞爾辦系列講座，題目為《論我們教育機構的未來》（在死後才作為遺稿發表）。 三月二十二日：拜羅伊特節日劇院奠基；尼采在拜羅伊特。
一八七三年	撰寫《不合時宜的沉思》「第一篇：施特勞斯——表白者與作家」。 撰寫《希臘人悲劇時代的哲學》（在死後才作為遺稿發表）。 最遲從這一年開始，不斷受到類似偏頭痛的疾病困擾。
一八七四年	撰寫《不合時宜的沉思》「第二篇：歷史學對於生活的利與弊」和「第三篇：作為教育者的叔本華」。
一八七五年	十月：與音樂家彼得·加斯特（原名：海因里希·科澤里茨）相識。

年代	記事
一八七六年	撰寫《不合時宜的沉思》「第四篇：華格納在拜羅伊特」。 八月：參加首屆拜羅伊特音樂節；與華格納出現疏遠的跡象。 九月：與心理學家保羅·雷伊相識。病情加重。 十月：巴塞爾大學准許尼采休假以便其恢復健康。尼采與雷伊以及德國女作家瑪爾維達·馮·邁森布格（Malvida von Meysenbug）在義大利的索倫托度過了一八七六、一八七七年的冬天。 十月：與華格納最後一次晤談。
一八七八年	出版《人性的、太人性的》（上卷）。 一月：華格納最後一次寄作品給尼采：《帕西法爾》。 五月：致華格納的最後一封信，隨信還附上了《人性的、太人性的》一書。尼采與華格納夫婦的友誼終結。
一八七九年	日益嚴重的疾病迫使尼采放棄了在巴塞爾大學的教職。大學方面為其提供了未來六年的退休金。
一八八〇年	撰寫《人性的、太人性的》（下卷）之「漫遊者和他的影子」。 三—六月：首次在威尼斯逗留。 從十一月起：第一次在義大利熱那亞過冬。
一八八一年	出版《朝霞》。 第一次在瑞士上恩加丁河谷的希爾斯—馬里亞村度過夏季。 十一月：在熱那亞第一次觀看比才的歌劇《卡門》。

年代	記事
一八八二年	出版《快樂的科學》。 三月：義大利西西里之行。 四月：結識了露・馮・莎樂美（Lou von Salomé），後向其求婚但遭到拒絕。 在義大利的拉帕洛（Rapallo）過冬。
一八八三年	出版《查拉圖斯特拉如是說》的第一卷和第二卷。 二月十三日：華格納去世。 從十二月起：第一次在法國尼斯過冬。
一八八四年	出版《查拉圖斯特拉如是說》的第三卷。
一八八五年	出版《查拉圖斯特拉如是說》的第四卷（最初以內部出版物的形式發表）。 五月：妹妹伊莉莎白與作家及殖民者伯恩哈德・弗爾斯特（Bernhard Förster）結婚；伊莉莎白多年來一直與尼采不和，曾經和好過，後再次鬧翻，（尼采死後）她還曾偽造過尼采寫給她以及母親的信。
一八八六年	出版《善惡的彼岸》。 出版《悲劇的誕生：源於音樂的靈魂》與《人性的、太人性的》的新版本。
一八八七年	出版《道德的譜系》。 出版《朝霞》、《快樂的科學》與《查拉圖斯特拉如是說》（前三卷）的新版本。

年代	記事
一八八八年	四月：第一次來到義大利的都靈。在丹麥的哥本哈根大學，格奧爾格．勃蘭兌斯開設關於尼采的講座。 五—八月：完成《華格納事件》。《狄俄尼索斯頌歌》寫就（一八九一年發表）。 九月：完成《敵基督者》（一八九四年發表）。 十—十一月：完成《瞧這個人》（一九〇八年發表）。 十二月：完成《尼采反華格納》（一八九五年發表）。 出版《偶像的黃昏》。
一八八九年	一月：在都靈精神崩潰。後被送入德國耶拿大學的精神病院。
一八九〇年	尼采的母親將兒子帶回瑙姆堡。
一八九七年	母親去世。尼采被送至住威瑪的妹妹處。
一九〇〇年	八月二十五日：在威瑪去世。
一九〇一年	彼得．加斯特與尼采胞妹伊莉莎白．弗爾斯特．尼采，從尼采十九世紀八十年代的遺稿中挑出五百多條斷片編輯出版，偽託書名為《權力意志》。一九〇六年又再次出版了差不多同樣數量的斷片。

經典永恆·名著常在

五十週年的獻禮——經典名著文庫

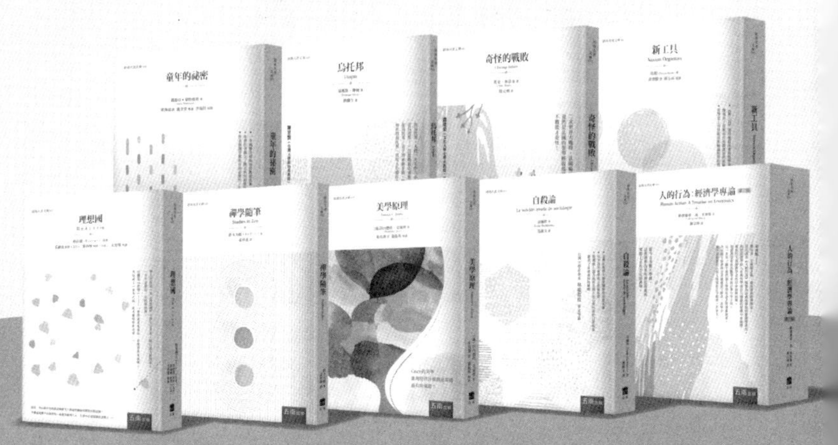

五南，五十年了，半個世紀，人生旅程的一大半，走過來了。
思索著，邁向百年的未來歷程，能為知識界、文化學術界作些什麼？
在速食文化的生態下，有什麼值得讓人雋永品味的？

歷代經典·當今名著，經過時間的洗禮，千錘百鍊，流傳至今，光芒耀人；
不僅使我們能領悟前人的智慧，同時也增深加廣我們思考的深度與視野。
我們決心投入巨資，有計畫的系統梳選，成立「經典名著文庫」，
希望收入古今中外思想性的、充滿睿智與獨見的經典、名著。
這是一項理想性的、永續性的巨大出版工程。
不在意讀者的眾寡，只考慮它的學術價值，力求完整展現先哲思想的軌跡；
為知識界開啟一片智慧之窗，營造一座百花綻放的世界文明公園，
任君遨遊、取菁吸蜜、嘉惠學子！

經典名著文庫 074

道德的譜系

Zur Genealogie der Moral

叢書策劃 —— 楊榮川
作　　者 —— 〔德〕尼采（Friedrich Nietzsche）
譯　　者 —— 梁錫江
企劃主編 —— 蘇美嬌
特約編輯 —— 張碧娟
封面設計 —— 姚孝慈
著者繪像 —— 莊河源
出 版 者 —— **五南圖書出版股份有限公司**
發 行 人 —— 楊榮川
總 經 理 —— 楊士清
總 編 輯 —— 楊秀麗
地　　址 —— 臺北市大安區 106 和平東路二段 339 號 4 樓
電　　話 —— 02-27055066（代表號）
傳　　眞 —— 02-27066100
劃撥帳號 —— 01068953
戶　　名 —— 五南圖書出版股份有限公司
網　　址 —— https://www.wunan.com.tw
電子郵件 —— wunan@wunan.com.tw
法律顧問 —— 林勝安律師
出版日期 —— 2019 年 9 月初版一刷
2024 年 9 月初版二刷
定　　價 —— 450 元

國家圖書館出版品預行編目資料

道德的譜系 / 尼采(Friedrich Nietzsche)著，梁錫江譯．
-- 初版．-- 臺北市：五南，2019.09
面；公分．--（經典名著文庫）
譯自：Zur Genealogie der Moral
ISBN 978-957-763-431-3（平裝）

1. 尼采(Nietzsche, Friedrich Wilhelm, 1844-1900)
2. 學術思想　3. 倫理學

190　　108007561